레트로 대한민국

왜 우리의 시간은 거꾸로 흐르는가

레트로 대한민국

장시정 지음

"한 외교관이 본 대한민국의 민낯"

"지금 동작동 국립묘지에 잠들어 있는 전몰 장병들은 아직 한 번도 '이 나라의 민주주의를 지킨 것은 우리뿐이다'라는 얘기를 한 적이 없습니다. 누가 진짜로 이 나라에서 민주주의를 지키고, 민주주의를 수호해 왔고, 누가 거짓말, 껍데기 민주주의를 해 왔느냐… 국민 여러분들이 더 잘 아실 것입니다."

1971년 봄 대통령 선거 유세에 나선 박정희 대통령
사진 출처: openarchives

들어가면서

　　　　　우연한 계기에 일본 외교관인 가와사키 이치로河崎一郞 대사가 쓴 『추악한 일본인』을 읽게 되었다. 이 책이 나온 지는 50년이 넘었다. 원제목은 『Japan Unmasked』인데, 한글 번역이 다소 원색적이라는 느낌이 든다. 직업외교관인 저자는 이 책에서 전후 일본 사회의 미성숙성이나 부패상 또는 후진적 관행을 여과 없이 비판했다. 당시 일본에서는 이 책을 두고 '국치선언문'이라는 성토와 '반성교본'이라는 지지 여론이 혼재하면서 한바탕 소동이 벌어졌다고 한다. 나도 그랬지만 외교관들이 해외를 다니다 보면 자연스레 자신의 조국은 어떤가 돌아보게 된다.

메이지 시대의 '국민교사' 후쿠자와 유키치는 문명의 정신이 먼저 발달한 연후 의복이나 주거 같은 문명의 외형이 따라 와야 한다고 했다. 만약 이 순서가 거꾸로 되면 실행이 쉽다 하더라도 그 길은 굳게 막히고, 마치 절벽 앞에 선 것처럼 조금도 나아갈 수 없으며, 오히려 뒷걸음질 칠 수 있다고 하였다. 바로 지금 우리나라의 형세가 그렇다. 우리는 좋은 음식을 먹고, 좋은 옷을 입으며, 좋은 차를 타고, 좋은 집에서 살지만 내실이 없고 조그만 도전에도 무너지고 마는 유약한 정신세계에서 벗어나지 못하고 있다. 오늘날의 세상을 가리켜 "세계사의 시간이 거꾸로 흐르고 있다"고 하지만, 이제 우리의 시간, 대한민국의 시간이 거꾸로 흐르고 있음을 실감한다.

지금 우리 사회 전반에 걸쳐 목도되고 있는 반동적인 현상은 어떻게 설명할 수 있을까? 우리가 이제 오만해진 것은 아닐까? 우리는 한동안 큰 어려움을 모르고 발전해 왔다. 그래서인지 한강의 기적을 일으켰던 한 세대 전의 그 긴장감은 이제 찾아볼 수 없다. 한강의 기적은 우리의 땀과 눈물, 그리고 헌신으로 성취한 세계 경제사의 경이로운 이정표였다. 라인강의 기적과도 비교할 수 없다. 독일은 원래 갖고 있던 유有의 크기를 늘렸을 뿐이지만 우리는 무無에서 유有를 창조했다. 하지만 이제 옷깃을 다시 여밀 때가 아닐까? 달도 차면 기울지 않는가.

지금의 대한민국은 우리가 알던 그 대한민국이 아닐지 모른다. 붉은 사상에 물든, 무능하고 뻔뻔하고 부패한 정치 집단이 우리를 반동反動의 시대로 몰아가고 있다. 자유대한민국이 변질되고 있다. 개인이든 국가든 위기에 처했다는 사실을 인정하는 데서 새로운 출발이 시작된다. 이 책은 추락하는 대한민국을 구하기 위한 조그만 헌신이다.

외교관은 외교가 본연의 직책이긴 하지만 외교도 조국이 없다면 아무런 의미가 없을뿐더러 외교관이란 직업도 존재할 수 없다. 외교관은 오대양 육대주를 떠도는 노마드nomad이지만 그의 혼은 언제나 조국에 머문다. 그렇기에 외교관이 국내문제를 다루는 것을 금기시한다면 그것은 외교관의 본질적 속성에 대한 몰이해일 것이다. 외교관이 오히려 바깥세상에서 좀 더 객관적으로 자신의 조국을 바라볼 수 있지 않을까. 물론 이 책을 쓰면서 나의 오랜 해외 생활로 국내 실정을 잘 모르는 가운데 의욕만 앞세운 건 아닌지 하는 두려움도 있었다. 가 보지 않은 길, 실수가 있다면 독자들의 큰 혜량을 구한다.

나는 외교관 생활의 절반 이상을 독일 문화권에서 보냈다. 그러면서 그들 사회의 밑바닥에 켜켜이 쌓여 있는 정신을 알게 되었다. 법치주의와 계약 정신, 기업가 정신, 지속가능한 사고방식, 소임을 다하는 직업 정신, 사회공헌 등 시민 정신, 사회적 연대 정신과 이익의 균형 기제, 허심탄회한sachlich 대화 등등, 바로 우리의 발상과 행동을 바꿀 수 있는 독일모델의 정신이다. 두 세기 전,『독일론』을 쓴 프랑스인 마담 드 스탈de Stael은 독일과 북구의 나라들을 사상의 조국이라고 불렀고, 정신의 독립이 국가 독립의 토대가 될 것이라 했다. 영국 빅토리아 정신의 대표자 새뮤얼 스마일즈Samuel Smiles는 "국민 개개인의 자조 정신이 영웅보다 강하다, 자조 정신이야말로 각 개인의 진정한 뿌리이며 그것이 많은 사람의 삶을 통해 드러날 때 한 나라의 국력이 된다"고 했다. 우리가 이런 것들을 배우고 체득할 수 있으면 좋겠다.

이 책은 지난 3년간 한국외교협회에서 발간하는 〈외교광장〉에 게재한 글과 페이스북에 포스팅했던 글들을 큰 주제별로 묶고, 시기 순으로 날짜를 표시하여 정리한 것이다. 지난 번 '외교안보 에세이'에 이어서 이번에 '정치, 경제, 사회 에세이'로 발간하게 되었다. 날짜 표시가 없는 글은 이번 발간 시 새롭게 추가한 것이다. 가독성을 높이기 위하여 소제목과 일부 문구를 그 취지나 맥락에 어긋나지 않게 바꾼 것들도 있다. 독일의 사례를 많이 인용한 것은 "어떤 설명도 비교 없이는 또렷해지지 않는다"라는 평소 나의 생각의 반영이다. 독일이라는 거울을 빌려 우리의 모습을 비쳐 보고자 한다.

2023년 백네 번째 삼일절을 맞아

김시강

목차

Part 6.
지방분권과 다문화 사회는 한국모델이 아니다

Part 7.
민족주의 패러독스

Part 8.
대한민국 리더십

Part 9. 사회
'고객정치'는 망국병이다

Part 10. 경제
마르크스가 욕한 자본주의는 더 이상 이 세상에 없다

Part 11. 재정
균형재정은 신성한 암소다

Part 12. 환경, 에너지
잿빛 공포에 갇혀 버린 한국

Part 1

어른거리는
전체주의의 망령

정치

2019년 12월 27일 제1 야당 없이 선거법을 강행 처리하는 국회
사진 출처: 《조선일보》

정치혐오증인가 봅니다. 보기도 싫고 입에 올리기도 싫습니다. 희망이 있을 때 불만을
말할 수 있고 회복 가능성을 믿을 때 아프다 소리치며 울 수도 있는 것입니다.
_소설가 김규나

파시즘은 우리가 피할 수 없는 게 전혀 아니다. 다만, 그것을 봉쇄하고 멈추기 위해서는
먼저 그 낌새가 나타났을 때 알아챌 수 있어야 한다. 그리고 단호한 행동에 나설 수 있어
야 한다.
_ 매들린 울브라이트Madeleine Albright 미국무장관

보수의 가치를 외면하는 보수 언론

　　　　　　보수 언론이라면 보수의 가치를 지키고 신장함에 그 사명을 두어야 할 것이다. 보수주의는 에드먼드 버크 Edmund Burke 가 프랑스혁명의 광풍을 비판하면서 주목받기 시작했고, 급진적인 변화에 반대하며 과거로부터 내려온 전통의 계속성을 각별히 중시하는 사상이다. 버크는, 타키투스 Publius Cornelius Tacitus 가 로마 제국을 옹호했듯이 영국의 헌정체제를 지켜야 한다고 했다. 보수주의가 프랑스혁명처럼 하루아침에 급조된 게 아니라 '지혜로운 지체 wise delay '로 만들어진 잘 익은 과일이라고도 했다. 보수주의의 3대 원칙이라면 정체성, 안전보장, 계속성을 들 수 있다. 그런데 우리나라 보수 언론을 보자면, 이러한 보수주의에 혼란을 주거나 심지어는 배신하는 입장을 내비치는 일이 적지 않다.

지난여름 부동산 가격이 폭등하고 정부의 주택 안정 정책이 효과가 없자 청와대는 고위 공직자들의 다주택을 처분하라고 강력하게 권고했다. 그러자 언론은 다주택자 중 집을 처분하지 않은 대통령 비서실장이나 민정수석 때리기에 나섰고 보수 언론도 이에 가세했다. 그런데 과연 이것이 보수의 가치를 지키고 신장하는 일인가? 재산권은 기본권 중의 하나다. 존 로크는 국가권력 이전에 자연 상태의 이성 법칙으로 생명, 자유, 소유라는 3대 기본권이 존재한다고 보았다. 소유권이 생명과 자유에 버금가는 인간의 기본 권리이며 자본주의의 본질이라는 것이다. 보수주의의 시조라는 에드먼드 버크는 재산권이라는 이해interest에 토대를 두지 않는 어떤 정치권력도 더 강하게 의심해야 한다고 했고, 미국 보수의 아이콘 배리 골드워터Barry Goldwater는 국가가 복지주의를 들먹이며 높은 세율로 과세하는 행위도 개인의 사유재산을 박탈하는 것이라 비판했다.

그렇다면 명백히 자본주의 국가인 우리나라에서 집을 2채 이상 소유한 다주택자라는 사실만으로 공격받고 불이익을 받아서는 안 된다는 것은 자명하다. 현실적으로 보아도 고위 공직자들의 집을 팔아서 주택 가격을 잡을 수는 없다. 실효성도 없을뿐더러, 보여주기식 쇼에 지나지 않는다. 그러니 보수 언론은 집을 팔지 않는 고위 공직자들을 비난할 게 아니라 집을 팔라는 지시 자체가 갖는 위험성과 부당성을 비판해야 했다. 공산 독재가 아닌 어느 나라에서 이렇게 개인의 집을 팔라고 강권하는 나라가 있을까? 박근혜 대통령 탄핵 사태도 마찬가지 맥락이다. 박 대통령 탄핵 전 거세게 일어난 촛불 시위를 일각에서는 '촛불 혁명'이라고도 하는데, 사실 이 시위는 혁명이 아니다. 시위에 참여한 대다수 시민이 처음부터 기존 사회 체제를 뒤엎자고 나선 것이 아니기 때문이다. 어느 나라든 헌법은 보수의 최고 가치다. 헌법에는 보수주의의 원칙들이 모두 구현되고 있기 때문이다. 그런데 그 헌법을 충실히 지켜온 대통령을 곁가지 누명을 씌워 쫓아낸 초유의 사태에 보수 언론이 앞장섰다는 건 아이러니가 아닐 수 없다. 이들은 자신들의 입맛에 따라 보수를 버렸고 보수 국민을 배신했다.

독일의 언론학자인 우베 크뤼거Uwe Krueger는 우리가 미디어를 신뢰할 수 없는 이유로 그 동조화와 사회화 현상을 지목한다. 지금의 언론들은 각자의 특성은 없고 천편일률적이다. 인터넷 시대의 동조 현상이다. 어느 한 언론에서 시작하면 일파만파 다른 언론으로 순식간에 퍼져 나간다. 크뤼거는, 독일의 많은 특파원이 외국에서 자신의 컴퓨터 화면 앞에 앉아《슈피겔》온라인을 검색한 후 2분 만에 보도를 시작한다고 했다. 언론들의 dpa, AFP, AP, 그리고 Reuter 같은 외신을 베끼는 경쟁이 심화하고 있다는 것이다. 지역신문은 전국지인《쥐트도이체 차이퉁SZ》이나《프랑크푸르터 알게마이네 차이퉁FAZ》을 보고, 또 이들은《뉴욕타임스》나 BBC 또는 CNN을 본다.

이런 현상으로 동일한 지구적 뉴스 트렌드가 발생하는데, 문제는 이런 동조 현상이 언론 내부에서 그치지 않는다는 것이다. 언론이 자의 반, 타의 반으로 정치, 사회 속에 끼어드는 '사회화' 현상을 조장하고 있다.《조선일보》의 송희영 주필 사건이 대표적인 사례라 할 것이다. 언론이 객관적 타자로서 사회를 관찰하고 비판하는 게 아니라, 직접 당사자로 사회에 뛰어들어 자신의 이익에 따라 사회를 재단한다는 것이다. 박근혜 대통령에 대한 탄핵 광풍을 일으킨 우리 보수 언론에 대한 정확한 진단일 것이다.

지금 들불처럼 번지고 있는 4.15 총선 부정 선거 의혹에 대한 방관적인 보수 언론의 입장도 이런 연장선에서 볼 수 있다. 왜 이들은 부정 선거에 침묵하고 있는가? 산발적인 일부 보도가 있었지만 전대미문의 부정 선거 의혹치고는 미흡하기만 하다. 선거제도는 오늘날 우리가 누리고 있는 민주주의를 지탱하는 버팀목이다. 이 버팀목을 부정하고 훼손하는 반국가적 범죄행위에 대해서는 침묵하면서, 큰 의미 없는 가십성 보도만을 퍼 나르는 언론을 진정한 보수 언론이라 할 수 없다. 민주주의와 좋은 정부의 첫째 조건은 바로 언론의 자유와 이에 걸맞은 책임이다.

· 에드먼드 버크 지음, 정홍섭 옮김, 『에드먼드 버크 보수의 품격』
· 배리 골드워터 지음, 박종선 옮김, 『보수주의자의 양심』
· 우베 크뤼거 지음, 『Mainstream: Warum wir den Medien nicht mehr trauen 메인스트림: 우리는 왜 더 이상 미디어를 신뢰할 수 없나』

2020.10.19.

민주주의 경착륙의 현장, 대한민국

오늘날 우리의 정치 현실이, 대체 민주주의를 한다는 나라에서 일어날 수 있는 현상인지에 대하여 개인적인 궁금증이 커지고 있다. 적지 않은 사람이 "상황이 정말로 그렇게 심각한 것은 아닐 거야"라며 스스로 다독이지만, 마찬가지로 적지 않은 사람이 나처럼 두려움을 느낀다. 오늘날 민주주의는 1973년 군부 쿠데타를 통해 집권한 칠레의 피노체트처럼 군인이 아니라 선출된 지도자의 손에서 죽음을 맞이한다. 대표적인 사례가 베네수엘라의 우고 차베스Hugo Chavez다.

하버드 대학의 스티븐 레비츠키_{Steven Levitsky} 교수와 대니얼 지블랫 _{Daniel Ziblatt} 교수는 그들이 쓴 『어떻게 민주주의는 무너지는가』에서 이렇게 말한다.

"그는 원래 부패 정권에 맞서 싸운 정치 아웃사이더였다. 그는 국민의 분노를 앞세워 1998년 대통령에 당선되었지만 재선 후 2003년부터 독재 행보를 시작했다. 그를 반대하는 정치인들의 블랙리스트를 만들어 법정에 세우고 TV 방송국을 폐쇄하고, 비우호적인 언론인과 판사들을 매수하거나 협박, 체포하는 등 전제적 행보를 강화해 나가면서, 소위 '차비스모_{Chavismo}' 세력이 베네수엘라를 장악하기에 이르렀다. 차베스 사후에는 그의 후계자인 니콜라스 마두로_{Nicolas Maduro}가 부정 선거로 다시 권력을 잡았다.

베네수엘라의 차베스는 물론 헝가리, 폴란드, 페루, 니카라과, 필리핀, 러시아, 터키, 스리랑카, 우크라이나, 조지아에서도 선출된 지도자들이 민주주의를 전복했다. 오늘날 민주주의의 붕괴는 다름 아닌 투표장에서 일어나고 있다. 선출된 독재자는 민주주의의 틀은 그대로 두지만 그 내용물은 완전히 갉아먹는다. 의회에는 여야가 있지만 진정한 '복수성'은 실종되고 정부를 견제하기는커녕 사법부와 함께 일방적인 거수기 역할을 자처한다. 신문은 똑같이 발행되지만 정권의 회유나 협박은 자체 검열을 강요한다. 시민들은 정부를 비판할 수 있지만, 세무조사나 소송을 당하게 된다. 하지만 대부분 사람은 정확히 무슨 일이 벌어지는지 잘 깨닫지 못한다. 많은 이가 여전히 민주주의 사회에서 살고 있다고 믿는다."

오늘날 우리나라에서 일어나고 있는 일들을 잘 설명해 주는 관찰이다. 민주주의를 하겠다고 해서 시민들이 밀어준 소위 '민중민주' 세력들이 정권을 차지하고 나서는 그 달콤함에 취해 오히려 민주주의를 파괴하는 행위에 앞장서고 있다. 이제 그들을 밀어준 시민들은 이솝우화에서 나오는 '재갈 채워진 말' 신세가 되었다. 극단주의자나 선동가가 대중의 인기를 얻고 정치의 장으로 치고 올라올 때, 이들로부터 민주주의를 방어하는 일차적 역할은 일반 시민보다는 정당에 주어진다. 그래서 정당은 민주주의의 문지기인 셈인데, 2016년 말 새누리당의 정치인들은 자신의 정치적 리더에 대한 탄핵을 주도함으로써 문지기 역할은커녕 자살골을 넣어 버렸다.

선출된 독재자는 잠재적 정적을 매수, 회유, 협박하여 입을 틀어막고 침묵하도록 강요한다. 여기에 외국 세력이 개입하기도 한다. 러시아의 푸틴이나 중국 공산당 같은 '조용한' 침략 세력들이다. 종종 명예훼손이나 모욕죄 혐의로 반대자를 소송으로 몰아넣고 경기에 뛰지 못하게 막기도 한다. 이렇듯 언론이나 법관 같은 심판을 포획해 정적을 매수하거나 무력화하고, 게임의 규칙을 바꾸어 권력 세계에서 중요한 경쟁력을 확보한다. 더불어민주당의 당명에서 보듯 아이러니하게도 '민주'란 이름이 민주주의 전복의 명분으로 악용되기도 한다. 그들은 또한 반민주적 조치를 정당화하기 위하여 경제 위기나 자연재해 같은 위기를 즐긴다. 지난 개천절과 한글날에 대면 집회도 아닌 차량 집회조차도 막아 버린 데서 보듯이 이 정권에게 코로나라는 전염병은 얼마나 큰 구원자인가.

모든 성공적인 민주주의는 비공식적인 규범에 의존한다. 미국 헌법에 FBI 같은 독립적인 정부기관을 대통령의 측근 인사로 임명해서 안 된다는 규정은 없다. 우리도 헌법이나 법률에 이러한 세세한 규정을 두고 있지는 않기에, 이 '규범'에 의존하는 바가 크다. 지금 우리나라에서 가장 두드러진 민주주의의 왜곡 현상은 바로 대통령의 파행적인 인사다. 내각제에서는 정권을 잡은 정당이 어느 정도까지의 고위공무원단을 독점할 수 있지만 대통령의 중립적 지위를 핵심으로 하는 대통령제에서는 그렇게 해서는 안 된다. 공공기관장들도 정치적인 배경이 아니라 전문적 경력을 우선해야 한다. 특히 민주주의의 심판 자리에 해당하거나 정치적 중립을 지켜야 할 검찰, 감사원 또는 국민권익위원회 같은 행정부 내 준사법기관들의 직책에 대통령의 측근들이나 특정 성향, 특정 지역의 사람들로 채웠다는 데서 문제는 더욱 심각하다. 이러한 행위는 민주주의 훼손의 시작이다. 바로 이 비공식 규범을 지키지 않는 파행이기 때문이다.

레비츠키 교수와 지블랫 교수는 민주주의 수호에 가장 핵심적인 역할을 하는 두 가지 규범으로 '상호 관용mutual tolerance'과 '제도적 자제institutional forbearance'를 들고 있다. 상호 관용이란 정치 경쟁자가 헌법을 존중하는 한 그들을 정당한 존재로 인정하는 것이며, 제도적 자제란 법적 권리를 신중하게 행사하는 태도를 말한다. 왕권 시대에도 군주는 지혜와 절제의 덕목을 갖추어야 했고, 미국 대통령들은 초대 워싱턴 대통령이 두 번의 임기 후 자리에서 내려온 선례를 따라 자제의 원칙하에 스스로 두 번 이상의 임기를 추구하지 않았다. 이 원칙이 파괴된 것은 150여 년이 지난 1940년, 프랭클린 루스벨트가 3선 대통령으로 당선되었을 때였다. 이후 미국은 1952년에 수정헌법으로 두 번에 한하는 임기제를 명시적으로 도입하였다.

'헌법적 자제'의 반대는 법적, 제도적 권리를 맘껏 휘두르는 것이다. 이는 곧 '헌법적 강경태도constitutional hardball'라고 하며, 심하게는 법을 자의적으로 해석하여 법의 취지를 퇴색시키고 불법이라고 볼 수 있는 한계선까지 거칠게 밀어붙이며 '영원히 승리를 빼앗기지 않으려는' 입장을 보인다. 민주적 전통이나 규범을 무시한 대통령의 인사나 다수의 힘으로 밀어붙이는 국회입법의 탈법적 운영이 바로 그것이다. 작년 12월 여당이 일방적으로 「신속처리법」을 동원하여 연동형 비례대표제 도입을 위한 「공직선거법」 개정과 「공수처법」을 밀어붙였던 사례를 쉽게 떠올릴 수 있겠다. 물론 박근혜 대통령을 탄핵한 파행 또한 불법이거나 적어도 헌법적 강경태도의 대표적 사례로 헌법과 정치학 교과서에 기술될 것이다.

불문율에 대한 위반이 계속될 때 사회는 '일탈의 범위'를 축소하여 그 기준을 하향 조정하는 경향이 있다. 예전에는 비정상적으로 보였던 행동들이 정상적인 행동으로 보이는 착시 현상이 일어나는데, 문재인 정권이 들어선 후 수없는 일탈행위가 반복되면서 우리도 이 광범위한 스캔들의 흐름에 압도당해 벌써 이것에 둔감해진 건 아닌지 모르겠다. 이제 민주주의의 전통과 규범이라는 이 연성 가드레일이 무너지고 나면 무엇이 올까. 투자자들의 피해 규모가 조 단위라는 옵티머스와 라임 사태가 며칠째 뉴스를 뒤덮고 있다. 민주주의의 경착륙이 구체적으로 어떤 모습으로 우리에게 나타날지 상상하기조차 두렵다.

· 스티븐 레비츠키, 대니얼 지블랫 지음, 박세연 옮김, 『어떻게 민주주의는 무너지는가』

2020.11.5.

미국 대선과 정치적 양극화

11월 3일 치러진 미국 대선이 극도의 혼란 속으로 빠져들 조짐이다. 당선 축하와 패배 승복 대신 개표 중단 소송이 제기되고, 길거리에서 양측 지지자 간 폭력 사태가 일어나고 있다. 우리 시간으로 어제까지 트럼프가 플로리다에서 승리를 확정 짓고 러스트벨트에서도 의미 있는 리드를 보여주었는데, 자고 일어나 보니 사실상 바이든의 승리라고 선언할 정도로 판세가 역전되었다. 사전 투표 때문이라는데, 우편배달된 사전 투표함들이 들어오면서 바이든 후보에게 엄청난 몰표가 나왔다. 등록 유권자보다 많은 개표 수가 나온 곳도 있고 사망자가 투표한 사례도 있었다고 한다. 가짜 뉴스일 수도 있겠지만, 트럼프 진영에서 근거 없이 개표 중단 소송을 제기했을 리도 없어 보인다.

이번 미국 대선의 개표를 지켜보면서 미국 정치 전반을 지배하고 있는 양극화 현상을 목도하게 된다. 공화당은 오른쪽으로, 민주당은 왼쪽으로 더욱 이동하면서 양측 간 거리가 계속 멀어졌다. 공화당 내 진보인사나 민주당 내 보수인사들이 사라지면서 양당은 더 이상 이념적인 빅텐트가 아니다. 그리고 이것은 정책과 이념의 대립을 넘어서서 인종과 종교를 포함하는 보다 본질적인 대립으로 변질되었다. 다른 정당 지지자와는 결혼도 안 하겠다는 극단적인 당파적 적개심까지 불러일으키고 있다 한다. 이것이 지난 사반세기 동안 미국에서 일어나고 있는 현상이다.

미국의 흑인을 포함한 유색인종들은 대개 민주당을 지지한다. 민주당이 소수민족이나 이민자들에게 복지 등의 측면에서 보다 관대한 정책을 펴기 때문이다. 그런데 흑인들에게만 국한해서 본다면, 남북전쟁으로 노예를 해방시킨 쪽은 링컨의 공화당이었다. 공화당의 창당 배경도, 노예제도를 서부로 확장시키는 1854년 '캔사스-내브라스카법'에 반대하면서부터였다. 그렇다면 흑인들은 자신을 노예로부터 해방시킨 정당을 외면한다는 말이 된다. 물론 세월이 흘렀다. '1964년 민권법The Civil Rights Act of 1964'이 분수령이 되었다. 민주당인 존슨 대통령이 민권법을 지지했고 공화당의 대선 후보 배리 골드워터Barry Goldwater는 이를 반대했다. 골드워터는 『보수주의자의 양심The Conscience of a Conservative』을 쓴 미국 보수의 아이콘이다. 흑인 비율이 높은 남부에서 지금 공화당 지지율이 우세한 것은 남부의 백인 표심 때문일 것이다.

공화당은 이제 개신교의 정당이라 한다. 낙태를 반대하고 학교에서 기도하는 시간을 지지하며 동성 결혼을 부정하는 개신교와 그 입장이 같기 때문이다. 1960년대까지만 해도 민주당을 지지했던 백인 개신교 집단이 공화당 쪽으로 돌아선 결과다. 2016년을 기준으로 백인 개신교 집단의 76%가 공화당을 지지하는 것으로 나타났다. 이렇듯 성당 시시사 집단의 사회적, 민족적, 문화직 징체성이 요동치면서 정당은 이제 단순한 정책적 대변자가 아닌 서로 다른 공동체 문화와 가치를 대변하고 있다. 인종과 종교가 정치에 끼어들면서 극단적인 적대감을 낳고 있다. 정치적 양극화는 민주주의를 위협하는 근본 문제 중 하나다. 상호 관용과 자제의 규범이 허물어지는 것도 당파적 양극화에 기인한다. 인터넷과 스마트폰의 등장으로 비대면 접촉이 늘어나면서 사람들은 점점 고립되고, 자신만의 견해에 파묻히게 된다. 케이블 텔레비전 등 미디어나 페이스북에서도 유유상종이 일어난다. 폭스 뉴스는 공화당 쪽이, MSNBC나 CNN 그리고 《뉴욕타임스》나 《워싱턴 포스트》는 민주당 쪽 사람들이 선호한다. 소위 '틈새niche 정보'에 의존하는 것이다.

그런데 이런 현상은, 우리에게도 적지 않은 시사점을 제공한다. 우선 웬만한 모임이나 카톡방에서 정치 이야기를 나누기 부담스러운 것은 물론이고 가까운 친척이나 친구끼리도 정치적 색깔이 다른 경우 멀리하게 되는 일을 어렵지 않게 볼 수 있다. 출신 지역에 따라 입장이 갈리는 것은 물론, 다문화 사회로의 이행으로 인한 대립도 예견된다. 종교 영역에서도, 특히 우리나라 가톨릭은 이미 좌 편향되어 있다는 느낌이다. 신부, 수녀들의 이런 편향된 입장으로 냉담자들이 늘어나고 있다. 미국이든 한국이든 이제 특정 정당이나 정파를 지지한다는 말은 개인의 정체성을 드러내는 것으로 치부된다. 그래도 미국은 목숨까지 걸린 문제는 아니지만, 한국은 다르다. 한국의 좌파나 진보 진영은, 소수이지만 지배적인 역할을 하는 공산주의자들, 그것도 북한의 김일성 세습지배체제를 옹호하는 주사파들에게 장악되어 있기 때문이다. 그러기에 우리는 지금 정치가 곧 국가의 존립과 안보로 직결되는 초유의 상황을 맞고 있다. 가공할 만한 핵무기를 가진 북한의 존재가 586 주사파들이 활개 치는 남한의 상황과 맞물리면서 우리는 정치에 생명을 걸어야 할 충분한 당위성을 목도하고 있다.

· 스티븐 레비츠키, 대니얼 지블랫 지음, 박세연 옮김, 『어떻게 민주주의는 무너지는가』

2020.12.20.

파시즘은 우리의 마음을 파고든다

20세기 전반에 걸쳐 일어났던 파시즘은 21세기에 들어서도 세계 평화와 정의에 치명적 위협을 가하고 있다. 베를린 장벽이 무너졌을 때 전 세계를 풍미했던 민주주의의 열기는 이제 차갑게 식었고, 파시즘의 음험한 얼굴이 다시 고개를 내밀고 있다. 푸틴과 김정은 같은 독재자들은 1920년대와 1930년대 파시스트들이 쓰던 전략을 상당 부분 차용하고 있다. 파시즘의 창시자인 무솔리니가 국가 지상주의를 부르짖으며 전체주의 사상도 함께 창시했듯이 파시즘과 전체주의는 쌍둥이 같은 것이다. 파시즘이나 전체주의는 좌와 우를 가리지 않는다. 스탈린과 마오쩌둥은 무솔리니와 히틀러를 능가하는 파시스트이자 전체주의자였다. 그래서 파시즘이나 전체주의는 자유민주주의나 공산주의 같은 정치적 이데올로기라기보다는 권력을 쟁취하고 유지하려는 수단, 그리고 그 결과로 나타난 정치 형태를 의미한다. 이들은 보통 과격한 국수주의와 연관되어 있고 전통적인 사회계약을 거꾸로 뒤집는다.

클린턴 정부에서 미국 최초 여성 국무장관을 지냈던 매들린 올브라이트Madeleine Albright는 체코슬로바키아에서 태어나 잠깐이나마 유년 시절을 공산 독재국가에서 보낸 적이 있다. 그가 자신이 가르치는 조지타운 대학원생들과 함께 찾아낸 파시즘의 특징은, 첫째 '우리we 대 그들they'이라는 이분법식 사고방식으로 '우리'는 무엇을 하든 범법자라도 지지하고 보호하며, 반대로 '그들'은 무조건 적폐고 적이다. 둘째 국수주의적, 권위주의적, 반민주적이고, 셋째 폭력적 양상을 보인다는 점이다. 그리고 마지막 넷째는 대중과의 감정적 교류를 통하여 심란하고 상처받은 시민들에게 다가간다는 것이었다.

요즘 우리 언론에서 현 정권의 행태를 파시즘으로 지적하는 사례가 늘고 있다. 재미있는 것은, 아니 섬뜩한 것은 지금 우리나라에서 목도되는 모습이 이러한 파시즘의 특징과 거의 일치한다는 것이다. 문재인 정권이 '우리'와 '그들'로 편을 갈라 선악을 구분하고 악의 편에 선 자들을 적폐로 모는 것이나, 이순신의 마지막 배 12척이나 죽창 같은 민족주의를 앞세운 감성팔이를 하면서 반일주의No Japan를 선동하는 모습이 바로 그것이다. 여기에 더하여 이번 국회에서 민주당이 밀어붙인 입법 폭거는 민주주의의 본질이라는 '복수성'을 부인한 전체주의의 단초다. 검찰개혁이라는 명분으로 검찰총장의 업무를 중단시키고 검찰 길들이기를 시도하는 모습도 권위주의적, 비민주적 행태임은 두말할 것도 없다.

그런데 우리가 가장 주목해야 할 것은 이들의 마지막 넷째 전략이다. 바로 대중의 감정을 이용하는 대중동원인데, 상처받거나 소외된 계층에 그들의 정체성을 들먹이며 감성적으로 접근하여 지지를 끌어내는 수법이다. 이 전략은 접근하려는 그룹에 이들과 대치하는 반대편 그룹과의 갈라치기 작업을 전제로 한다. 접근하려는 그룹은 보통 그 응집력이 커서 지지를 손쉽게 얻을 수 있다는 점에서 포퓰리즘과도 일맥상통한다. 미투 운동은 여성 전체의 섬세한 감정을 자극하고, 성소수자 차별 철폐도 이들의 소외된 감정에 호소한다. 비정규직의 정규직화나 최저임금, 주 52시간 근무제도 경제적 파급성보다 경제적 약자의 마음을 노린다. 부동산 세제를 바꾸어 중과세 조치를 쏟아 내는 것도 유산자에 대한 무산자의 분노에 접근하는 것이다.

역사왜곡금지법이나 4.3 특별보상법 같은 특정 지역을 타깃으로 하는 입법도 마찬가지다. 이 정권 사람들에게서 흔히 볼 수 있는 현상은 스키조파시즘_{schizofascism}이라 불리는 정신분열 파시즘이다. 이것은 파시스트들이 자신에게 가해지는 비판이나 비난을 자신의 적들에게 돌리는 것이다. 히틀러는 홀로코스트를 유대인 탓으로 돌렸고, 푸틴은 2014년 러시아의 침공에 저항하는 우크라이나인들을 파시스트이자, 민족주의자 또는 네오나치로 규정하였다. 국민정서법이니 떼법이니 하는 말들이 있을 만큼 국민감정에 취약한 우리에게 이런 접근을 하는 것은 그 어떤 시도보다 지지와 표를 얻는 데 유리할 것이다.

오늘 아침 SNS에서 난리가 났다. 민주당이 발의했다는 소위 '유승준 병역방지법' 때문이었다. 그런데 결국 이것도 작년 9월 청와대 청원 게시판에서 청와대가 답변한 대로 '병역의무를 마친 대다수 한국 남성들의 헌신과 자긍심'이라는 감정에 편승하고 있다. 유승준의 영구 귀국 금지는 우리나라가 미개 국가가 아니라면 해서는 안 될 조치다. 한 인간의 고향 방문을 평생 막아 버리는 건 이미 기본권 침해에 속하는 사안이다. 행정조치나 입법만으로 위헌적 사안을 용인해선 안 된다. 유승준도 이제 자신의 과오에 대한 죗값을 충분히 치렀다고 본다. 정의의 기본은 비례의 법칙이다. 국제대회에서 금메달을 따고도 퇴학당한 정유라에 비한다면 위조된 문서로 면접 보고도 학교 잘 다니는 조민의 경우는 어떻게 가능한 것인가. 박주신은 어떻게 된 건가. 왜 유승준만인가. 위법, 탈법해 가며 군대 안 간 멀쩡한 인간들도 많은데, 자신의 국적을 활용해 군대 안 간 게 그렇게 죽을죄인가, 이제는 그만하자.

히틀러는 천년 제국을 꿈꾸었고, 무솔리니는 로마제국을 되살리기를 열망했다. 이런 의미에서 파시즘은 본질적으로 팽창하는 특성을 지녔다. 파시즘은 포퓰리즘과 통한다. 우리가 지금 이 정권의 움직임을 주시해야 하는 이유다. 역사를 탐구하는 데 그치지 않고 직접 역사를 만드는 데 일조했던 올브라이트 장관의 말이다. 자유민주주의에의 기회가 점점 엷어지는 지금 우리, 한국민이 새겨들어야 할 대목이다.

> "파시즘은 우리가 피할 수 없는 게 아니다. 다만, 어떤 것을 봉쇄하고 멈추기 위해서는 먼저 그 낌새가 나타났을 때 알아챌 수 있어야 한다. 그리고 우리의 제도와 우리 자신 안에 있는 가장 좋은 것들을 지키기 위해 단호한 행동에 나설 수 있어야 한다."

· 매들린 올브라이트 지음, 타일러 라쉬Tyler Rasch, 김정호 옮김, 『파시즘』
· 존 주디스John Judis 지음, 서병훈 해제, 오공훈 옮김, 『포퓰리즘의 세계화』

정체성 정치의 덫에 빠진 한국 정치

프랜시스 후쿠야마_{Francis Fukuyama}는 경제적 성취와 문화, 특히 신뢰와의 관계를 조명한 『트러스트_{Trust}』를 썼다. 그는 신뢰에 대하여 북유럽 서구형 신뢰와 아시아적 신뢰로 구분하고 전자의 신뢰가 가족 범위를 넘어서는 데 비하여 후자의 신뢰는 가족 안에 머문다 했다. 그리고 일본 사회는 서구와 함께 전자에, 중국이나 한국 사회는 이탈리아 같은 유럽의 라틴 문화권 국가들과 함께 후자에 속한다 하였다. 한국의 경제성장을 극찬하면서도 결론적으로는 혈연관계를 떠나서는 신뢰도가 낮은 가족주의 문화가 향후 지속적인 발전의 걸림돌이 될 것이라 지적하였다. 사반세기가 지난 지금 돌이켜 봐도 그의 지적이 과히 틀리지 않았음을 알수 있다.

그의 최근작 『존중받지 못하는 자들을 위한 정치학_{Identity}』은 그 원제인 'Identity'가 시사하듯이 현대 정치학 또는 정치 현상의 근저에 자리 잡고 있는 정체성에 관한 이야기다. 후쿠야마는, 플라톤이 말하는 이드_{id}와 이성 외에, 제3의 인간 본성인 '투모스_{thumos}'에 주목한다. 투모스는 영혼에서 인정을 희구하는 욕구로서, 여기에는 타인과 동등하게 인정받고 싶은 '대등 욕망'과 남보다 우월함을 인정받고 싶은 '우월 욕망'이 있다. 인간은 누구나 존중받을 가치가 있는 내면의 자아가 있는데, 주변 사회에서 그것을 인정받지 못해 불만과 분노가 쌓이고, 표출된 것이 현대 정치를 규정하고 있다는 것이다. 이것은 물질적 욕구와는 다른 것이다. 우리나라에 강남 좌파라는 말도 있지 않나. 알렉시 드 토크빌Alexis de Tocqueville은, "프랑스 혁명은 빈곤에 찌든 농민들이 아니라, 발발 이전 10년간 경제적, 정치적 입지가 심각하게 불안해졌던 중산층이 일으켰다"고 했다. 태국에서 일어난 국왕과 군부를 지지하는 노란 셔츠와 탁신 전 총리를 지지하는 붉은 셔츠 간의 대결도 중산층의 지위 상실에 대한 위기감으로부터 비롯되었다. 중산층 지위에 대한 위협은 세계 각지에서 2010년대에 포퓰리스트 민족주의가 약진한 이유를 말해 준다.

1968년 5월 유럽에서 촉발된 '68혁명'은 한때 세계를 풍미했다. 좌파 주도적이었던 68세대는 더 이상 계급투쟁에만 골몰하지 않고 소수자, 이민자의 권리, 여성의 지위, 환경문제 같은 소외된 집단의 권리 신장을 요구하였는데, 이것은 사회 주변부에 머무는 자들의 권리와 존엄성을 인정받으려는 정체성 정치의 시작이었다. 정체성 정치는 특히 좌파 지식인과 예술인들이 '정치적 올바름Political Correctness'을 극단적으로 강조하는 분위기를 낳게도 했다. 그러면서 과거 20세기 경제 이슈가 중심이었던 좌-우파의 정치 스펙트럼이, 2010년대에 들어서는 정체성을 중심으로 하는 스펙트럼으로 대체되었다. 사람들은 피부색이나, 성별, 출신, 외모, 성적 지향을 근거로 판단 '당했고', 사회는 희생당하고 피해자가 됐던 특정한 체험을 토대로 하는 점점 더 작은 집단들로 쪼개졌다. 이제 좌파는 흑인, 이민자, 여성, 히스패닉, 성소수자LGBT, 난민들의 불만과 분노를 대변하는 역할에 무게를 두고 있다. 그런데 이 작은 단위로 잘게 쪼개진 정체성 정치는 심각한 문제를 배태하고 있다. 점점 더 좁은 정체성으로 향하는 이런 현상은 사회 전체 차원에서 고려해야 할 행동의 가능성을 위협한다. 그리고 이 상황이 지속된다면 종내 국가 분열과 실패가 있을 뿐이다. 이처럼 좌파의 정체성 정치는 희생자 측에 선 특정 집단을 강조함으로써 전체 국가적인 정체성의 정당성을 약화시킨다.

새뮤얼 헌팅턴Samual Huntington은 냉전 종식 후 동서 간 대립이 끝났음에도 계속되는 새로운 국제 무질서의 원인으로 문화 정체성에 토대를 둔 민족 분쟁과 문명 충돌을 지목하였다. 이러한 현상이 국내 정치에서도 일어나고 있다. 지금 문재인 정권하에서 일어나고 있는 비정상적인 행태는 바로 이런 문화 정체성 정치에 토대를 두고 있는 것으로, 편 가르기로 쪼개진 일방 집단들의 불만과 분노를 이용하는 정체성 정치의 극단을 보여 준다. 기업주 vs. 노동자(특히 비정규직), 주택 소유자 vs. 무주택자, 교수 vs. 시간 강사, 일반 교사 vs. 전교조, 노인 vs. 젊은이, 남성 vs. 여성, 이성애자 vs. 성소수자, 토착왜구 vs. 독립투사, 백선엽 vs. 김원봉, 천안함 희생자 vs. 5.18과 4.3 희생자 등… 이들이 만들어 내는 국민 간 대결 구도는 끝이 없다. 정체성은 보편적 인간 본성을 토대로 하기에, 우리가 정체성 정치에서 벗어날 수는 없어 보인다. 중요한 점은 이렇게 잘게 쪼개진 편파적인 정체성이 아니라 보다 거시적이고 통합적인 정체성을 만들어 가야 한다는 것이다. 바로 자유민주주의의 가치들로 무장한 대한민국의 국민 정체성을 강화하고 그 토대 위에서 국민 통합을 이루는 것이다.

애국가 작곡자인 안익태 선생이 친일파였다며 애국가를 폐지해야 한다는 주장이 나왔다. 그것도 광복회장이라는 사람에 의해서다. 놀랍게도 작년 6.25 추념식에서 연주된 애국가의 도입 부분이 북한의 국가와 비슷한 곡조였다. 독일의 거장 리하르트 슈트라우스의 수제자였던 안익태 선생의 당시 세계적인 작곡가로서의 위상과 그의 실제 행적을 감안해 볼 때 애국가 폐지와 같은 주장은 결국 친일 vs. 반일 구도의 정체성 정치 조작이다. 이와 유사한 사례가 2005년 러시아에서도 있었는데, 러시아 민족주의 파시즘의 선구자로 평가받는 이반 일린Ivan Ilyin의 유해 이장식에서 연주된 러시아 국가가 과거 소련 국가와 동일한 곡조였다. 이런 행태는 국가의 정통성과 정체성을 저해하려는 시도일 것이다. 정체성은 분열로 가는 도구가 아닌, 통합으로 가는 도구가 되어야 한다.

·프랜시스 후쿠야마 지음, 구승회 옮김, 『트러스트』
·프랜시스 후쿠야마 지음, 이수경 옮김, 『존중받지 못하는 자들을 위한 정치학』
·티머시 스나이더 지음, 유강은 옮김, 『가짜 민주주의가 온다』
·새뮤얼 헌팅턴 지음, 이희재 옮김, 『문명의 충돌』

자유주의에 관한 아침 단상

산책길에서 마주치는 거의 대부분 사람들이 마스크를 하고 있다. 코로나가 성행하니 당연하기도 한데, 난 일단 산책길에 접어들면 마스크를 벗는다. 신선한 공기를 맘껏 마시고 싶다는 신체 본연의 욕구가 발동하기 때문이다. 우리 방역 지침에도 야외에서는 2m 지근거리 내에 사람이 없다면 굳이 마스크를 쓰지 않아도 된다고 규정하고 있다. 사람들이 밀집한 곳도 아니고 서로 말을 할 필요도 없는 산책길에서까지 한결같이 마스크를 쓰는 걸 보면 이런저런 생각이 든다. 더구나 어린아이들이 야외에서 마스크를 쓰고 있는 걸 보면 안쓰럽기까지 하다.

서양 사람들은 정부의 거리두기나 마스크 착용 방침에 저항하면서 데모까지 한다. 마스크에 대한 인식이 우리보다는 부정적이기도 하지만, 마스크 착용 여부는 인간의 기본적 자유에 속하는 만큼 개인 스스로 알아서 할 일이지 정부에서 이래라저래라 할 일은 아니라는 것이다. 자유주의의 발동이다. 자유주의자들은 "어떤 것이 최선의 삶인가?"에 대한 일치된 견해가 없다. 인간 이성의 한계를 인정하며, 그 결과로 정부가 개인의 일에 간섭하는 것을 극도로 배척한다. 그러기에 이런 특수 상황에서도 마스크를 착용하는 게 좋은지, 아니면 그렇지 않은 건지에 대한 일정한 이성적 판단이 있을 수 없으므로 당연히 개인의 판단에 맡겨야 한다는 것이다. 양심의 자유나 표현의 자유도 이런 유형에 속한다고 본다. 이런 견해를 자유주의 중에서도 일상적 자유주의라 한다.

그런데 일상적 자유주의와 달리 진보적 자유주의는, 그럼에도 좀 더 나은 해결책이 있다는 믿음이다. 개인의 자유가 중요하지만 인간 이성을 믿으며 모든 개인이 평등한 기회를 가지도록 하는 국가의 사회공학적 역할이 필요하다는 것이다. 생각건대, 많은 서양 사람들이 일률적인 마스크 착용에 거부감을 가지는 것은, 이것이 신체의 자유라는 기본권으로서 결코 국가의 간섭을 허락지 않는 영역에 속한다고 보기 때문이다. 과학적인 측면에서도 공기 중에 바이러스나 유해 물질만 없다면, 마스크를 쓰지 않는 것이 좋고, 그리고 인적이 드문 야외에는 그런 유해 물질이 없을 확률이 매우 높다는 게 일반 상식일 거다. 그런데 우리는 이런 생각을 하지 못하는 것일까? 아니면 그저 정부가 그렇게 하라니 하는 것일까?

어쨌든 동일한 사안을 놓고도 사람들의 생각이나 행동은 천차만별이다. 모든 사회는 상이한 행동과 믿음으로 특징되는 자신만의 독특한 문화가 있다 한다. 프랑스의 한 사상가는, "인간이라고 불릴 수 있는 것은 세상에 없다. 나는 내 생애 동안 프랑스인, 이탈리아인, 러시아인 등등을 보았을 뿐이다"라고 했는데, 그만큼 인간의 본성에서 나오는 전통이나 문화가 나라별, 민족별로 큰 차이가 있다는 것이다.

바이든 대통령은 취임 다음 날, 주를 넘나드는 비행기나 기차, 버스 승객들의 마스크 착용을 의무화하는 행정명령에 서명했고 질병통제예방센터cDc는 모든 대중교통수단 내에서 마스크 착용을 의무화하였다. 과거 트럼프 행정부는 마스크 착용 여부를 각 주나 지자체에 맡겼었다. 미국은 뼛속까지 자유주의 국가이지만 공화당과 민주당의 정치 색깔은 차이가 난다. 이것은 결국 인간 본성을 어떻게 보느냐에 따른 것이다.

민주당을 지배하는 이데올로기는 분명 진보석 자유주의이며, 공화당은 일상적 자유주의를 추종하는 것으로 볼 수 있다. 그러나 흥미로운 것은 집권 시에는 공화당도 민주당처럼 행동한다는 것이다. 1982년 이후 공화당 대통령(레이건, 부시 부자) 재임 중에 민주당 대통령(클린턴, 오바마) 재임 시절보다 연방지출이 더 많이 늘어난 것이 그 사례다. 그럼에도 미국의 공화, 민주 양 당은 "가능한 한 국민이 자신들의 원칙대로 삶을 살아가도록 해야 한다"는 생각에는 의견을 같이한다.

· 존 J. 미어샤이머 지음, 이춘근 옮김, 『미국 외교의 거대한 환상』

스스로를 '닫힌 사회'에 가두는 사람들

칼 포퍼가 『열린사회와 그 적들』에서 말하는 '닫힌 사회'는 기원전 5세기 스파르타 같은 그리스 부족사회를 지칭하는데, 마술적인 위력에 순종하는 부족적 혹은 집단적 사회다. 이 '닫힌 사회'의 특성은 사회생활의 관습적인 규칙성과 자연에서 발견되는 규칙성을 구별하지 못하는 것이다. 예를 들면, 사회의 불변적 금기나 법률을, 태양이 떠오르는 것이나 계절의 바뀜과 같이 피할 수 없는 것으로 받아들인다는 것이다. 그러다 보니 '닫힌 사회'의 법과 제도는 신성불가침한 금기로서 결코 변경할 수 없다. 그리스의 '닫힌 사회'는 펠로폰네소스 전쟁을 전후하여 페리클레스 치하의 아테네 같은 '열린 사회'로 이행한다. '열린 사회'는 인간의 비판력을 자유롭게 허용하여 개개인이 결단을 내릴 수 있는 사회다. 포퍼는, '닫힌 사회'에서 '열린 사회'로의 이행이야말로 인류가 겪은 가장 심원한 혁명 중 하나라 하였다. 아울러 서구문화가 그리스로부터 나온 것이라는 이야기를 할 때, 우리는 그것이 의미하는 바를 깨달아야 한다면서, 부족주의로부터 인도주의로 나아가는 단계를 최초로 이룩한 그리스인들과 함께 서구문명이 시작되었음을 강조했다.

그러니까 지구상에서 '닫힌 사회'가 '열린 사회'로 이행하기 시작한 것은 지금으로부터 약 2,500년 전이다. 그때부터 마술이나 권위, 편견이나 순종으로부터 자유나 이성 같은 개념으로 인간 사회의 무게 추가 이동하기 시작하였으며, 포퍼는 이 혁명적 전환이 아직도 진행 중인 것으로 보았다. 그도 그럴 것이 포퍼 자신이 1차 대전 후 유럽을 휩쓸었던 공산주의 혁명 과정을 직접 체험하였고 나치가 오스트리아를 합병하자 영국으로, 뉴질랜드로 망명 생활을 해야 했다.

포퍼는 플라톤을 '닫힌 사회'의 옹호자로 격하게 비판하였다. 플라톤은 헤시오도스와 헤라클레이토스의 계보를 이은 역사주의자로서 인류가 완선무결한 이데아적인 국가로부터 점차 타락해 가는 과정에 있다며 모든 사회적 변화를 억제시킴으로써 원래의 '최선 국가'에 다가설 수 있다고 믿었다. 그러면서 '최선 국가'가 품었던 엄격한 계급 구분과 계급지배를 유지하고자 했다. 플라톤의 주저인 『국가 politeia』의 중심 주제는 '정의'다. 플라톤은 인간의 본성과 욕구, 그리고 그 한계를 근거로 세워지는 국가에서 정의의 이념을 찾았다. "지배자는 지배하고, 노동자는 노동하고, 노예가 노예일 수 있다면, 국가는 정의롭다"라면서, 계급 특권을 정의라 했다. 포퍼는 플라톤과 헤겔, 마르크스를 '열린 사회'의 적, 전체주의 사상의 기원으로 여겼다.

이제 다시 마스크 문제로 돌아가서 생각해 보자. 오늘같이 날씨 좋은 날, 야외에서 우리는 왜 한결같이 마스크를 쓰고 있을까? 여기서 마스크를 쓰는 게 좋다, 나쁘다에 대한 가치 판단은 일단 보류하고자 한다. 내가 갖는 의문은 사람들의 행동이 남녀노소 구분 없이 어떻게 그렇게 단일적일 수 있는가 하는 문제다. 단순한 행동이지만 여기서 나는 마술과 권위, 편견과 순종이라는 '닫힌 사회'의 특성을 본다. 이것이 정부의 지침이나 권고 때문만이라고는 생각지 않는다. 물론 정부나 언론에서 사람들을 강압하는 수준으로 일률적인 입장을 홍보하는 게 일차적인 문제긴 하지만, 그럼에도 당연히 개인의 독립적인 판단에 달린 일이다. 그렇다면 우리는 어떤 이유에서든 스스로를 '닫힌 사회' 속에 가두어 두고 있는 건 아닌지 생각해 볼 일이다.

아마도 한국 사회만큼 가짜 뉴스나 유언비어에 쉽게 휘둘리는 곳도 없을 듯하다. 광우병 파동이나 박근혜 대통령 탄핵 사태 시에도 우리 사회는 '닫힌 사회'의 민낯을 드러내었다. 일상생활에서도 마찬가지다. 우리만큼 유행에 민감한 사람들도 없다. 옷 입는 것도 남 따라서 입고, 남이 골프를 치면 나도 쳐야 한다. 우리는 학교나 직장에서 집단 괴롭힘을 심심찮게 본다. 서구 사회에 비하여 유독 많이 일어난다. 이것은 스스로의 생각에서라기보다는 무조건 다수의 집단에 줄을 서야 한다는 강박관념 때문일 것이다. 이런 자율성의 부재가 바로 '닫힌 사회'의 가장 큰 특성이다. 오래된 전통이든 새로운 전통이든, 자유와 인간다움과 합리적 비판의 기준에 맞는 전통은 보존하고 발전시켜야 하지만, 단지 전통적이라는 이유만으로 부여되는 절대적 권위는 거부하는 게 맞다. 우리 자신의 정신을 권위와 편견의 감독에서 해방시키고자 많은 사람이 소망해 왔다. 우리가 인간으로 남고자 한다면 오직 하나의 길, '열린 사회'로 가는 길이 있을 뿐이다. 이것은 단지 포퍼의 외로운 외침만은 아닐 것이다.

· Karl Popper, interviewed by Giancarlo Bosetti, 『The Lesson of This Century』
· 칼 포퍼 지음, 이한구 옮김, 『열린사회와 그 적들 1』
· 칼 포퍼 지음, 이명현 옮김, 『열린사회와 그 적들 2』

2021.3.3.

유토피아는 이 세상 어디에도 존재하지 않는다

지금 문재인 정권의 행태를 보노라면 5백 년 전 토마스 모어가 주장한 유토피아가 연상된다. 유토피아는 모든 인간이 더할 나위 없이 행복한 사회, 즉 이상향이지만, 이 세상 어디에도 존재하지 않는 사회다. 파시즘과 공산주의, 그리고 포퓰리즘은 모두 유토피아적 염원을 담고 있다. 이들은 달콤한 거짓으로 대중을 현혹하는 유토피아적 선동으로 도둑정치를 위장하고 있다.

2017년 대통령 선거 때 문재인 후보자는 대략 크게 봐서 30개의 공약을 했는데, 시중에서는 우스갯말로 "한 번도 경험하지 못한 세상을 만들겠다"는 공약만 달성했다고 한다. 그는 당선되자마자 인천국제공항공사(이하 인국공)로 달려가 비정규직들에게 정규직 전환을 약속했다. 비정규직 없는 세상을 만들겠다는 그의 의지가 갸륵

하기는 하다. 하지만 소위 인국공 사태는 당시 인국공 사장이었던 사람만 여의도로 진출시켰을 뿐 근본적인 해결은 요원하다. 아니 당초에 해결할 수 없는 목표를 설정한 것이다. 비정규직은 시장경제에서 없어서는 안 될 존재이기 때문이다. 최저임금제나 주 52시간제도 마찬가지다.

차기 대선을 노린다는 이재명의 기본소득이나 기본주택의 발상도 하등 다를 게 없다. 소득, 재산, 나이 상관없이 일하지 않아도 돈이 매달 꼬박꼬박 나오고, 살 집까지 무상으로 받는다니 정말 유토피아가 아니고 무엇인가. 가덕도 신공항은 한술 더 뜬다. 이십몇조 원을 투자하면 세계를 잇는 허브 공항이 생겨 부산 시민들이 갑자기 격이 다른 국제도시에서 살 것처럼 분홍빛 청사진을 제시하고 있다. 과연 그럴까. 내가 보기엔 해상으로 삐죽하게 돌출된 수심 20m의 깊은 바다를 메꾸는 기초공사조차 제대로 될지 의문이다. 파리공항공단의 실사 결과도 그렇게 나오지 않았나. 그리고 천신만고 끝에 공항을 만들어 놓는다 해도 바로 항공사들이 취항하는 것도 아니다. 이미 국내의 수많은 지방 공항이 당초 예상과는 달리 모두 실패했다. 결국 우리나라 정도의 중소국가라면 1개 이상의 허브 국제공항 운용은 무리라는 게 결론이다. 세상은 그리 단순하지 않다. 정치인들이 이야기하는 유토피아는 결코 현실이 될 수 없다.

유토피아주의는 합리주의가 아니다. 합리주의란 내가 옳다고 생각하면서도 잘못일지도 모른다는 생각을 바탕으로 토론을 통해 참된 이해에 접근하는 것이다. 그런데 우리가 어떤 행위를 합리적이라고 판단할 수 있는 것은 주어진 목적과 관계해서 만이다. 이것을 정치에 대입해 보면, 합리적 정치 행동에는 모두 목적에 대한 결정이 선행되어야 하는데, 유토피아주의는 그 목적을 합리적 또는 과학적으로 결정할 수 없어 결국 한계에 부딪힌다. 비정규직 제로나 기본소득, 기본주택 그리고 가덕도 공항까지, 이것이 유토피아의 이상향이라 하더라도, 이 궁극적인 목적을 과학적으로나 또는 합리적인 방법으로 결정할 수는 없다. 따라서 목적의 합리성이 결여된다면 그에 따른 모든 시도도 비합리적일 수밖에 없다. 우리는 이상적인 유토피아의 상태란 어떤 것인가에 관한 의견의 다양한 차이를 결코 제거할 수 없으며, 그렇다면 유토피아적 목적을 제시하는 것은 허구가 될 수밖에 없다. 그럼에도 유토피아주의자들은 자신과 동일한 유토피아의 목적을 공유하지 않는 자들을 적으로 만든다. 여기에는 폭력도 뒤따른다. 그것은 사회개혁을 위한 적절한 계획이 아니며, 유토피아주의자들의 미래가 주는 매혹은 합리적인 예견과는 아무런 관계가 없다.

유토피아주의가 우리 마음을 사로잡는 힘을 갖는 이유는, 우리가 지상 낙원의 건설은 불가능하다는 것을 명확하게 이해하지 못하기 때문이다. 먼 미래의 이상에 불과한 유토피아적 청사진을 만들기 위한 투쟁을 멈출 때, 비로소 우리는 많은 것을 성취할 수 있다. 1934년 〈우리의 부를 공유하자Share Our Wealth〉 클럽 창설을 선언한 미국 루이지애나 주지사 출신인 휴이 롱Huey Long 의원이 생각난다. 그는 부자들의 재산과 소득 한도를 설정하고, 이 세입을 활용해 모든 가정에 가족 소유지와 일정 수준 이상의 연봉, 그리고 노령연금을 지급하자고 주장했고, 실제로 1년 만에 미국 내에서 2만 7천 개의 클럽이 생겼을 정도로 돌풍을 일으켰다. 그러나 1935년 휴이 롱이 암살당하면서 이 광풍은 온데간데없이 사라졌다. 유토피아를 주장하는 정치인들의 과장된 강조에는 병적인 히스테리가 수반된다. 이 히스테리가 그들이 지닌 강력한 매력의 비밀일는지 모르겠지만, 인간은 신이 아니라는 것을 잊지 말자. 『보수의 정신』을 쓴 러셀 커크 Russell Kirk 는 이렇게 말한다.

> "인간은 완벽한 세상에 살도록 만들어지지 않았다. 우리가 합리적으로 기대할 수 있는 최대치는 참을 만하게 질서가 잡혀 있으며, 정의롭고 자유로운 사회로서 어느 정도의 악과 사회적 불균형, 고통이 계속 존재하는 곳이다."

· 칼 포퍼 지음, 이한구 옮김, 『추측과 논박 2』
· 존 주디스John Judis 지음, 서병훈 해제, 오공훈 옮김, 『포퓰리즘의 세계화』
· 러셀 커크Russell Kirk 지음, 이재학 옮김, 『보수의 정신』

2021.3.17.

'신화적 사고 세력'의 출현을 경계한다

히틀러가 집권한 후에 함부르크 대학 총

장직을 사임하고 미국으로 망명한 에른스트 캇시러Ernst Cassirer는 현대 정치사상의 발전에 있어서 가장 중요하고 또 가장 두려운 양상이 신화적 사고를 가진 세력의 출현이라 했다. 그에 따르면 신화란 인류의 단순성의 성소聖所로서 부조리와 모순을 생기게 하는 인간의 원시적인 암우暗愚, 즉 어둠과 어리석음의 발로라 하였다. 오스트리아 국민의 영원한 교사로 불렸던 칼 레너Karl Renner도 전후 어려움에 빠진 국민에게 오스트리아의 새 출발을 맞아, 자신들의 존재와 역사에 대한 신화를 만들고 그것을 믿는다면 위험할 것이라고 경고하였다. 바로 그 신화적인 전체주의 사상에의 도취가 독일과 오스트리아를 패망케 하였음을 지적한 것이다.

우리나라의 정치 현실로 돌아와서, 그동안 광우병 사태나 세월호, 사드, 4대강 사태에 이어 촛불 시위 사태를 돌아보자면, 불안한 현대 사회의 군중을 대상으로 신화를 만들려는 정치 세력이 준동하고 있음을 본다. '분노 시민'을 동원한 촛불 시위로 집권하여 이를 촛불 혁명으로 둔갑시킨 대통령이 엊그제는 뜬금없게도 LH 부동산 투기 사태와 관련하여 촛불 정신을 이야기했고, 오늘은 법무부장관이 한명숙 사건에 수사 지휘권을 발동하였다. 촛불 신화에 이어 한명숙 신화를 만들겠다는 의도임에 다름없다.

한국정치를 소용돌이의 정치로 본 그레고리 헨더슨Gregory Henderson은 한국을 완전하다고 할 정도로 분열의 객관적 근거가 없는 아주 보기 드문 나라라 했다. 좁은 국토에다 인종, 언어, 종교 등에서 매우 단일적, 동질적이기 때문이다. 그렇다면 현재의 우리나라에서 나타나고 있는 좌, 우 대립과 같은 국론분열적 상황은 어떻게 설명할 수 있을까? 세계가 좌, 우의 개념에 몰두하게 되면서 이제는 상, 하가 있다는 것조차 잊어버렸다는 말도 있지만, 이데올로기의 종언이 아니라 이데올로기의 재등장 때문일 것이다.

1945년 해방과 함께 찾아온 혼란 속에서 우유부단한 미군정청이 그 진공상태를 메우는 데 실패함으로써 해체된 사회와 지리멸렬해진 세상이 사람들을 공산주의로 몰아갔고 북한에서는 소련 점령군이 수입한 공산주의가, 남한에서는 야당으로서의 토착 공산주의가 급속도로 그 세력을 확장해 나갔다. 해방 후 우리 민족이 최초로 만든 조직은 좌파 세력이 주도한 건준(건국준비위원회)이었다. 남로당(남조선노동당)은 한동안 남한에서 '국가 안의 국가'였으며 해방 후 주요 단체 중 공산당원을 갖지 않은 단체가 거의 없을 정도로 남한 내에서 가장 중요한 정치 세력이었다. 이렇듯 대한민국 내에서의 공산주의의 뿌리는 생각 외로 강하며 끈질기다. 독립 후 이승만 대통령이 1948년 12월 1일 공산당을 불법화했지만 지금 정권에서는 사실상의 종북 주사파 공산주의자들이 청와대를 점령하여 새로운 봉건 신화를 써 나가고 있다. 바로 모두가 평등한 사회를 만들겠다는 공산주의 신화의 등장이다.

원시적 신앙에는 개인들이 자신을 공동체의 생명 또는 자연의 생명에 일치시키려는 깊고 열렬한 욕망이 있다. 이 욕망은 제의祭儀를 통하여 만족을 얻는다. 디오니소스 자그레우스의 전설이 그 전형적인 예다. 이 전설은 한갓 꾸며진 이야기가 아니다. 그것은 제의적 현실에 기초한다. 결국 신화는 인간의 깊은 정동情動에서부터 싹터서 제의를 거쳐 신화란 모습으로 우리에게 나타난 것이다. 여기서 내가 신화의 발생 과정에서 나타난 제의를 구태여 끄집어내는 것은, 지금 586 떼거리 도둑정치 집단들의 정치 행위에 반드시 이런 제의祭儀가 수반되기 때문이다. 이 코로나 상황에서도 온갖 비난을 무릅쓰고 박원순이나 백기완의 장례를 성대히 거행하는 것도 이러한 제의를 통한 신화 만들기에 그 의도가 있다 할 것이다.

캇시러는 2차 세계대전이 일어나게 된 사상적 배경, 즉 나치즘, 파시즘 등 인간의 존엄성을 파괴하는 엉뚱한 신화적인 사상이 어떻게 발생해서 횡포를 부리게 되었는지를 파헤쳐 그 본질을 밝히려 했다. 자연과학에서는 이성적 해법이 사용되지만 인간의 사회생활에서는 이성적 사고가 패배하고 있다는 사실을 상기시켰다. 그리고 현대 사회가 지적 생활에서 배운 모든 것을 망각하고, 인간 문화의 처음 미개한 단계로 돌아가려는 듯한 현상에 경종을 울리고자 했다. 여기서 그가 주목한 것이 바로 '신화적 사고'를 가진 세력의 출현이었다. 파우스트는 젊음을 얻게 해 줄 마녀의 술을 기다리다가 술잔 속에 비친 아름다운 여자의 그림자에 그만 넋을 놓게 되지만, 파우스트가 본 것은 그 자신의 마음이 만들어 낸 허상이었다. 신화의 허구성을 비유한 것이다.

신화에 빠졌던 독일 낭만주의의 특징은 과거의 이상화와 정신화에 있었고, 이런 사상적 경향은 토머스 칼라일_{Thomas Carlyle}의 『영웅숭배론』과 아르투르 고비노_{Arthur Gobineau}의 『인종 숭배론』을 거쳐 헤겔의 절대적 국가 이념에 도달하였다. 급기야 마르크스와 레닌 그리고 무솔리니와 히틀러에 이르러 파국을 맞았다. 신화는 상상의 자유로운 산물이며, 의미 없는 세계에서 의미를 만들어 내는 방법이다. 현대의 정치적 신화는 계획에 따라 만들어진다. 그것들은 매우 솜씨 있고 교묘한 기술자들이 만든 인공적 산물이며 기관총이나 비행기 같은 현대 무기와 다름없다. 마법과 신화는 정상적인 사회가 아니라 혼돈에 빠진 사회를 노린다. 현대의 정치 신화는 어떤 행동들을 명령하거나 금지하는 일에서부터 시작하지 않는다. 그에 앞서 사람들을 변화시키는 일부터 착수한다. 마치 뱀이 먹잇감을 공격하기 전에 그것을 마비시켜 굳어지게 하는 것처럼 작동한다. 대중의 세뇌부터 시작한다는 것이다. 2차 대전 직후 캇시러가 경고한 신화적 괴물들이 그로부터 한 세기가 흘러가고 있는 지금, 이 대한민국 땅에서 꿈틀대고 있음을 본다.

· 에른스트 캇시러 지음, 최명관 옮김, 『국가의 신화』
· 칼 레너 연설문집, 『Fuer Recht und Frieden정의와 평화를 위하여』
· 그레고리 헨더슨 지음, 이종삼, 박행웅 옮김, 『소용돌이의 한국정치』
· 롤로 메이Rollo May 지음, 신장근 옮김, 『신화를 찾는 인간』

한국의 참주僭主는 누구인가?

1688년 명예혁명을 계기로 영국의 의회정치가 틀을 잡아 나가기 전까지 영국의 역사는 잔인한 피의 역사였다. 영국 섬의 원주민이었던 브리튼족과 로마 간의 500년 전쟁, 그리고 라인강 이북에 살던 색슨족의 이주 이후 전개된 덴마크, 노르웨이 바이킹족과의 전투를 거쳐 마침내 11세기 영국 섬은 프랑스에서 건너온 노르만인들에게 정복 당한다(1066년, Norman Conquest). 그러니까 지금 영국인들은 원주민이었던 브리튼인, 독일에서 넘어온 색슨족, 그리고 프랑스의 정복자인 노르만인들이 뒤섞인 사람들이다. 여기에 웨일스인, 스코틀랜드인, 아일랜드인의 피가 보태졌다.

찰스 디킨스Charles Dickens가 "역사상 가장 혐오스러운 악당"으로 부른 튜더 왕가의 헨리 8세가 첫 번째 부인인 캐서린과 이혼하고 앤 불린과 결혼하려 했을 때, 로마 교황이 반대하자 1534년 그는 영국 국교회를 창설하면서 재혼을 관철시켰다. 그 후 약 200년간 영국은 가톨릭을 재건하려는 세력과 국교회를 고수하려는 세력이 대립하면서 엄청난 피를 불렀다. 엘리자베스 1세가 가톨릭 세력을 대변하던 스코틀랜드의 메리 여왕을 참수시키면서 40여 년간 평화가 찾아왔지만 그 후손이 없자 스코틀랜드의 스튜어트 왕가의 제임스 1세가 등극하면서 양 세력 간 갈등은 재연되었다.

제임스 1세의 아들인 찰스 1세는 의회를 해산하고 12년간이나 의회 없이 통치한 끝에 의회와 전쟁에 돌입했지만 패했고, 참수당했다. 이 내전에서 철기군을 이끌었던 올리버 크롬웰이 호국경이 되어 공화정 형태의 통치가 이루어졌다. 1658년 크롬웰이 죽자 참수당한 찰스 1세의 두 아들인 찰스 2세와 제임스 2세가 연달아 왕이 되면서 가톨릭을 복원하려는 왕을 중심으로 한 왕당파와 국교회를 지키려는 의회파가 피의 혈투를 반복하다가 1688년 명예혁명으로 일단 종지부를 찍게 되었다.

영국의 역사에서 반대파를 죽일 때는 주교를 중심으로 배심단을 구성하여 재판했는데, 이는 요식행위에 불과했다. 어떤 합리적인 변론을 하더라도 피고의 운명은 정치적으로 결정되어 결국 런던탑에 갇혀 처형된다. 이때 처형 방법 중 가장 일반적인 것은 참수형으로 망나니가 도끼로 목을 내려치는 것이다. 그래서 한 번에 목을 쳐 고통 없이 죽게 해 달라고 망나니에게 금품을 주는 경우도 있었다. 13세기 웨일스 반란자들에게 내린 '교수척장분지형'이란 건 죽기 직전까지 목을 매단 뒤 끌어내려서 내장을 꺼내고 사지를 토막 내는 형벌이다. 화형은 종교재판의 이름으로 영국에 도입된 관행이었다. 디킨스는 종교재판에 대하여, "인류 역사에 오점을 남긴 가장 불경스럽고 악명 높은 것으로 인간을 악마로 강등시켰다"고 비판했다.

돌이켜 보건대 프랑스가 1789년 대혁명으로 가장 폭력적인 역사를 가졌다지만, 영국의 역사야말로 피로 얼룩진 역사로, 피를 흘리지 않았다는 명예혁명에 가려진 것뿐이다. 200년간의 이 역사는 종교 투쟁인 동시에 의회민주주의로 가는 긴 여정이었다. 영국은 이런 역사를 통하여 외부 세력의 침략에 대항할 수 있는 내부적인 응집력과 힘을 키웠다. 두 번의 세계 대전, 특히 히틀러를 이겼고, 나폴레옹도 패배시켰다. 나폴레옹은 영국에 패배한 뒤, "도통 패배라는 것을 모르는 어처구니없는 사람들"이라고 투덜대었다 한다.

17세기 초부터 100여 년간 지속된 스튜어트 왕가의 막바지에 명예혁명이 성공하고 스코틀랜드를 통합하여 대영제국Great Britain이 출범하면서 오늘날 영국의 기틀이 다져졌지만, 스튜어트 왕가 대부분의 시기는 가톨릭과 국교회, 왕당파와 의회파 간에 피바람이 분 시기였다. 이때 찰스 2세와 제임스 2세는 프랑스 왕으로부터 연금을 받았고, 속은 가톨릭이면서 겉은 다수 국민의 종교인 국교회로 위장하여 국민을 통치했다. 그래서 그들은 프랑스의 꼭두각시였고, 잉글랜드를 실질적으로 다스린 왕은 프랑스 왕이었다는 평가가 나온다. 찰스 2세는 크롬웰 때 획득한 됭케르크를 다시 프랑스에 되팔았기도 했다. 그래서 스튜어트 왕가는 영국 역사에서 '그저 민폐만 끼친 왕가'라 한다.

프랑스의 돈을 받으며 뼛속까지 가톨릭교도였던 찰스 2세와 제임스 2세가 대다수 영국민의 신앙이었던 국교회의 신봉자인 척 위장한 채 영국을 통치했던 모습이 우리나라 어느 대통령의 모습과 오버랩된다. 그에게 돈을 대 주는 '프랑스'는 어느 나라인가? 그는 누구의

꼭두각시인가? 그의 정체는 과연 무엇인가? 가톨릭인가, 국교회인
가? 공산주의자인가, 자유민주주의자인가?

플라톤은 민주정치가 참주정치로 타락하는 과정에서 가장 쉽게 참
주가 될 수 있는 자는 유산층과 무산층의 계급적인 적대감을 이용
할 줄 알고, 자기 자신의 경호원이나 사유 병력을 갖춘 대중적인 지
도자라고 했다. 처음에는 민중이 그를 자유의 투사로 알고 환호하
지만 곧 노예화된다고 했다. 플라톤이 직접 목격한 참주는 시라쿠
사의 디오니시오스 1세인데, 플라톤은 그의 궁정에서 참주정치의
실상을 목격했다. 참주란 스스로 왕이라고 참칭하는 군주이며 분수
에 맞지 않게 지나친 데가 있다고 했다. 그렇다면 한국의 현실 정치
에서 민주정치를 참주정치로 격하시킨 디오니시오스 1세들은 누구
일까? 시민들은 그들을 인권변호사 또는 민주주의의 투사로 오해
했고 그들이 펼친 포퓰리즘에 취하여 노예화의 길을 걷게 되었다.

· 찰스 디킨스 지음, 민청기, 김희주 옮김, 『찰스 디킨스의 영국사 산책』
· 칼 포퍼 지음, 이한구 옮김, 『열린사회와 그 적들 1』

Part 2.

헌법은
정치의 시녀인가?

2019년 개천절 〈문재인 하야 광화문 집회〉
사진 출처: 《연합뉴스》

방어적 민주주의는 가치구속적이며 가치지향적 민주주의관의 산물이며, 이때 수호할 가치가 있는 민주주의의 실질적 가치는 국민주권, 자유·평등·정의 등의 가치다. 방어적 민주주의는 민주국가에서 헌법의 최고법규성과 규범성을 보장하기 위하여 헌법에 대한 적대적 시도로부터 헌법을 사전적, 예방적으로 수호하는 기능을 한다.

_ 권영성 서울법대 교수

독일 국민은 국민투표를 하지 않는다

지난 3월 초 개헌안이 국회에서 발의되었다. 이제 두 달이면 수명이 다할 현 국회가 개헌이라는 엄청난 화두를 세상 밖으로 던졌다. 진지한 논의나 공론화 절차도 거른 채, 전격적으로 말이다. 이어서 개헌안의 공고안이 국무회의를 통과하였다. 개헌안을 공고하는 것은 그에 대한 비판과 자유로운 의견 교환을 통하여 개헌에 대한 여론을 형성시키기 위한 것임에도 국회나 정부 어느 곳에서도 그런 시도의 흔적을 찾아볼 수 없다. 심지어 언론마저 일회성 기사를 게재할 뿐이니 개헌이라는 중차대한 사안 고려 시 이상한 일이 아닐 수 없다.

국민이 직접 개헌안을 발의할 수 있도록 헌법을 개정한다는 건데, 헌법 제128조 제1항만을 개정하기 때문에 '원 포인트 개헌안'이라는 이름이 붙여졌다. 현행 헌법상 개헌 발의는 국회의원이나 대통령만이 할 수 있는데 여기에 국민을 추가한 것이다. 즉 선거권자 100만 명 이상이면 개헌 발의를 할 수 있도록 하자는 것이다. 이 개헌안이 통과되려면 국회 재적의원 3분의 2 이상의 동의를 얻은 뒤, 국민투표에 부쳐져 선거권자 과반수의 투표와 투표자 과반수의 찬성을 얻어야 한다. 향후 국회 본회의에서 통과시킨 후 4.15 총선에 국민투표라는 젓가락을 얹어 겸상을 차리겠다는 계획이라 한다. 헌법의 실제 내용이 아니라 절차적인 사안만을 개정하니 별것 아니라고 생각할 수 있겠지만, 이 개정이 불러올 파장을 생각하면 결코 가볍게 여길 사안은 아니다.

우선 떠오르는 의구심은 여야 간 이번 개헌안에 대한 모종의 공감대를 가지고 있는 게 아닌가 하는 점이다. 개헌안은 제1야당인 미래통합당이 반대하면 통과할 수 없다. 더욱이 이런 절차적 사안만으로 개헌을 한다는 게 상식적으로 납득이 가지 않으며 헌정 사상 전례가 있을지도 궁금하다. 실로 이번 개헌 제안의 배경이나 의도가 아리송하다. 국회 발의 제안서를 보니 크게 2가지 정도로 그 제안 이유를 밝히고 있다. 첫 번째는 우리나라 헌법 개정 절차가 너무 어려워 1987년 이래 30년이 넘도록 개정을 못 하고 있다는 것이고 두 번째는 국민이 주권자이므로 국민의 참여를 보장해야 한다는 것이다. 국민발안제가 유신헌법 당시 폐지되었다면서 그 비민주성을 부각시키기도 했다.

첫 번째 헌법 개정이 어려우니 그 절차를 완화해야 한다는 주장은, 우선 헌법 개정의 난이가 어떤 가치 판단을 말하는 게 아니라는 점과 발의 조건의 완화만으로 개정 자체를 완화하는 것이 아니라는 점에서 논리적 모순을 가진다. 즉 개헌을 쉽게 해야 할 당위성도 없고 발의 요건을 고친다고 해서 제안자의 주장처럼 쉽게 개헌이 되는 것도 아니다. 더욱이 우리 헌법을 포함한 대다수 나라의 헌법은 그 개정에 있어 일반 법률보다 어려운 경성헌법임을 고려할 때 개정을 쉽게 해야 한다는 당위성은 떨어진다. 아울러 이런 형식상 개정의 난이에 따라 실제 개헌의 빈번도가 결정되는 것도 아니다. 이번 개헌안의 발의자들은 독일 기본법이 빈번히 개정된다는 점을 근거로 들지만, 독일 기본법은 그 개정에 연방 상하원의 2/3 이상이 동의해야 하는 경성 헌법이다. 즉 개정 절차가 쉬운 것이 아니라 개정 필요성에 대한 당위성이 인정되기에 개정이 이루어진다고 보는 것이 합리적일 것이다.

두 번째는 주권자인 국민의 참여와 의사수렴을 용이하게 하고, 정파적인 이해관계도 완화할 수 있으며 이른바 '생상민주주의'를 '투표민주주의'로 전환하여 대의제 민주주의를 보완할 수 있다는 주장이다. 하지만 국회에 의한 개헌 발의가 보장되고 있는데 국민발안을 도입해서 정파적인 이해관계를 완화하겠다는 발상은 결국 국회의 무능과 태만을 자인하는 것이다. 직접민주주의를 일찍부터 도입한 독일 등의 다수 국가들도 직접민주주의의 폐해를 경험하고 의회 정치를 강화하는 방향으로 가고 있다.

그럼에도 국회가 이번 개헌안을 발의한 속내는 아마도 내각제로 가기 위한 돌파구 마련에 있는 것으로 보인다. 바로 여의도 정치권의 야합이다. 이렇듯 국민투표는 일견 민주적으로 보이지만 실제로는 별로 그렇지 않다. 무대로 끌려 나온 관객들은 자신이 만들지도 않은 제안에 단순히 예스나 노를 말한다. 좀비 민주주의다.

독일 국민은 아예 국민투표를 하지 않는다. 과거 나치가 국민투표를 악용한 전철을 밟지 않기 위해 연방 차원에서는 각 주 간의 경계 획정 사안만을 예외로 아예 국민투표제를 철폐했다. 지방자치 수준에서만 주민투표를 인정하고 있는 셈이다. 이렇듯 현대 민주주의는 의회민주주의를 기본으로 하되, 직접민주주의적 요소를 보완적, 제한적으로 시행한다. 올림픽 유치나 건설 프로젝트 같은 정책 사안을 결정하는 플레비시트plebiscite에서는 주민들의 이해관계에 따른 이기심이 작동할 위험이 있고, 규범 설정적인 레퍼렌덤referandum에서는 권력자의 의지가 게재될 가능성이 크다. 만약 국민투표제가 있었다면 유로화 도입이나 독일통일 문제도 부결되었을 것이라 한다. 2016년 10월 뤼베크에서 개최된 〈빌리 브란트 연설〉에서 노베르트 람머트Nobert Lammert 하원의장은 직접민주제의 위험성을 이렇게 설명했다.

"흥미롭게도 지난 수년간 이루어진 주민투표에 관한 설문조사에서 '당신은 무엇을 위해 직접 정치에 참여하려 합니까?'라는 질문에 많은 이가 망설임 없이 '나의 이해관계와 직접적인 관련이 있는 것을 위해서'라고 답했다. 유권자들이 그럴 권리가 있지만, 이들이 어떤 특정한 목적을 가지고 편파적으로 행동할수록 공익 실현은 더 힘들어진다. 이렇듯 국민의 대표자가 아니라 이해관계자들이 스스로 결정하게 하는 것은 충돌을 해결하기보다는 결국 정치적 딜레마를 양산할 뿐이다. 주민투표에 대한 참여도는 매우 낮다. 참여도가 낮을수록, 특정 그룹이 자신들의 이익을 관철하려는 시도가 많아질 것이다."

만약 이번 개정안대로 100만 명으로 개헌을 발의할 수 있다면 개정의 실현 가능성은 차치하고 빈번한 개정 발의로 오히려 사회 혼란과 대립만 커지게 될 것이다. 청와대 국민청원제가 보여주듯이 인터넷 시대에 100만 명을 모으는 건 불과 며칠이면 가능하다. 그런데 100만 명 개헌 발의 시대가 온다면 이건 단순한 여론전이 아니라 헌정질서를 뒤흔드는 모습들이 연출되기 십상일 것이다. 민주주의의 전통이 짧고 정치적, 지역적 대립이 심한 우리나라에서 직접 민주주의를 확대하는 문제는 신중해야 한다. 한스-위르겐 파피에르 Hans-Juergen Papier 전 독일연방헌법재판소장은 2016년 9월 함부르크 하펜 클럽 강연에서, 파리의 노란 조끼 같은 '분노 시민'들이 "우리는 국민이다"라고 외치면서 결정하게 해서는 안 된다고 경고했다. 손쉬운 국민 발의를 허용할 때 헌법 개정이란 주권적 절차가 광우병 소동이나 촛불 탄핵사태와 같은 광기로 변질되지 않을까 심히 우려되는 이유다.

내가 홋카이도 삿포로에서 만난 시미즈 도시유키 교수는 한국시민사회 전문가다. 그는 김대중, 노무현 정부 10년 동안 촛불 시위로 상징되는 소위 '시민단체'들이 정부의 정책과정에 접근하여 정당에 준한 권력투쟁의 행위자로까지 부상했지만, 이들이 과연 공공의 이익을 실현하는 단체인지, 당파적 세력인지를 질문받기에 이르렀다고 비판하였다. 이들 단체는 '분노 시민'을 부추기는 역할을 자임한 당파적 세력이자, 북한이 시도하는 소위 '사회정치생활의 민주화'로 가는 전위부대다.

· 데이비드 런시먼David Runciman 지음, 최이현 옮김, 『쿠데타, 대재앙, 정보권력』
· 시미즈 도시유키 지음, 백계문 옮김, 『한국정치와 시민사회: 김대중·노무현의 10년』

2020.4.5.

도루묵이 된「공직선거법」개정

지난 12월 우리 국회는 여당과 군소 야당 간에 4 + 1이라는 의정 사상 생소한 연대를 발동한 가운데「공직선거법」을 개정하여 연동형 비례대표제를 도입했다. 그 과정에서 큰 소동이 일어났고 의원들이 무더기로 기소되기도 했다. 그런데 막상 선거법을 개정하고 나서는 미래통합당과 더불어민주당이 각각 사실상의 위성 정당을 만들어 지역구와 비례대표에 별개 정당으로 입후보함으로써 연동형 도입의 취지를 크게 훼손했다. 선거법 개정의 당초 취지는, 사표방지를 통한 국민 의사 왜곡 방지와 다양한 정당의 의회 진출 지원이었다. 그런데 거대 양당이 독립 위성 정당을 만들어 연동형의 핵심적 설계를 피해 나가면서 이러한 입법 취지를 무력화시켰다. 한마디로 연동형 도입이 말짱 도루묵이 되었다. 국회가 자신들이 만든 법을 불과 3개월 만에 스스로 폐기한 셈이다.

이번 선거법 개정을 발의했던 정당들은 이제 국민들을 향하여 무슨 말을 할 수 있을까? 더불어민주당은「공수처법」과「검경수사권조정법」을 챙겼으니 이게 더 국민들에게 중요하다고 할까? 4개 군소 정당들은 연동형 비례대표제만을 바라보다 닭 쫓던 개 지붕 쳐다보는 처지가 되었으니, 동정표라도 달라 할까? 대표 발의자였던 심상정 의원이 선거법을 다시 고쳐야 한다고 했다는데, 이건 국민을 기만했다는 자기 고백과 다름없다. 그런데도 해당 정당들은 책임지겠다는 목소리가 없고 언론도 그러려니 하는 것 같다. 총선에 임박하여 모두 표의 향배에만 관심을 두는 모양새다. 결국 우리 정치판의 수준을 자복한 것이다. 이런 수준과 자세로 서구에서 하는 내각제 개헌을 하겠다는 의원들이 있으니, 이상은 클지 모르나 자신들의 수준을 몰라도 너무 모른다 하지 않을 수 없다.

이것만이 아니다. 지난 3월 초 국회에서 발의되고 국무회의 의결까지 거쳐 공고 중인 원 포인트 국민발안 개헌안은 슬그머니 자취를 감췄다. 국회 의결을 시도할 것이라 떠들었지만 결국 식언이 되고 말았다. 개헌하겠다며 무려 148명의 의원이 제안한 개헌안을 별다른 설명이나 이해도 구하지도 않고 취하해 버린 것인가? 국회의 국민 우롱은 여기서 그치지 않는다. '울산 하명 선거부정 사건' 등 선거 부정 혐의로 국가 사법기관인 검찰에 의하여 기소된 자들이 기소장에 잉크도 마르기 전에 이번 총선에 대거 입후보하였다. 보통 일반 공직자들은 징계 절차만 시작해도 그 진위와 관계없이 직위해제부터 된다. 공무원이 철밥통이라 하지만 사실은 파리 목숨이다. 그런데 징계는커녕, 헌법상 주요 공직인 국회의원을 뽑는 선거에 공천을 받아 출마한다니, 언어도단이 아닐 수 없다. 더욱이 이들은 공직자의 모범이 되어야 할 청와대의 정권 핵심 인사들이다. 이러고도 우리가 민주주의 국가라고 할 수 있을까? 민주주의하에서 과도한 관용은 오히려 진정한 관용을 사라지게 할 뿐이다.

플라톤은 정치 지배자의 도덕적 자질에 따라 군주정, 참주정, 귀족정, 과두정, 민주정의 도식을 제시하고, 역설적이지만 "항상 많은 나쁜 사람들이 있기에 나쁜 정치 형태는 단 하나, 민주정"이라 했다. 여기서 플라톤이 전제로 한 물음은 "누가 국가를 다스려야 하느냐?"였다. 이에 플라톤은 "가장 뛰어난 사람"이라 답했다. 같은 질문에 마르크스와 엥겔스는 "프롤레타리아"라고 했고 히틀러는 "나"라고 했다. 그래서 칼 포퍼Karl Popper는 이런 우스꽝스러운 결론으로 귀결될 수 있는 플라톤의 전제 대신, "어떤 정부 형태를 가져야 하느냐?", 좀 더 구체적으로는 "무능하고 파괴적인 정부로부터 우리 자신을 자유롭게 할 수 있는 정부 형태가 있느냐?"로 그 전제가 대체되어야 한다고 했다. 그는 민주주의에서 중요한 것은 대표자를 뽑는 '긍정적 권력'이 아니라 유혈 사태 없이 무능하고 파괴적인 대표자들을 제거할 수 있는 '부정적 권력'이라 했다.

파시즘이나 군부 통치와 같은 노골적인 독재는 이제 전 세계적으로 자취를 감췄고, 국민이 선출한 지도자나 그 정권에 의해서 민주주의가 무너진다는 주장이 상당히 무게 있게 다가온다. 민주주의가 민주주의를 죽이고 있다는 말이다. 대통령이나 국회의원은 선출직 공직자다. 법치주의는 일반 국민이 법을 지켜야 한다는 것보다는 이러한 위정자나 고위 공직자들이 법을 지켜야 한다는 의미다. 그런데 이들은 헌법을 부정하거나 반헌법적인 의지를 드러냈고 정적에 대한 폭력을 부추겼다. 그렇다면 헌법은 그 보호 수단을 강구해야 한다. 헌법의 적으로 나타난 개인과 단체에 대하여 일정한 기본권을 실효시키거나 그 정당을 해산하는 등 방어적 민주주의에 따른 헌법 보호수단을 발동해야 할 것이다. 작금 우리의 정치는 과연 어떤 민주주의를 하고 있는가? 우리의 민주주의는 무능하고 파괴적인 대표자들로부터 우리 자신을 보호할 수 있는가? 민주주의는 모든 통치 형태 중에서 가장 어려운 것이다. 가장 광범위한 지성을 요구하기 때문이다.

· Karl Popper, interviewed by Giancarlo Bosetti, 『The Lesson of This Century』
· 허영 지음, 『헌법이론과 헌법(상)』

2020.4.10.

'막말' 논란과 표현의 자유

　　　　　　4.15 총선을 앞두고 때아닌 막말 논란이 한창이다. 미래통합당의 차명진, 김대호 후보자는 막말 논란으로 당에서 제명될 위기에 처했다. 김대호 후보의 "정상인도 나이 들면 장애자"란 말은 틀린 말도 아니고 막말도 아니다. 세월호 천막 속에서 일어난 불미스러운 일에 대한 차명진 후보자의 언급도 사생활에 관한 사안인가에 대하여는 논란이 있을 수 있겠지만 이미 언론에 보도까지 되었다. 이런 게 막말이라서 후보로서의 지위를 상실할 정도인지는 유권자들이 판단할 일이다. 이들은 당에서 공천을 받아

선관위에 등록된 선거 입후보자들로, 이미 유권자들의 판단에 맡겨진 사람들이기 때문이다.

막말을 국어사전에서 찾아보니 '함부로 지껄이는 말', '속되게 마구잡이로 하는 말'로 풀이되어 있다. 그런데 막사발, 막걸리, 막국수, 막일과 같은 막말과 유사한 어감을 가진 낱말들을 보면 완전히 다른 느낌이 든다. 여기서 느낄 수 있는 어감은 '거칠지만 순박하다'는 정도인데, 그렇다면 막말은 거칠기는 하나 오히려 솔직 담백한 입담이 아닌가 싶다. 이슈가 차고 넘치는 총선판에 연일 헤드라인을 장식할 만한 이슈는 분명 아니다. 막말 프레임이 덧씌워진 말들을 보면 보통은 별 내용이 없다. 내용이 없으니 내용에 대한 비난이라기보다는 그저 막말이니 나쁘다는 식이다. 심하게 말하자면 결국 말꼬투리를 잡는 격이다. 왜 이렇게 되었을까.

우선 우리 언론의 책임이 크며 그 구조적 문제를 지적하지 않을 수 없다. 종편이 무더기로 생겨나면서 너, 나 할 것 없이 제작비가 싸게 드는 대담프로에 많은 시간을 할애하고 있다. 시청자들에게 유익하거나 흥미를 끌 만한 다큐나 연예 오락 프로는 제작비가 비싸기 때문일 것이다. 그런데 이 대담프로에 주로 나오는 패널들의 면면을 보면 논의 주제에 관련된 전문가가 아닌 경우가 많다. 대개는 언론계 출신 인사들이다. '무슨 대학의 특임교수'네 하는 타이틀은 보통 허명이다. 그렇다 보니 이들은 논의 주제를 갖고 논의하기보다는 손쉬운 막말 논쟁을 일으킨다.

여기에 개인주의 문화가 발달하지 않은 국민 정서가 더해진다. 우리는 남의 말, 남의 일에 관심이 많은 편이다. 개인주의가 발달한 서양 사람들과 비교하자면 더욱 그렇다. 그러니 우리나라는 전 국민적으로 남의 말을 하면서 세월을 보내고 있다. 매우 비생산적이고 백해무익한 현상이다. 막말 논란은 표현의 자유를 제한하는 부정적 효과를 수반한다. 이런 분위기에서라면 혹시라도 말실수하게 되면 큰일이니 결국 표현의 자유, 더 나아가 사상의 자유까지도 스스로 제약하는 결과를 가져오지 않겠나. 안 그래도 우리는 허심탄회하게 자신의 의견을 거리낌 없이 드러내기보다는 상대의 눈치를 살펴 가며 말을 조심하는 편이다. 과거 조선 시대의 사화나 일제를 거쳐 한국전쟁이라는 동족상잔의 내전을 겪으면서 말조심하는 습관이 알게 모르게 몸에 배었으리라는 추측도 해 본다. 일본 사람들의 과도한 예양 문화도 수백 년간의 막부 통치하에서 스파이 정치를 겪어오면서, 살아남으려는 사람들의 조심스러운 언행 습관이 집적되면서 생긴 것이라 한다.

그런데 이런 관습적인 현상 외에 심지어는 법으로 표현의 자유를 제약하는 경우도 있다. 지금 국회에서는 「5.18 특별법」을 개정하여 5.18에 대한 왜곡행위를 형사처벌 할 수 있는 법적 근거를 마련하고자 논의 중이라 한다. 독일에서는 홀로코스트를 부정하는 경우 법적인 처벌을 받는다. 아마 세계적으로 유일한 표현의 자유에 대한 예외일 것이다. 이제 5.18이 세기의 금기어인 홀로코스트와 동격이 되었다. 사실상의 금기어가 된 것이다. 사상과 표현의 자유에 대한 과도한 제약이 아닐 수 없다. 나치의 법학자라는 카를 슈미트_{Carl} _{Schmitt}도 토론의 반대가 독재라 하지 않았나.

가십성 막말보다 훨씬 더 위험한 말들이 있다. 겉보기엔 막말이 아닐지라도 내용적으로 막말 이상인 말들이 우리 정치인들의 입에서 흘러나오고 있다. 청와대 정무수석의 부동산 거래 허가제 발언이나 법무부 장관과 서울시장의 토지의 국가 소유화 발언, 그리고 여당 원내대표의 총선 후 종교, 언론 등 패권 재편 발언이 바로 그것이다. 책임 있는 공직자들의 이런 발언은 모두 현행 우리 헌법 질서를 부정하는 내용으로 반헌법적일 뿐 아니라 아예 헌법 개정의 한계를 넘어서는 말들이다. 그래서 표현의 자유를 보장받을 수 없을뿐더러 헌법보호 차원에서 형사법적 보호수단을 발동시켜야 할 정도로 엄중한 범법행위다. 자유의 적에게는 자유가 허용되지 않는다. 우리 헌법의 기조는 독일 헌법과 마찬가지로 민주주의와 자유권을 지키기 위한 '가치적 헌법관'을 전제로 하는 방어적 민주주의를 채택하고 있다. 차명진과 김대호의 막말 정도로 이들의 정치생명이 좌우된다면, '레알 막말'에는 진짜 생명도 내놓아야 할 것이다.

· 카를 슈미트 지음, 김효전 옮김, 『헌법과 정치』
· 허영 지음, 『헌법이론과 헌법(상)』

국민 저항권은 자연권이다

　　　　　　　　이번 개천절 집회는 행정법원의 불허에 맞선 집행정지 신청 제기라는 우여곡절 끝에 지난 9월 30일 차량 집회로만 허용되었다. 그런데 이것마저도 코로나 확산 방지라는 명분으로 차량을 각 1인이 탄 9대 이하로 제한하고, 집회를 전후로 한 대면 접촉과 차량 시위 중 구호 제창, 창문 개폐도 금지하였다. 집회 신청 시 각 참가자의 이름, 연락처, 자량번호를 일일이 제출해야 한다. 사실 이러한 제한은 코로나 확산 방지와 연관성이 크지 않을 뿐더러, 시위와 관련 없는 일반 차량의 운행 행태와 비교하여도 균형이 맞지 않는 과도한 제한이다. 합법적 시위가 질식할 판이다. 코로나 방역을 명분으로 정부가 과도하거나 형평을 상실한 조치를 남발하고 있다. 유흥업소의 야간 운영은 방관하면서 집회나 교회의 예배 모임은 금지된다면, 일반 시민들의 공감을 얻기 어렵다. 정부는 코로나 방역보다는 집회를 막는 데 더 관심이 있어 보인다. 일반 시민이 개인적으로 국가의 공권력과 마주치는 곳은 조세, 건축, 경찰 같은 행정의 차원이다. 그래서 법치국가 원리는 행정과정이 규범적 경로에서 이탈하지 않도록 강제하는 분절화된 절차에도 반영되어야 한다. 그런데 법을 집행하는 행정기관이 이런 형식적인 법치행정으로 법 위에 올라타고 있다.

집회 결사의 자유는 인간의 기본권에 속한다. 성문헌법으로도 보장되지만 그 이전에 자연권적 성격을 가진다. 인권과 시민권의 철학적 아버지라는 존 로크John Locke는 인간의 생명, 자유, 소유에 관한 권리는 자연상태의 이성 법칙으로 존재하며 만약 이러한 자연권을 위반할 경우 국가에 대한 시민의 저항이 정당화된다고 했다. 결론부터 말하자면, 지금 우리의 헌정 질서는 현 집권 세력에 의하여 근본적으로 위협받고 있으며 또한 이번 개천절 집회 통제에서 보듯이 이를 합법적으로 막을 수 있는 수단이 실질적으로 마비되었기에 국민저항권의 발동 요건이 무르익었다고 보인다.

현 집권 세력은 지속적으로 우리 헌정의 기본 질서인 자유민주주의와 시장경제를 약화시키거나 부정하는 방향으로 국정을 운영해 왔다. 지난 4.15 총선에서는 대규모 부정 선거가 저질러졌다는 의혹이 발생하였고 시민들은 이를 밝히려는 노력을 백방으로 경주하고 있다. 드루킹 사건이나 울산시장 선거 부정개입 의혹은 이미 재판을 받고 있거나 기소되었지만, 웬일인지 그 사법적 판단이 한없이 지연되고 있다. 행정부를 견제하는 입법부와 사법부가 국민의 신뢰를 잃었다. 국회는 여당의 독주로 야당의 존재는 무력하기만 하고 건전한 논의를 통한 상생적인 입법활동으로부터 멀어진 지 오래이며, 행정부 견제라는 본연의 임무는커녕 오히려 그 전횡을 방조하거나 면죄부를 주는 적극적인 거수기 역할을 자처하고 있다. 김명수 사법부에 대한 국민들의 불신도 날로 커지고 있고 추미애 법무장관 아들의 스캔들에서 보듯이 검찰의 공정한 수사도 기대하기 어렵다는 인식이 생겼다. 더욱이 이번 코로나 사태를 기화로 종교마저 탄압하는 독단적인 작태도 생겨났다. 급기야 야당 원내대표의 입에서, "이제 남은 건 국민저항권"뿐이라는 말까지 나왔다.

'모든 독일인은, 다른 구제 수단이 가능치 않을 경우, 헌법적 질서를 제거하려는 그 누구에게도 저항할 권리를 가진다.' 독일 기본법 제20조 제4항의 국민저항권 규정이다. 어느 특정인이나 특정 세력이 국가의 헌정 질서를 제거하려 한다면, 그리고 이런 헌정 질서 제거 행위를 합법적으로 막을 수 있는 수단이 없다면, 국민들은 마지막 구제 방안으로 스스로 저항할 권리를 갖는다는 것이다. 우리 헌법은 그 전문 상 '불의에 항거한 4.19 민주이념을 계승하고'라는 문구에도 불구하고 국민저항권에 관한 직접적인 명문 규정은 두고 있지 않다. 하지만 존 로크가 1690년 그의 『시민정부론』에서 주창하고, 1776년 〈미국독립선언〉과 1789년 〈프랑스 인권선언〉에서 구현된 저항권은 실정 헌법에서 명시적으로 규정하고 있는지의 여부와 관계없이 그 본질상 자연법의 권리로 간주된다. 아울러 헌정 질서에 대한 중대한 침해나 파괴가 상당히 진척되어 버린 상황에서는 저항권을 성공적으로 사용하기 어렵기에 '공허한 기본권'이 되지 않으려면 저항권 발동의 적절하고도 합리적인 타이밍이 요구된다. 저항권 발동은 늦을수록 독재가 완성되어 성공하기 어렵기 때문이다.

· 한수웅 지음, 『헌법학』

일선 법관에 대한 탄핵은 헌법의 남용이다

국회에서 임성근 판사의 탄핵 소추안이 가결되었다. '헌정 사상 최초'라는 헤드라인이 언론을 장식했다. 70년이 넘는 우리 헌정 역사에서 사상 최초의 법관 탄핵이라니, 뭔가 좀 어색하다. 대법원장이나 대법관도 아닌 일선 판사 한 명을 쫓아내려고 전체 국회와 헌법재판소를 동원한다는 게, 잘 납득되지 않는다. 이번 탄핵안의 대표 발의자는 판사 출신이다. 그는 작년 4월 총선에서 당선되자마자 병가를 내고 쉬었는데, 선배 판사를 탄핵하려고 그동안 쉬면서 기력을 회복한 건가 싶어 웃픈 심정이다.

이번 임 판사의 탄핵 소추는 단적으로 말하자면 국회의 헌법 남용이다. 좀 더 보수적으로 말해도 민주주의에서 매우 중요한 규범적 자제를 일탈한 '헌법적 강경 태도constitutional hardball'에 해당한다. 헌법 제65조에서 법관을 탄핵 대상으로 규정한 것은 일반 공무원보다 더 강화된 신분 보장책의 일환이다. 즉 탄핵이나 형의 선고에 의하지 않고는 파면할 수 없도록 한 것이다. 그런데도 사법적 판단에서 일단 무죄를 받은 판사를 구태여 탄핵이라는 추가적인 절차를 덧씌워 파면을 시도하는 것은 법관 탄핵의 취지를 남용하는 것으로 볼 수밖에 없다. 더욱이 임 판사는 이달에 퇴직할 사람이다. 탄핵의 목적은 공직으로부터 추방함에 그친다. 그렇다면 가만두어도 공직에서 물러날 사람에게 구태여 탄핵까지 동원하는 것은 단순히 공직 추방이라는 본연의 목적보다는 다른 의도가 있다고 볼 수 있으며 그것은 언론에서도 말하는 것처럼, 앞으로 있을 권력형 비리 재판에서 판사들이 그들에게 불리한 판결을 내리지 못하도록 겁박하는 것이라 볼 수 있다. 그렇다면 이것은 법의 허용치를 극단적으로 활용한 정치적, 당파적 목적의 탄핵이다. 마치 불법만 아니면 뭐든지 괜찮다는 식으로, 헌법상 엄정히 적용해야 할 탄핵제도를 당파 전쟁의 무기로 격하시켰다.

박근혜 대통령 탄핵에 이어 국회는 헌법상 그들에게 주어신 탄핵 권한을 남용하는 선례를 거듭 남겼다. 남용 여부에 대한 중요한 판단 기준은 국회에 주어진 탄핵 조사를 제대로 했느냐이다. 「국회법」은 분명히 법사위에 의한 별도 조사 규정을 두고 있다. 이 법의 문리 해석상, 별도 조사가 선택 사항이라는 주장은 맞지 않는다. 만약 이것이 선택적이라면 국회에 탄핵 권한을 줄 이유가 없다. 사법적으로 처리해도 되는데 왜 굳이 국회에 별도 권한을 주겠는가. 국회의 탄핵 결정은 국회 고유의 권한이며, 이는 고유한 조사와 판단을 전제로 한다. 미국이나 독일의 탄핵 사례를 보면 더욱 명백하다. 국회는 4년 전 박근혜 대통령 탄핵 소추 시에도 자체 조사 없이 발의 일주일 만에 졸속 의결한 전력이 있다. 박 대통령 탄핵과 이번임 판사 탄핵이 국회의 자체 조사 없이 거듭 행정부(검찰)와 사법부의 판단에만 의존해서 이루어진 건, 분명히 헌법제정권력이 의도한 바가 아니었을 것이다.

모든 성공적인 민주주의는 비공식적인 규범에 의존한다. 이 비공식적인 규범 중 핵심적인 것은 상호 관용과 제도적 자제이며, 제도적 자제란 법을 존중하면서도 동시에 입법 취지를 훼손하지 않는 자세다. 그런데 이번 임 판사 탄핵 소추는 헌법적 강경 태도로서 제도적 자제를 허무는 작태이다. 어떤 대가를 치르더라도 승리하고 말겠다는 유혹은 민주주의 규범의 침식과 함께 결국 민주주의 시스템을 전면적으로 부정하는 결과를 가져올 것이다. 통상적인 경우라면 이 소추안이 헌법재판소에서 결정 날 가능성은 없어 보인다. 헌재가 특단의 정치적 의도를 품지 않는 한, 그 결정이 임 판사의 이번 달 말 퇴직 전 내려질 수는 없기 때문이다. 신성한 헌정의 수호자가 되어야 할 국회의 장난질이 무위로 그칠 때, 무슨 변명이 나올지 궁금하다.

· 스티븐 레비츠키, 대니얼 지블랫 지음, 박세연 옮김, 『어떻게 민주주의는 무너지는가』

2021.7.17.

헌법정신과 헌법의 파괴를 우려한다

제헌절을 맞아 관리사무소에서 아파트 각 현관에 태극기를 게양하였다. 국경일에 집마다 베란다 창문에 태극기를 다는 것도 좋지만, 그 대신 1층 현관마다 태극기를 게양하는 것도 좋은 것 같다. 오히려 더 큰 태극기를 달 수 있고, 출입 시에 잘 볼 수 있어 좋다.

독일인만큼 자신의 정체성에 대해 끊임없이 의문을 제기하는 민족
도 없다고 한다. 2016년 5월 23일 독일 제헌절을 맞아《다스 빌트》
지는 '무엇이 독일적인가Was ist deutsch'라는 주제로 특집 기사를 실었
다. 작가인 마르틴 발저Martin Walser의 글을 필두로 다양한 사람들의
견해를 소개했다. 발저는 자신의 두 딸에게 학교에서 배운 헌법에
관해 물어봤고 두 딸에게서 "인간의 존엄성은 불가침이다"라는 똑
같은 대답을 들었다고 했다. 발저의 말을 들어 보자.

> "나치 시절인 1933~1945년간 독일적이란 것은 완고하고 편집
> 적이고 남용적인 것을 의미했다. 그러고 나서 폐허 속에서 '인간
> 의 존엄성은 불가침적이다'라는 생각이 발현되었다. 1949년 당
> 시에 이 문장이 얼마나 대담하고 동화적이며 또 유토피아적으로
> 우리에게 다가왔는지 지금은 상상도 할 수 없다. 오늘 이 문장은
> 우리가 바라는 것이고 원하는 것이다. 그것은 1945년 이후 우리
> 역사의 결과다. 오늘 제헌절에 우리는 인간 존엄성이 불가침이라
> 는 것을 어디에서나 들을 수 있고 볼 수 있다는 것에 진정 축하해
> 야 한다."

하인리히 하이네Heinrich Heine는 19세기 파리 망명 시절에 "밤에 독일
을 생각한다. 그러고 나서 잠을 청한다"는 글을 썼다. 당시 권위주
의적 왕정을 하고 있던 독일에 대한 근심 때문이었다. 〈안네 프랑크

의 일기〉의 연극배우인 17세 독일 소녀 레아 반 아켄Lea van Acken에게
는 언론의 자유가 보장되고 인간의 존엄성이 최고의 선으로 여겨지
는 독일의 시민이라는 것이 새삼스럽게 다가온 듯하다.

> "나는 17살이다. 처음으로 연극에서 안네 프랑크 역할을 준비하
> 면서, 내가 얼마나 좋은 세상에서 살고 있는지를 알게 되었다. 그
> 리고 우리의 과거를 살펴보기 시작하면서 현재를 높게 평가하게
> 되었다. 독일은 지금 세계적으로 좋은 평판을 가지고 있고, 특히
> 인간적이며 서로 돕는다는 점에서 모범적이다. 이것은 나치 학살
> 의 국가적 트라우마로부터 연유된 것이다. 법치국가에 대한 통찰
> 력과 인간의 존엄성을 본질적 핵심으로 하는 가치를 부모님과 선
> 생님으로부터 배우는 나라에서 산다는 데 자그만 긍지를 느낀다."

여성 잡지 〈엠마Emma〉의 발행인인 엘리스 슈바르처Alice Schwarzer는 굴
과 바게트의 나라 프랑스에서 유학할 당시에는 부퍼탈에서 할아버
지가 소포로 부쳐 주는 간소시지와 잡곡빵이 가장 독일적이라고 생
각했다 한다. 그 당시 가끔 고향으로 돌아올 때는, 쾰른 역에 들어
서는 기차 안에서 제일 먼저 눈에 들어왔던 라인 강과 쾰른 대성당
을 보며 가슴이 뛰었다고 했다.

> "파리로 망명을 가야 했던 하이네가 나보다 더 진한 향수를 느꼈
> 으리라. 프랑스적인 경박함은 피상적인 것, 농락적인 것으로 다가
> 왔기에 독일적인 심오함, 독일적인 영혼 그리고 독일적인 안개를

동경하게 된다. 나에게 독일 사람이냐, 프랑스 사람이냐를 묻는다면 아마도 둘 다 아닐 것이다. 나는 라인란트 사람이고 유럽인이라고 답할 것이다. 아마도 하이네도 나와 같이 대답하리라."

연방헌법재판소 판사였던 우도 디 파비오Udo di Fabio는 준법정신을 이야기한다.

"한밤중에 차가 얼씬거리지도 않는 거리에서 빨강 신호등 앞에서 기다릴 확률이 가장 높은 사람들이 독일인이다. 세계화, 이민으로 나라가 바뀌게 되면서 준법정신도 변한다는 의심이 심심찮게 스며들고 있다. 헌법은 사회가 다양해질수록 보험증서보다 더 효과적인 역할을 한다. 헌법은 민족주의적 소란으로 이웃들을 거스르지도 않고 독일 민족의 문명의 기초로서 나침반이 되고자 하는 자아의식을 창조해 낸다. 독일 기본법은 위대하고 계몽적인 헌법이다. 우리가 가슴과 이성 그리고 오성으로 자유를 활용할 때 헌법은 효력을 가진다."

독일 제헌절에 독일 사람들이 생각한 독일적인 것들은, 인간의 존엄성, 법치주의, 언론의 자유, 독일적인 심오함, 독일적인 영혼, 준법정신, 우리의 가슴과 이성, 그리고 오성으로 자유를 활용할 때 헌법은 효력을 가진다는 깨달음 등등이다. 오늘 우리 제헌절을 맞아 나도 같은 것을 생각해 본다. 유감스럽게도 독일 사람들이 가졌던 긍정적인 생각보다는 부정적인 생각이 앞선다. 헌법은 정치공동체의 기본 질서를 규정한다. 헌법은 우리 사회의 이상이기도 하지만 현실 그 자체이기도 하다. 그렇기에 헌법 정신의 침해나 헌법 자체의 파괴는 바로 우리 사회, 우리나라의 부정이자 파괴다. 심각한 우려와 두려움을 갖지 않을 수 없다. 우리는 우리의 가슴과 이성, 그리고 오성으로 자유를 활용하고 있는가? 여기에 대한 대답이 부정적이라면, 유감스럽게도 우리 헌법은 그 효력을 잃어가고 있음이 틀림없을 것이다.

· 장시정 지음, 『한국 외교관이 만난 독일모델』

2021. 12. 9.

『법치주의를 향한 불꽃』 서평

『법치주의를 향한 불꽃』은 윤성근 판사가 언론 기고 등 이런저런 계기에 쓴 글들을 모아서 동료인 강민구 판사가 편집하여 발간한 책이다. 윤 판사(이하 '저자'라 함)는 법치주의라는 보다 큰 통섭적인 주제에 주목하면서, 법치주의에 대한 깊은 통찰과 혜안을 우리에게 제공하고 있다. 이하 나의 서평이다.

법치주의는 영미법의 '법의 지배'와 독일법의 '법치국가' 원리를 포괄하는 개념으로서, 특히 국가권력의 행사가 헌법적 기초와 법률의 범위 내에서 허용됨을 의미한다. 위정자의 치세가 인치가 아닌 법치라야 한다는 것이다. 법치주의는 민주주의의 가장 핵심적인 원리다. 이 원리 속에 권력분립의 개념도 자리하고 있다. 즉, 사법과 행정은 법에 구속되며, 입법은 헌법적 원칙에 구속되는 가운데 상호 간 견제와 균형을 이룬다. 민주 국가에서 법치주의는 행정, 입법, 사법 모두의 영역에서 존중되고 지켜져야 하지만, 그것이 위협받을 경우에는 사법부가 그것을 담보할 최종 책임을 진다. 우리나라에서는 바로 헌법재판소와 법원이 법치주의라는 국가 근간을 지키는 최후의 보루다.

형식적 법치주의가 법을 빙자한 불법을 자초한다는 저자의 지적대로 현대의 법치주의는 단순히 의회를 통과한 법률의 지배를 받는다는 소극적인 법치주의를 넘어서 윤리, 이성, 자연법 등에 근거한 헌법적 기본권을 포함하는 보다 넓은 의미의 정의를 강조한다. 따라서 실정법이라 할지라도 인간의 기본적 권리를 저해하거나 소수자의 권리를 침해하는 다수의 지배는 법치주의를 부정하는 것이다. 미국의 수정헌법이나 독일의 헌법적 기본권은 이러한 법치국가의 원리를 반영하고 있으며, 독일에서 연방 차원의 국민투표를 인정하지 않는 근거이기도 하다. 이 책에서 저자는 무죄 추정의 원칙, 표현의 자유, 권력과 자제, 다양한 가치의 존중 등에 관한 그의 헌법적 기본권에 관한 담대한 확신을 펼치고 있다.

사법부의 독립과 권력 행사의 분절화된 절차에 따른 공정하고 개방된 절차 보장도 법치주의의 중요한 근간을 이룬다. 이 절차적 원칙은 특히 모든 당사자의 법적인 청문 절차와 투명성 그리고 심급제도를 통해 주어지는 법원의 결정에 대한 납득 가능성을 포함한다. 저자는 재판 지연의 부당성, 수사권 조정과 공소권의 독립, 함정 수사의 부당성, 적정한 형사 절차, 테러 방지 명분으로 자행되는 고문의 부당성에 관한 글에서 절차적 요소도 법치주의의 핵심 중 하나라는 점을 잘 설명하고 있다. 이 책을 통하여 서평자가 평소 관심이 있었음에도 미처 몰랐거나 부족했던 점들을 깨우친 몇 가지 흥미로운 주제를 부연 설명해 보고자 한다.

〈사실 확정 재판은 1심으로 마쳐야〉 제하, 저자는 2심까지 사실 심리를 하는 현행 제도의 폐단을 설명하고 있다. 서평자는 '사실 확정'이 재판의 기초이므로 사실 심리를 1심에서 끝내는 독일의 제도에 비하여 우리 제도가 재판에 신중을 기할 수 있어 긍정적으로 생각했지만, 단점도 있다는 것을 알게 되었다. 재판을 반복한다고 더 정확한 사실이 밝혀지기는 어렵고, 패소한 사람이 1심 판결문을 참고삼아 완전히 주장을 바꿔 새로 싸움을 시작하기도 하는 등 광범위한 항소를 유발한다는 저자의 비판에 동의한다.

〈권력과 자제〉 제하, 저자가 권력자제의 원칙을 권력자에게만이 아닌 일반 시민에게로 확대하여 관찰하고 있는 점이 흥미롭다. "우리 모두는 누군가에 대해 어떤 권력을 가지고 있으며 일상적으로 이를 행사하고 있다는 점에서 자제와 배려는 늘 염두에 둬야 하는 문제다"라는 저자의 외침은 상호 관용과 제도적 자제와 같은 비공식적인 규범이야말로 민주주의 성공의 전제이며 이것은 권력자만이 아니라 일반 시민도 갖추어야 할 덕목이라는 점을 새삼 깨닫게 한다.

〈대법원은 왜 전원합의체로 재판해야 하는가〉 제하, 저자는 대법원 사건의 대부분을 합의체가 아닌 4명의 대법관으로 구성된 부에서 재판하는 현실을 비판하고 있다. 우리나라에서 대법원 재판은 유일하게 온전한 법률심이므로 집단지성을 통해 법에 대한 서로 다른 시각이나 가치관의 충돌을 방지하여 더 좋은 결론에 이를 수 있다는 주장이다. 소수자를 포함한 어느 특정 그룹도 불이익을 받지 않도록 하자는 취지일 것이다. 저자의 제안을 좀 더 확장해서 일본의 대법원처럼 국제법에 정통한 외교관 출신을 대법관으로 임용하는 방안도 고려해 볼 만하다. 국제 교류가 빈번해지면서 국제사법이나 국제공법의 영역에서 법적 분쟁이 빈발하고 있음은 최근의 위안부나 강제징용 판결에서도 확인할 수 있다. 내가 함부르크에서 만난 국제해양법재판소 재판관들도 법조인, 교수, 외교관 등 다양한 직역의 인사들로 구성되어 있었다. 이런 현상은 대법원을 전원합의체로 운영해야 한다는 취지와 동일한 것이다.

〈아이히만 재판을 회고하며〉 제하, 우선 재판관할권에 관한 문제, 즉 외국인이 외국인을 상대로 국외에서 저지른 범죄에 대하여 범행 당시 존재하지도 않았던 나라(이스라엘)에서 재판할 수 있는가, 라는 문제 제기로 국제사법 전문가인 저자는 아이히만의 범죄성에만 관심을 두는 오류를 깨우쳐 준다. 다만, "우리 주변의 선량한 이웃도 전체주의적 체제나 집단 이데올로기 하에서 맹목적 일상을 통해 거대한 악에 동참할 수 있다고 인정하는 것은 어렵고 불편하다"라는 관찰에서 보듯이 저자는 한나 아렌트가 『예루살렘에서의 아이히만Eichmann in Jerusalem』에서 주장한 '악의 평범성'이라는 명제에 동조하는 듯이 보인다. 아렌트는 아이히만을 나치라는 톱니바퀴의 한 톱니 조각과 같은 평범성의 존재로 부각시키면서 결과적으로 나치 범죄를 제대로 인식하지 못하는 오류를 범했다. 흥미로운 것은 2011년에 아렌트의 주장을 정면으로 반박한 철학자가 나타났는데, 바로 서평자가 만난 베티나 슈탕네트Bettina Stangneth 박사다. 그는 『예루살렘 전의 아이히만Eichmann before Jerusalem』을 써서, 유대인 1천만 명을 죽였더라면 이겼을 것이라고 말한 아이히만의 '악의 특별성'을 밝혀내고자 했다. 아이히만의 악의 정체에 대한 이러한 견해차에도 불구하고, "이 재판의 역사적 정당성에 대해 국제사회가 공감했다"는 저자의 결론에는 누구도 이의를 제기하지 않으리라 믿는다.

〈사법권 독립을 제대로 보장하려면…〉 제하, 법원이 자체 예산안 편성 권한이 없고, 행정부의 사전 통제를 받는 현실을 비판하고 있다. 하지만 예산 통제는 전 세계 공통이다. 과거 개발시대에 예산 통제는 기획원이, 조직과 인원 통제는 총무처가 맡아서 효율적인 정부를 견인하였다. 독일의 경우를 보면 예산 당국이 각 부서의 총 예산규모만 통제하며 일단 예산이 할당되고 나면 그 범위 내에서 용처를 결정하는 것은 각부 장관의 몫이다. 같은 예산으로 인력을 더 채용할 수도 있고, 아니면 사업비를 더 늘릴 수도 있다. 각부의 실정에 맞게 스스로 결정하는 것이다. 이것이 바로 '부서의 원칙 _{ressort principle}'이다. 물론 이 정도의 자율성은 상당히 성숙된 문화를 전제로 한다.

〈한일청구권협정과 한·일 갈등〉 제하, 저자는 "〈조약법에 관한 빈 협약〉상의 해석 기준에 따라 통상적 의미를 중시하고… 일반 국제법의 절대규범인 '국제 강행규범'에 합치되어야 한다"는 입장에서 우리 대법원의 판결을 옹호하고 있다. 2018년 10월 대법원의 강제징용 판결은 한일 관계에 엄청난 후폭풍을 몰고 온 일대 사건이다. 일본은 이 판결이 1965년 〈한일청구권협정〉에 반한다는 입장이다. 저자는 〈한일청구권협정〉을 〈빈조약법〉에 따라 성실히 해석한 주권국의 최고법원의 판단으로서 존중해야 한다고 했다. 그러나 〈한일청구권협정〉 제2조에서 '양국은… 청구권에 관한 문제가… 완전히 그리고 최종적으로 해결된 것을… 확인한다'고 규정하고 있어 배상청구권을 별도로 행사할 수 있다는 문면적 해석의 여지는 없어 보인다. 또한 강행법규를 원용한 대목도, 구체적으로 어떤 규범이 어떤 상황에서 강행법규로 인정될 수 있는지에 관해 〈빈조약법〉이 침묵하고 있고, 설령 전쟁범죄나 반인도죄라 할지라도 그것이 전체 국제공동사회가 수락하고 인정한 강행법규인지는 일률적으로 판단할 수 없다. 거의 완전한 계약의 자유 원칙이 지배하는 국제법에서 당사자 간의 명시적 합의로 성립한 조약의 효력은 관습법규에도 우선하며, 그런 만큼 그 예외를 허용하는 강행법규의 존재 여부도 매우 엄격하게 판단한다. 다만, "일본의 전쟁범죄 내지 반인도적 범죄를 치밀하게 조사하고 법적·정치적 책임을 추궁하는 부분에 관해서는 구체적인 노력과 성과가 극도로 미흡했다. 사실에 기초한 올바른 역사인식의 대중화만이 일부 정치인의 잘못된 행태를 막는 근본적 해결책이 될 것이다"라는 저자의 성찰에는 크게 공감하는 바다.

〈동물은 법에서 어떤 대우를 받는가〉 제하, 저자는 "인간은 아니지만 인간처럼 사고하고 삶을 계획하고 즐길 줄 아는 지적 생명체에도 자의적 잔인함이나 강제 구금에 대해 법의 보호를 받을 권리가 인정돼야 하는 것 아닌가"라고 반문하고 있다. 당연한 주장이다. 동물의 사회성을 기준으로 그 보호에 대한 사회적 합의나 규범이 결정되어야 한다는 주장이다. 동물 학대나 개 식용 문제는 늘 우리가 부딪히는 문제다. 재외공관에 근무해 본 사람이라면 놀랄 만큼 많은 외국인의 항의 편지가 쇄도하는 이 문제가 결코 간단한 것이 아니라는 데 동의할 것이다. 더 나아가 "동물에 관한 생각이 결국은 인간의 문제로 돌아온다"는 저자의 혜안에 동의한다. 동물을 학대하고 함부로 죽이는 것을 처벌하는 원리가 바로 이것이다. 그런 자는 사람에게도 능히 그럴 수 있기 때문이다.

〈팬데믹, 국가의 역할 그리고 인권〉 제하, 저자는 "비상사태에 대응해 내려지는 각종 조치는 그 긴급성과 보호하고자 하는 이익의 중요성이 시야를 가려 절차적 정당성이나 정책 목표와 조치 사이의 비례형평성이 간과되는 경향이 있다… 종교의 사이비성을 누가 어떤 절차로 판단할지도 문제다. 정치권력이 재량으로 판단할 수 없는 것은 명백하다. 긴급하다는 이유로 종교 구성원 전원의 개인 정보를 공개하도록 명령하고 예배 장소를 강제 폐쇄하기까지 했다"고 비판하고 있다. 국가행위의 비례성의 원칙은 매우 중요한 법치주의의 일부다. 종교의 자유 또한 팬데믹의 예방이라는 행정 목적만으로 쉽게 침해되어서는 안 될 헌법적 기본권이라는 데 동의한다. 그리고 종교나 종파의 이단성, 사이비성에 대한 신중한 판단을 요구하는 저자의 견해에 공감한다.

마지막으로 '전관예우'에 관한 저자의 시각이다. 저자는, "전관 출신 변호사에게 맡기면 유죄가 무죄가 되고 질 사건도 이긴다고 믿는 사람이 있는 듯합니다… 단언컨대 법원에 그런 관행은 없습니다. 그럼에도 불구하고 존재하지 않는 것의 부존재 입증은 극히 어렵습니다"라고 항변한다. 하지만 그런 관행이 없다고 전제한 후, 그 부존재 입증이 어렵다는 것은 논리의 비약으로 보인다. 물론 서평자는 "전관예우가 있다, 없다"를 판단할 위치에 있지는 않다.

이 책에서 우리는 저자의 고뇌와 결단에 찬 법치주의에의 분명한 신념을 만날 수 있었다. 존 롤스나 마이클 샌델이 다룰 법한 인간의 본성, 그리고 이것이 법과 사회에 어떻게 연결되는지도 엿볼 수 있었다. 이 유용한 경험은 지금 우리가 맞닥뜨리고 있는 법치주의의 실종을 돌아보는 계기가 될 것임은 물론, 더 나아가 이러한 부정의를 치유하고 교정하는 길로 나아감에 비장한 한 수를 더하고 있음을 확신한다.

· 윤성근 지음, 강민구 편찬, 『법치주의를 향한 불꽃』

2022.4.14.

신박한 '검수완박'

독일 본 대학의 최연소 철학 교수인 마르쿠스 가브리엘은 그의 『왜 세계사의 시간은 거꾸로 흐르는가』에서 지금 전 세계적으로 '의태擬態 현상'이 대규모로 일어나고 있다고 한다. '의태'란 카멜레온처럼 공격이나 자기방어를 위해서 자신의 몸체를 주변의 색과 모양으로 위장하는 것이다. 이를테면 상하이 푸둥신구를 보면 맨해튼과 흡사한데, 이게 바로 의태라는 것이다. 맨해튼보다 크고 화려하며 강렬한 인상을 주는 푸둥신구 외형의 그 이면에는 마오쩌둥의 사상을 실천, 발전시켜 시진핑의 중국몽을 만들려는 중국의 독자적인 게임, 즉 '트로이 목마'식의 의태 전략이 도사리고 있다는 것이다. 이러한 의태 현상이 현대 민주주의에서도 발생하고 있고, 오늘날 시민들의 대표자라는 정당이나 의원들에게서도 볼 수 있다. 가브리엘은 민주주의를 포함한 현대의 위기를 '표상의 위기'로 집약해서 본다. 쇼펜하우어가 말한 표상의 세계는 칸트의 현상계다. 즉 우리가 인식하는 겉모양은 진리가 아니라는 말이다.

'검수완박'이 날아다닌다. 검찰의 수사권을 완전히 박탈한다는 의미라 한다. 문재인 정권 동안 나라가 거꾸로 가기는 했지만 이제 그 임기가 한 달도 채 남지 않았는데, 이렇게 끈질기게 대못질을 해 대는 게 대체 무슨 심사인가? 민주주의를 위해서, 검찰의 개혁을 위해서 '검수완박'을 한다지만, 그것은 겉모양, 즉 표상일 뿐, 진리나 사실은 아니다. 그렇다면 '검수완박'을 둘러싼 위헌 논쟁의 결론도 자명하다. 헌법 제12조 제3항을 보면, '체포, 구속, 압수 또는 수색을 할 때는… 검사의 신청에 의하여 법관이 발부한 영장을 제시하여야 한다'고 규정되어 있고, 제16조 주거에 대한 압수나 수색에도 동일한 취지로 규정하여 영장의 신청과 발부를 검사와 판사에게 맡기고 있다. 이것은 '영장주의' 원칙에 관한 것으로 수사를 통한 영장 신청과 그 적법성 여부를 심사하는 영장 발부라는 두 단계를 상정한다. 그런데 검사가 아닌 경찰이나 제3의 기관에서 수사한 결과물을 검사가 사후 심사만으로 신청한다면 영장 심사라는 판사의 역할을 검사가 중복하는 것이기 때문에 이런 해석은 무리다. 결국 수사의 개시를 경찰이나 제3의 기관이 하더라도 종국적인 수사의 완성은 검찰의 개입 없이는 이루어질 수 없다고 보는 게 타당하다. 그렇다면 검찰의 수사권 완전 박탈은 위헌이다.

이런 세세한 법리를 따지지 않더라도, 상식이나 '법의 일반원칙'이라는 관점에서도 '검수완박'은 비상식적이다. 만약 검찰에 수사권이 없고 기소권만 있었다면 수천 명이 되는 현직 검사들은 검사를 지망하지 않았을 것이다. 자신의 직업상 필수적인 속성을 상실한다면, 실직하는 것과 별반 다를 게 없을 것이다. 이건 외교관에게 외교 교섭은 하지 말고 본국 보고만 하라는 격이다. 더욱이 불과 얼마 전에 검경 수사권 조정을 하였다. 결국 이건 검찰의 수사권을 6대 범죄의 범위 내에서 명백하게 인정한 것이다. 그렇다면 '검수완박'은 법의 일반원칙인 신의성실의 원칙이나 금반언의 원칙을 국가(의회) 스스로 기망한 것이다. 일반 국민 입장에서도 마찬가지다. 4.19 혁명 이후 수사권을 검찰이 가져왔다. 상대적으로 훨씬 작은 조직인 검찰이 아무리 횡포해진들 공룡 거대 조직인 경찰이 횡포해지는 것보다는 낫다는 생각에서였다. 그래서 지난 60여 년간 좋든 싫든 수사는 검사가 하는 것으로 알아왔다. 그런데 이걸 한 달 만에 바꿀 수 있다고 생각하는 게 대체 상식적인 일인가?

촛불 시위로 권력을 잡은 현 정권 핵심세력은 지난 4.15 부정 선거로 국회 의석을 독점하고 의회정치를 실종시켰다. 한나 아렌트는 정치의 본질을 '복수성'에서 찾았다. 여당과 함께 야당이 없다면 그건 '정치'가 아니란 말이다. 아렌트는 세상이 네로를 막지 못했고 칼리굴라도 막지 못했다면서, 정치 과정에 범죄가 끼어들면 어떤 일이 일어나는지를 이 사례들이 보여 준다고 했다. 그런데 이 저급한 인사들의 집합소인 국회가 나라를 직접 운영하는 내각책임제를 하겠다 하니, 꿈은 꿈일 뿐이다.

· 마르쿠스 가브리엘Markus Gabriel 지음, 오노 가즈모토 편찬, 김윤경 옮김,
『왜 세계사의 시간은 거꾸로 흐르는가』

Part 3.

박근혜 대통령
탄핵과 재판, 공정했는가?

2017년 5월 서울중앙지법 법정에 출석한 박근혜 대통령과 최서원 씨
사진 출처: 《월간조선》

'현명懸命 수사'란 '안 되면 되게 하라'는 식의 수사를 하는 것이다. 최서원 씨에 대한 수사가 그랬고, 문재인 정부가 들어선 직후 외교부 등 몇 개 부처에서 시행한 '하명 감사'라는 것도 이런 식이었다. 그들은 적폐를 만들어 내야 했다.
_ 본문 중에서

노태악 대법관은 무엇 때문에 이 판결에서 그토록 극도로 말을 아꼈을까. "주문, 상고를 기각한다"라는 단 한 줄의 판결문에서 왠지 사법부의 비겁함이 묻어난다.
_ 본문 중에서

2021.1.24.

박근혜 대통령 재판 최종심과 비겁한 법원

새해 들어 박근혜 대통령에 대한 대법원 재상고심 판결과 이재용 부회장에 대한 파기환송심 판결이 내려졌다. 이로써 작년 6월 최서원 씨에 대한 대법원 재상고심 판결과 함께 탄핵 광풍이 몰아치면서 개시된 소위 '국정 농단' 의혹 재판이 모두 마무리되었다. 이 세 재판을 함께 거론하는 것은 재판의 핵심인 뇌물 수수 의혹에 있어서 검찰이 박근혜 대통령을 고리로 이 세 사람이 공모하였다고 기소하였고 이것이 추후 탄핵의 도화선이 되었기 때문이다.

1월 14일 대법원은, 작년 7월 서울고법의 파기환송심 판결에 대하여 검사 측의 재상고를 기각함으로써 박근혜 대통령에 대한 징역 20년 형과 벌금 180억 원을 최종적으로 확정하였다. 대법원은 이 판결을 단 1분 만에 선고하였다. 많이 아쉽다. 박 대통령 탄핵 후 3년 9개월을 끌어온, 삼권분립 상 사법부의 최상급기관인 대법원이 행정부의 전 최고 수장에게 내리는 역사적인 판결인 만큼 최소한 그 소회와 판단의 의미는 밝혔어야 했다. 노태악 대법관은 무엇 때문에 이 판결에서 그토록 극도로 말을 아꼈을까. "주문, 상고를 기각한다"는 단 한 줄의 판결문에서 왠지 사법부의 비겁함이 묻어난다.

박 대통령에 대한 1심 판결은 2018년 4월에 내려졌다. 최서원 씨의 변호인이었던 이경재 변호사는 『417호 대법정 ─국정 농단 의혹 사건 재판 현장』에서 이 재판을 "역사에 길이 기록될 잘못된 재판의 전형"이라고 평가 절하했다. 그는 박 대통령에 대해 징역 24년, 벌금 180억 원을 선고한 양형 이유가 "설득력이 없다"면서, "김세윤 재판장이 탄핵 추진 세력들과 헌법재판소가 내세운 국정 농단론을 그대로 인용했다"고 비판하였다. 아울러, 대통령이 자신의 행위에 대하여 소신껏 입장을 밝힌 것을 두고, "반성하지 않았다"면서, 잡범에게나 적용될 논리를 양형 이유로 든 것은 그의 가벼운 의식 수준을 보여 준 것이라고도 했다.

이경재 변호사가 지적한 이 사건 판결 선고에 이르기까지의 소송 진행 및 선고 내용상 중대한 문제점으로는 첫째, 자의적인 구속 기간의 장기화와 파행적 심리, 둘째, 신체적 고통을 가하는 수준의 공판 일정 진행, 셋째, 최서원과의 공모에 대한 직접 증거가 없으며, 박 대통령이 얻은 이익이 전무한 점, 넷째, 판결 선고 TV 생중계의 위법성을 들 수 있다. 여기에 검찰 측 제출 증거 기록이 약 30만 쪽 이상인데, 이것은 재판부가 기록의 바다에 빠져 헤매게 하려는 검찰의 공소 유지 전략이라 했다. 이경재 변호사는 최서원 게이트를 드레퓌스 사건을 넘어서는 스캔들이라 했다. 그의 평가를 요약해 본다.

"최서원 씨의 개인 비리 정도로 치부될 수 있었던 사건이 1,500

만 표로 압도적 다수의 지지를 받은 대통령을 사건 발발 4개월여 만에 탄핵으로 내모는 기이한 현상으로 연결되었고, 또한 우리가 평소 생각하는 방식으로는 도저히 상상할 수 없는 일들이 정치, 사회, 검찰, 재판에서 속출하는 것을 목격해야 했다. 무엇이 이것을 가능하게 한 것일까? 이 일련의 과정을 지배하는 힘은 포퓰리즘이었다. 포퓰리즘은 의혹을 사실로 만드는 힘이 있다. 박근혜 정부를 벼랑으로 몰고 간 핵심 동력은 의혹을 집대성하여 한편으로는 비선 실세 만들기, 다른 한편으로는 뇌물죄 씌우기였다. 당시 검찰은 쓰러져 가는 박 정권과 결별하고, 태동하려는 새로운 권력의 첨병으로 나선 것으로 비쳤다. 기소장을 보면 최서원 관련 공소 사실의 거의 대부분을 대통령, 안종범과의 공동정범으로 구성하였지만, 공모관계 입증 자료가 직접적으로 전무하고, 간접 사실이나 정황으로도 태부족이었다. 안종범 등 청와대 공직자들을, 대기업 총수들을 은연중 위협하고 돈을 뜯어내어 재단을 만드는 조폭 수준으로 인식하였다. 대기업 총수들은 재단 기부금이 대가를 전제로 하지 않았다고 한결같이 증언했지만, 증거 재판주의에 반하는 묵시적 청탁이라는 굴레가 덧씌워졌다. 결국 박 대통령은 돈 한 푼 받은 사실이 없음에도, (제삼자) 뇌물죄가 성립되었다.”

나는 이 변호사의 책에서 ‘현명懸命 수사’란 걸 처음 알게 되었다. 목표로 하는 수사가 성과를 내지 못하면 ‘안 되면 되게 하라’는 식의 수사를 하는 것이다. 최서원 씨에 대한 수사가 그랬고, 문재인 정부가 들어선 직후 외교부 등 몇 개 부처에서 시행한 ‘하명 감사’라는 것도 그런 식이었다. 그들은 새 정권하에서 분위기를 다잡기 위해서 적폐를 만들어 내야 했다. 열심히 일하는 상관 휘하의 불만을 가진 일부 부하 직원들을 부추겨 자신의 상관을 고발하도록 하는 형식으로 공직사회를 겁박하였다. 마오쩌둥이 추동한 문화혁명의 환생을 보는 듯했다. 박근혜 대통령과 최서원 씨 간의 공모를 핵심으로 하는 최서원 씨에 대한 공소장은 곧바로 국회의 탄핵 소추안 중 법률 위배 행위로 원용되었다. 한 나라의 국회가 현직 대통령을 탄핵하면서 범죄 사실이 확정도 되지 않은 기소 단계에서, 그것도 본인이 아닌 남의 기소장을 주요 근거로 사용한 것은 한마디로 불법 사기 탄핵이라는 말이다.

이제 박 대통령에 대한 탄핵, 그리고 이어진 수사, 기소와 재판까지 마무리되었다. 무엇이 남았나? 당초 탄핵을 불러온 최서원 씨의 수사를 주도한 김수남 검찰총장과 이영렬 서울지검장은 토사구팽의 신세를 면치 못했다. 결국 이 재판은 국가에는 정변을, 국민에게는 불행을 안겨 주었다. 촛불이라는 광풍에 떠밀려 온 지금 우리 국민들에게 남아 있는 것은 오직 광포한 정치뿐이다.

· 이경재 지음, 『417호 대법정 -국정 농단 의혹 사건 재판 현장』
· 최서원 지음, 『나는 누구인가』

"탄핵을 묻고 가자고?"
- 박근혜 대통령 탄핵심판의 위헌/위법성

박근혜 대통령이 탄핵된 지 4년이 되었다. 박 대통령 탄핵은 우리 헌정 사상 초유의 불행한 사태였다. 여기서 불행한 사태라 함은 나의 주관적 판단이 아니라, 엄정한 법치국가 원리상의 관점이다. 많은 사람이 대통령에 대한 탄핵 결정을 정치적인 사안으로 알고 있거나 사실상 그런 것으로 쉽게 간주해버린다. 하지만 이런 인식은 탄핵을 추동한 찬탄, 좌파 세력들이 은연중 의도한 것이다. 탄핵은 결코 정치적 결정이 아니다. 설령 정치적인 의도로 시작할지언정, 그 결정에 이르는 전체 과정은 엄격한 법률적 판단을 요하는 헌법적 메커니즘이다. 법치국가의 원리는 기본적으로 법적인 청문 절차와 투명성, 그리고 심급제도를 통하여 주어지는 법원의 결정에 대한 납득 가능성을 포함하며, 아울러 정치과정이 규범적 경로에서 이탈하지 않도록 강제하는 분절화된 절차화에 연결되어 있다. 그런데 박 대통령에 대한 탄핵은 이러한 법치국가의 원리로부터 동떨어진 것이었다.

두말할 것도 없이 대통령에 대한 탄핵은 헌법 규정에 따른 절차와 내용상의 조건을 충족해야 한다. 우리 헌법상 탄핵기관은 국회와 헌법재판소다(제65조 및 제111조, 113조). 국회는 대통령이 '헌법이나 법률을 위배한 때에는' 탄핵 소추를 의결할 수 있고, 헌법재판소는 국회의 탄핵 소추 의결에 따라 탄핵심판을 하게 된다. 일반인이라면 검찰이 기소하여 법원의 판결을 받게 되지만, 대통령 등 헌법상 탄핵 대상인 고위 공직자에 대하여는 검찰 대신 국회가 기소하고 법원 대신 헌재가 판단토록 한 것이다. 그렇지만 공직자의 탄핵에도 위법성이라는 전제 조건이 엄격하게 충족되어야 한다는 건 일반인과 하등 다를 바가 없다.

대통령 탄핵과 관련해 우리 헌법은 제65조 제1항 '헌법이나 법률을 위반한 때에는'이라고만 규정하고 있지만, 독일 헌법은 탄핵 발동 요건을 좀 더 엄격하고 구체적으로 규정하고 있다. 즉, '헌법이나 법률에 대한 고의적인intentional 위반'이 있어야 하고 이것을 헌법재판소가 '확인ascertain'해야 한다는 것이다. 비록 우리 헌법이 독일 헌법 같은 명시적인 표현을 자제하고는 있지만, 그 해석상 독일 헌법의 탄핵 규정을 그대로 받아들여도 무리는 없다. 왜냐하면 고의가 없는 과실 행위라면 사회 통념상 대통령을 탄핵 소추할 정도의 위법 행위는 아니라 할 것이고, 그렇다면 문제가 되는 위법 행위는 대부분 고의를 전제로 한 중범죄라고 봐야 할 것이기 때문이다. 더욱이 우리나라의 탄핵 제도는 독일을 모델로 한 것이다.

그런데 지난 박 대통령에 대한 탄핵 과정을 살펴보자면, 이러한 조건들이 충족되었다고 보기엔 너무나 어설픈 오류와 치명적인 위법성이 산견된다. 단적으로 박 대통령과의 직접적인 연관성이 없다 할 정도로 그 연결 고리가 미약한 최서원 씨의 추정 범죄를 근거로 탄핵절차를 시작한 것이 바로 이 대목, 즉 고의적인 중범죄가 아니라는 점에서 헌법상 탄핵 규정을 위반한 것이다. 박 대통령 탄핵 소추의 발단이 된 최서원 국정농단 의혹 사건은 2016년 11월 17일부터 국회에서 국정조사가 시작되었는데, 박 대통령에 대한 국회의 탄핵 소추안이 12월 3일 발의되어 12월 9일에 통과되었다. 그렇다면 국회가 일주일 만에 그 범죄를 확인했다는 말인데, 이게 가능한 일인가? 설령 최서원에 대한 국정조사 기간까지 산입하더라도 불과 20여 일 남짓한 짧은 기간이다. 범죄를 확인한다 함은 수사를 해서 기소를 완성하는 것인데, 일반 민·형사 범죄도 이렇게 짧은 기간 내에는 하기 어렵다. 어불성설이다.

1972년 닉슨 대통령에 대한 '워터게이트' 탄핵안이 상원 조사위와 하원 법사위에서 소추 사유 확인 절차로 1년 반을 거쳤고, 트럼프 대통령에 대한 '러시아 게이트' 탄핵안도 1년 10개월의 조사 기간을 거쳤다. 그런데 우리 국회가 20일 만에 조사를 마치고, 범죄 사실을 확인했다는 건 불가능하다고 볼 수밖에 없다. 그 조사라는 것도 박근혜 대통령의 탄핵을 위한 독립적인 조사 기간은 일주일에 불과했다. 이렇게 절차와 규정을 넘어서 일사천리로 탄핵을 의결하다 보니 국회의 탄핵 소추 의결서가 부끄러울 정도로 조잡하다. 실제로 이 의결서는 헌재의 요청에 따라 2번이나 수정되었고, 헌재의 종국 결정 시 당초 의결서의 많은 부분이 결정 이유에서 제외되었다.

소추 의결서에 소추 사유로 기재된 위헌 행위 5개와 위법 행위 8

개는 국회의 자체 조사가 아니라 검찰의 최서원에 대한 공소장 내용을 대부분 가져온 것이다. 특히 위헌 행위라는 것들은 매우 추상적인 의혹 수준에 머물렀으며, 위법 행위에 대해서도 충분히 구체적으로 적시되지 않았다. 의결서에 첨부된 21개의 참고자료도 언론 기사가 15개, 검찰 공소장이 2개였고, 나머지는 과거 대법원 판결문이나 박 대통령의 대국민 담화문이었다. 자체 조사한 자료가 없다는 의미다. 헌법상 규정된 위법 행위를 확인하려면 '탄핵 조사 impeachment inquiry'를 정식으로 개시하여, 대통령의 위헌, 위법 행위에 대한 수많은 논의와 각각의 범죄 사실을 확인하는 국회의 의결 절차 같은 것이 선행되었어야 하는데, 하등의 이런 절차를 생략한 채 소추안이 의결된 것은 명백한 위헌이다. 특히 당시 정세균 국회의장과 권성동 법사위원장의 책임이 크다 할 것이다. 과연 이들이 헌정의 엄중함에 대하여 얼마나 제대로 인식하고 있었는지 심히 의심스럽다.

또 다른 문제는 이 소추안이 헌법재판소로 넘어간 후의 일이다. 12월 9일 국회가 탄핵 소추 의결서를 헌재에 접수한 후 꼭 3달 만인 2017년 3월 10일에 탄핵 결정이 내려졌는데, 이 헌재의 심리에서도 몇 가지 위법성이 보인다. 우선 헌법상 탄핵 결정에는 재판관 6명의 찬성이 필요하다. 그런데 박한철 재판관은 1월 말에, 이정미 재판관은 3월 중순에 각각 퇴임이 예정되어 있어, 탄핵 결정을 늦어도 이 재판관의 퇴임 전에 마치려 했다. 「헌법재판소법」상 180일까지 심리가 가능함에도 이 기한을 반으로 줄였다는 말이다. 이 때문에 증인이나 증거 심리가 부실하게 이루어지는 등 심판이 파행적으로 진행되었다. 그리고 이미 국회에서 의결되어 헌재로 넘어온 소추안의 내용을 2번이나 바꾸었다. 이렇게 하려면 국회에서 다시 의결 절차를 거쳤어야 하며, 원칙대로 처리한다면 결국 헌재에서 생각하는 요건을 충족하지 못한 것으로 각하됐어야 한다. 「헌법재판소법」상 의결서의 보정은 부적법을 전제로 하기에, 만약 이러한 보정 차원이었다면 국회의 소추 의결서가 당초부터 적법하지 않았다는 의미다. 대통령 변호인단 측은 이것이 소추 사유와 실제 인용 결정 사유를 일치시키기 위한 꼼수였다고 비판했다. 결국 당초 국회에서 넘어온 소추 사유 13개가 4개로 정리되었고, 이 중 최종적으로 인용된 사유는 '사인의 국정 개입 허용과 대통령 권한 남용' 1개뿐이었다.

당시 헌재 공보관이었던 배보윤 변호사도 2019년 4월, 국회 소추 의결안이 검찰 공소장과 언론 기사에만 기초했다는 점을 들어 각하하여 국회로 돌려보냈어야 했다고 술회했다. 아울러 소추안의 기초가 된 최서원 씨에 대한 재판이 진행 중이었으므로 「헌법재판소법」제51조에 따라 탄핵심판 절차를 중지했어야 했다. 내용적으로 보자면 헌재는 국정 문건 유출, 최서원의 국정 개입, 권한을 남용하여 최서원의 사익을 도와준 점을 주요 탄핵 결정 사유로 들었으나, 이 판단이 전체적으로 사실관계에 어긋날 뿐 아니라 대통령을 파면해야 할 정도로 고의적인, 중대한 위법 행위인지 심히 의심스럽다. 국정 문건이 유출되어 발생한 피해도 없고 최서원 씨가 일부 인사를 추천하여 공직에 기용했다 하더라도 청와대 민정의 통상적인 인선 절차를 모두 거쳤다. 미르재단과 케이스포츠재단 설립을 통해 최서원이 사익을 취하도록 도와줬다고 하나, 최서원의 금융 거래 내역 조사를 통하여 최서원의 개인 계좌로 들어간 재단의 자금은 전혀 없다는 것이 밝혀졌다.

가장 논란이 되는 것은 대통령이 헌법 수호 의지가 없다고 판시한 것인데, 이것은 헌재의 판단이 결국 정치적인 것이었음을 자인한 것이다. 이 '헌법 수호 의지' 문제는 애당초 쟁점도 아니었고, 심판 과정에서 언급되거나 대통령 대리인에게 질의조차 하지 않은 내용이었다. 그런데 갑자기 인용 결정문에 적시되었다. 심리상 중대한 하자라 하지 않을 수 없다. 인용 결정이 8 : 0으로 나온 것도 상당히 이례적인데 만장일치 인용을 유도하기 위해 평상시와는 다르게 재판관들 간 평의 협의를 진행하였고, 뇌물죄에 대한 이견이 팽팽하자 이 부분을 제외한 결정문을 작성하도록 연구관들에게 지시했다 한다. 전원 일치 결정을 위해 설득 작업을 한 셈인데, 이것은 '각 재판관은 독립하여 재판한다'는 「헌법재판소법」을 위반한 것이다.

탄핵은 끝났고 박 대통령은 대통령직에서 물러났다. 하지만 상기와 같은 탄핵의 진행 과정을 볼 때, 이건 법치주의의 농락이자 파괴라는 결론에 이른다. 강직하고 청렴한 보수 우파 대통령이 국회의 권력 확대에 반대하고, '밤의 대통령'이라는 언론의 청탁을 들어주지 않고, 소위 '김영란법'으로 부정의 근원을 아예 봉쇄하려 하자, 이에 불만을 품은 기성 부패 세력들이 좌파와 결탁하여 '일'을 추동한 것이다. 이것을 엄정한 법의 잣대로 심판하여야 할 헌법기관이 제 소임을 다하지 못했다. 이 탄핵은 과연 누구를 위한 탄핵이었나. 국정을 농단했다는 박 대통령을 쫓아내고 4년이 지났건만, 이 나라의 안보가 증진되고 국민의 살림살이가 나아졌는가. 광풍처럼 휘몰아친 촛불에 떠밀려, 북한과 중국의 사주에 휘둘려 부화뇌동하지 않았나.

박 대통령에 대한 탄핵은 체제 전쟁의 서막에 불과하다. 광우병 사태에서 가능성을 엿본 좌파 세력들이 여성 대통령의 약점을 파고들어 산 같은 음해와 거짓으로 합법적 권력을 찬탈해 갔다. 촛불 시위는 탄핵을 강제한 전체주의적 도전이었다. 여기에 민주주의를 부정하고 아시아에서 패권을 추구하는 중국이 개입했다. 언론은 이 탄핵이 과연 법치주의의 길을 따라서 진행되는 것인지에 대한 감시를 게을리했다. 아니 오히려 일부 사주가 그들이 선호하는 찬탄 정치 세력과 결탁하고 말았다. 언론이 자신의 이익에 따른 '사회화' 현상에 매몰된 결과다. 그들은 국민 여론을 오도했다. 지난 탄핵은 우리 헌정사에 잘못된 선례를 남겼다. "탄핵을 묻고 가자"란 말은 잘못된 것이다. 잘못을 그냥 묻어 버린다면 이 잘못된 세상을 바로잡을 여지는 없어진다. 한석훈 교수는 『박근혜 대통령 탄핵과 재판 공정했는가』에서 이렇게 말한다.

> "박근혜 대통령 탄핵에 대해 일부 정치인들은 '탄핵의 강을 건너자', '탄핵은 묻어야 한다'고 말한다. 이미 지나간 일이라는 말이

다. 그러나 탄핵은 이미 역사가 되었고, 역사는 필요에 따라 건널 수 있거나 물을 수 있는 것이 아니다. 그 내용의 진실이 무엇인지, 역사의 교훈은 무엇인지 끊임없이 시민들에게 회자되고 전문가의 분석과 비판을 받게 되는 것이다."

박 대통령의 탄핵을 촉발한 박영수 특검의 부인이 포르쉐를 타고 다니고, '그 딸'인지 '그 인척 분'인지가 대장동 50억 클럽에 관련되었다는 뉴스가 나오면서, 그가 특검이라는 특혜적 지위를 지금껏 누리고 있었다는 사실도 처음 알게 되었다. 옥중의 최서원 씨는, 혼자 깨끗한 척하며 박근혜 대통령을 '경제공동체'로 뒤집어씌운 박 특검이 정작 본인과 자녀, 그리고 친인척이 대장동 특혜 의혹을 받고 있다고 비판했다. 전 국민적 이목을 모았고, 합법적인 정권을 전복해 버린 세기의 수사를 책임졌던 사람 자신이 이런 의혹을 사고 있다는 데서 할 말을 잃는다. 너무 비겁하지 않은가.

· 채명성 지음, 『지나간 탄핵 다가올 탄핵』
· 이경재 지음, 『417호 대법정 –국정 농단 의혹 사건 재판 현장』
· 우종창 지음, 『대통령을 묻어버린 거짓의 산』
· 노재봉 외 공저, 『한국 자유민주주의와 그 적들』
· 한석훈 지음, 『박근혜 대통령 탄핵과 재판 공정했는가』

2021.3.6.

촛불 시위는 혁명이 아니다

　　　　　　　　한나 아렌트_{Hannah Arendt}는 폭력이 난무
했던 20세기의 한복판에서 나치즘과 스탈린주의를 몸소 체험하
고『전체주의의 기원』을 써서 지금까지 단 한 번도 존재하지 않았
던 전체주의를 세상에 폭로했다. 그가 찾은 전체주의의 기원은 제1
차 세계대전이 끝날 무렵 도래한 대중사회에서였다. 대중사회란 사
회 구성원들이 유내감 없이 뿔뿔이 흩어지고, 개인의 고독과 고립
이 점증하는 사회다. 바로 이러한 대중의 약점을 파고든 전체주의
는 인류에게 전대미문의 비극을 가져다주었다. 대중들이 스스로 생
각도, 결정도 하지 않는 가운데, 타인에 대한 의존도가 커지면서 전
체주의가 등장하고 독재자가 나온다. 촛불 시위는 바로 이러한 대
중사회의 약점이 드러난 대표적인 사례. 자신이 무엇을 하는지도
모른 채, 아무런 생각 없이 타성에 젖어 생활하는 무사유_{無思惟}의 대
중이야말로 잠재적 독재자의 좋은 먹잇감이다. 나치의 선동가 괴벨
스는 프로파간다의 지적 수준을 가장 머리가 나쁜 사람의 이해력에
맞추어 반복해야 한다고 하지 않았나. 아렌트는 말년에『혁명론』을
썼다. 그는 전에 썼던『전체주의의 기원』과『인간의 조건』에서 드러
낸 생각을 이 책에 함께 담았다.

혁명이라면 단연 프랑스혁명이다. 대혁명이라고까지 하지 않나. 반
면에 미국 독립은 혁명이라는 이름조차 붙이기가 어색할 정도다.

하지만 아렌트가 진정한 혁명으로 평가한 것은 미국의 독립 혁명이다. 이 두 혁명을 구분하는 건 바로 혁명의 본질이라는 '새로운 시작'과 '자유'라는 두 가지 요소다. 여기서 자유라 함은 개인의 자유가 아니라 공공의 영역에서의 자유다. 아렌트는 인간의 활동을 노동, 작업, 행위의 세 가지로 구분했다. 노동은 인간의 기본적인 생존을 위한 일이며, 작업은 가치를 창출하는 창조적인 일로서 둘 다 혼자서 할 수 있지만, 행위는 공공의 장에서 타인과 교류하는 활동으로서 반드시 상대방이 있어야 한다. 즉 공공성을 갖는 일로, 인간은 이런 공공성의 창조를 통해서만 그 유산을 후대에 전할 수 있고, 마침내 불후성을 성취한다.

미국 건국의 아버지들은 진정한 '행위자'였다. 그들은 새로운 독립국가를 세웠고 헌법 제정이라는 행위로 연결되는 공공성을 창조하였다. 그러나 프랑스혁명가들은 행위가 아니라 대중의 연민에 초점을 맞추는 빵을 위한 혁명을 했다. 혁명은 자유에 관한 것이고 새로운 시작이 만들어졌을 때만 혁명이라 할 수 있다. 자유란 빈곤과 공포로부터의 해방이 아니라, 자유롭게 '행위'할 수 있는 가능성이기 때문이다.

촛불 시위로 돌아와 보자. 일각에서는 이것을 촛불 혁명이라고 하고, 대한민국 최고 학부라는 대학의 어느 헌법학 교수는 심지어 '촛불무혈명예혁명'이라는 생뚱맞은 이름까지 붙였다. 하지만 아렌트의 『혁명론』에 입각하여 본다면 이것은 결코 혁명이라고 명명할 수 없다. 이 시위 후 어떤 새로운 시작이 있었고 어떤 공공성이 창조되었는가? 대답은 부정적이다. 혁명권의 행사는 헌법적 질서의 변혁을 목표로 하고, 저항권의 행사는 헌법적 질서의 존중 내지는 유지를 그 동인動因으로 한다. 이런 관점에서도 촛불 시위는 혁명이 아니며, 그렇다고 저항권을 행사한 것도 아니다. 촛불 시위가 당초 기존의 헌정질서를 뒤엎으려 한 것도 아니고, 탄핵절차도 진행 중이어서 최후적 수단인 저항권을 발동할 필요도 없던 상황이었기 때문이다. 결국 촛불 시위는 과거 로마의 역사에서 볼 수 있었던 '정권 변농', 또는 그리스 도시국가를 혼란에 빠뜨린 '내란'과 같다. 촛불 시위가 국회발 쿠데타인 박근혜 대통령 탄핵 과정에서 기름을 붓는 역할을 하였고, 결국 현 정권의 '떼거리 도둑정치'의 단초가 되었다는 사실을 볼 때, 이런 귀결은 자명해진다.

『소용돌이의 한국정치Korea: The Politics of The Vortex』라는 주목할 만한 역작을 남긴 그레고리 헨더슨은 한국의 정치사회는 '촌락과 왕권village and throne'만 있을 뿐, 그사이 '중간기구intermediaries'가 결여되어 소용돌이 정치의 폭풍이 몰아치는 것이며, 그것이 정치발전의 장애물이라고 했다. 그의 소용돌이 정치 이론의 관점에서 본다면 원자화한 개체들의 집합인 대중이라는 소용돌이가 상승 기류를 타고 중간 단계 없이 바로 정상까지 돌진하여 대통령과 정부를 무너뜨린 것이 촛불 시위였다. 이것을 새뮤얼 헌팅턴의 '격차가설'로 풀이해 본다면 민주주의라는 이름으로 포장된 '정치참여'가 '정치의 제도화political institutionalization'를 앞질러 과속하여 폭발한 것이다.

한국에서 혁명이라고 부르는 것 중 진정한 혁명에 가장 근접하는 것은 아마도 5.16 혁명일 것이다. 군대가 주동했다는 점에서 쿠데타로 보는 시각도 있으나, 새로운 시작과 불멸의 공공성 창조 행위라는 관점에서는 5.16 혁명만이 아렌트가 분석해 낸 혁명의 본질에 가장 가깝다. 5.16 혁명은 우리 역사상 처음으로 한국민을 중산층 자유시민으로서 국제무대에 등장시켰으며, 이념적이며 물질적인 토대를 제공하는 불후의 공공성을 창조한 일대 사건이었다. 혁명이란 말에는 '돌이킬 수 없는 것'이라는 의미가 있다. 성난 군중이 바스티유 감옥에 들이닥쳤을 때 혁명은 이미 돌이킬 수 없는 것이었다. 5.16 혁명으로 추동된 한국인 정체성의 변화도 이제 돌이킬 수 없다. 우리는 공공의 자유를 체득한 민주 시민이자 열린 군중으로서 이제 그 진가를 보여 줄 때다.

· 한나 아렌트 지음, 홍원표 옮김, 『혁명론』
· 허영 지음, 『헌법 이론과 헌법(상)』
· 그레고리 헨더슨 지음, 이종삼, 박행웅 옮김, 『소용돌이의 한국정치』

Part 4.

부실 선거가 아니라
부정 선거다

2022년 4월 29일 대법원 앞 민경욱 의원 등 부정선거에 항의하는 시민들
사진 출처:《파이낸스투데이》

대체 무슨 일이 일어난 건가? 그의 주장대로 '표갈기'나 '표엎기'가 실제 일어난 것인가?
조슈아의 절규는 대한민국의 눈물이다.
_ 본문 중에서

기술에 의존하는 세상에서는 그 기술을 지배하는 정치꾼이 곧 왕이다. 정치는 이 기술
자들을 통제할 수단을 되찾아야 한다. 표를 찍는 사람이 아니라 표를 세는 사람이 결정
하게 해서는 안 된다.
_ 본문 중에서

조슈아의 절규는 대한민국의 눈물이다

"서울에서 오래 머물 것을 예상 못 하고 업무차 올라왔다가 일주일 동안 머물러 버렸네요. 꿈만 같이 정신없이 흘러간 시간들입니다. 갈아입을 옷도 없어서 영상 보시면 맨날 같은 옷만 입었네요. 이 싸움이 길어질 것 같아 잠시 집에 내려와서 옷 짐을 싸고 작업용 컴퓨터랑 촬영장비 가지고 서울로 갑니다. 자연 속에 하나님이 살아계심을 느낍니다. 아름다운 이 나라 자유대한민국을 지켜 아들딸에게 물려주고 싶습니다."

바실리아TV, 조슈아 씨가 지난 5월 6일 자신의 동영상에서 한 말이다. 선거 부정 의혹을 파헤치기 위하여 계속된 엑셀 작업과 공병호TV와의 대담으로 많이 바빴을 것이다. 그는 지금 부모님을 모시고 시골에서 산다고 했다. 아름다운 효심, 아름다운 애국심, 진정 이 땅의 아름다운 젊은이가 아닌가. 그런데 그는 지난 4월 29일 올린 동영상 〈21대 총선 사전 투표 조작 시나리오〉에서 이렇게 말하면서 절규했다.

"이번 선거는 조작이었고 이번에 그냥 넘어가면 다음번에는 더욱 치밀해진다. AI가 들어갈 수 있다. 겁먹지 말고 당당하게 주장해라. 야당뿐 아니라 여당, 민주당도 양심이 있다면 바로잡아 달라."

대체 무슨 일이 일어난 건가? 그의 주장대로 '표갈기'나 '표얹기'가 실제 일어난 것인가? 부정 선거는 개개인의 당락의 문제가 아니다. 전체주의로 가려는 체제 변혁의 시도이자 중국의 100년 전 위계질서를 복원하려는 음모의 시작이다. 조슈아의 절규는 대한민국의 눈물이다. 그를 격하게 성원한다.

· 바실리아TV, <자연의 아름다움과 신비함. 다함께 이땅을 지킵시다.>

2021.7.1.

부정 선거 외면하는 기성 언론

지난 6월 28일 인천지방법원에서 4.15 총선 인천 연수을구 재검표가 있었다. 이 재검표는 소 제기가 있은 후 1년도 더 지나 이루어진 것이다. 이것은 「공직선거법」상 소청이나 소 제기 180일 이내로 결정 또는 재판을 하게 되어 있는 법규를 명백히 위반하였다. 그것도 비공개로, 일체의 사진 촬영이나 녹화를 금지하였는데, 이것은 선거 소송의 공공성이나 세간의 관심을 고려할 때 중립적인 법원의 처사로 보기 어렵다. 이번 재검표 과정에서 드러난 사실은 그동안 세간의 의혹을 입증하고도 남았다. 우선 선관위는 투표 이미지 파일의 원본 대신 사본을 재판부에 제출하였는데, 그렇다면 원본은 삭제한 것일까? 이것은 증거 인멸 행위로서 부정 선거가 저질러졌다는 의구심을 뒷받침한다. 선관위는 선거법규에서 허용된 바코드 대신 QR 코드를 사용하면서 이것이 바코드의 일종이라는 궤변을 하였다. QR 코드는 비밀 선거 원칙에 위반된 것이며 법규상 허용되지 않는다.

나의 페친인 Hosik River(강호식) 님의 절규다.

> 투표지 조작을 방지하기 위해서 중앙 선관위에서 국민의 세금을 들여서 투표지 이미지 파일을 생성시키는 장치를 개발했다. 투표지 분류기로 투표지가 통과할 때, 이미지 파일을 만들기 때문에 절대로 투표지 조작을 할 수 없을 것이라고 선관위가 스스로 홍보했다. 재검표할 때 투표함에 보관된 투표지와 이미 생성된 이미지 파일을 대조하면 조작 표는 당연히 드러난다. 즉, 이미지 파일만 있으면 조작 투표지를 금방 가려낼 수 있다. 그런데 인천에서 4.15 총선 재검표를 처음 할 때, 선관위는 그 이미지 파일 원본을 재검표 직전에 폐기처분 했다고 발표했다. 사상 최고의 악랄한 범죄가 저질러진 것이다. 이것은 마치 법정에서 불리한 증언을 하려는 증인을 살해한 것이나 마찬가지다. 선관위나, 민주당, 그리고 대법원이 바로 부정 선거 3대 악의 축이다.

가장 두드러진 것은 다수의 사전 투표용지가 투표장 프린터에서 출력된 것이 아니라 외부 인쇄소에서 사전 인쇄되어 무단으로 투입된 것으로 보인다는 점이다. 몇 장이 붙어 있는 연금 복권 스타일이나 하단에 비례투표 도장이 찍힌 소위 '배춧잎 투표지' 등 한눈에 보더라도 정상적이라고 볼 수 없는 불법 선거의 증거들이 쏟아졌다. 신권 다발처럼 보이는 빳빳한 투표용지도 발견되었다는데, 투표장에서 투표해 본 사람이라면 이런 투표용지가 남아 있을 수 없다는 건 상식일 것이다.

러시아에서는 본 투표일 바로 앞에 이틀간 사전 투표를 진행하여 총 3일간 연이어 투표가 이뤄진다. 우리나라는 사전 투표일과 본 투표일의 간격이 멀어 3일을 연속해서 투표하는 러시아보다도 투표 조작 가능성이 더욱 커진다. 구조적인 취약점이다. 더욱이 문재인 대통령이 사전 선거일에 투표함으로써 사전 투표를 장려하는 모양새를 연출하고 있는데, 매우 비상식적이다. 독일이나 일본 등 대다수의 선진국처럼 사전 선거와 전자 투, 개표제의 폐지가 시급하다.

선거가 민주주의의 요체임은 두말할 필요 없다. 그런데 이런 다량의 부정 투표지가 발견되고, 선거 재검표 사상 최대의 무효투표가 선언되었는데도 언론은 침묵하거나 '장님 코끼리 만지기' 식의 보도를 하고 있을 뿐이다. 오히려 미국, 유럽, 일본 등 세계의 언론들이 부정선거 의혹을 보도하고 있음에도 우리 언론들이 외면하고 있다면 이들도 공범이다. 이번 부정 선거 이슈와 같이 결정적인 순간에 자유민주주의의 가치를 외면하는 '조중동'이 보수팔이 기회주의 언론이라는 비판을 듣는 건 어찌 보면 당연하다.

독일의 패전 후 언론인 쿠르트 치젤Kurt Ziesel은 독일 민족에게, 특히 언론과 문학계에서 시민적 용기civil courage가 현저히 결여되어 있다고 다음과 같이 고백했다.

> "양심은 그날그날의 상황에 따라 정해지고 진리와 역사적 발전을 들먹이기라도 하면 곧바로 업무의 훼방꾼으로 치부되었다. 비스마르크가 언론을 정치 창녀라고 했듯이 문학에 있어서도 경계 없는 후안무치가 횡행했다. 나는 한때 이것을 과장이라고 보았다. 왜냐하면 프랑스, 이탈리아, 러시아도 이 점에서 결코 뒤지지 않기 때문이다. 그렇지 않다면 나폴레옹, 무솔리니, 스탈린은 가능치 않았을 것이다. 모든 민족이 취약한 성격과 인간적 본질의 결여에 대한 자연적 본능을 갖고 있다. 그럼에도 독일의 언론이나 문학만큼 시민적 용기의 대변자가 없는 민족은 세상 어디에도 없을 것이다. 독일의 비겁함으로 독일에서의 정신은 반세기 동안 마비되었다."

부정 선거에도 침묵하는 한국의 오늘날 언론이 히틀러 나치 시대에 침묵했던 독일 언론과 과연 무엇이 다를까. 민주주의의 마지막 수호자로 자처하는 법조인과 언론인들은 반대편에 의해 민주주의를 악용하는 '특수 이해 관계' 집단으로 바뀔 위험성이 높다는 말이 새삼 상기된다.

· 쿠르트 치젤Kurt Ziesel 지음, 『Das verlorene Gewissen잃어버린 양심』
· 데이비드 런시먼 지음, 최이현 옮김, 『쿠데타, 대재앙, 정보권력』

한국판 '리바이어던', 선거관리위원회

2020년 4.15 총선과 2022년 3월 대선을 치르면서 부정 선거 논란이 불거졌다. 이 논란의 중심에 헌법기관인 선거관리위원회가 있다. 지금도 대다수 제도권 언론에서는 부정 선거라 하지 않고 '부실 선거'란 말로 우회적으로 표현하지만 이건 누가 봐도 부정 선거다. 선관위는 이제 헌법기관이 아니라 헌법을 초월하는 괴물 기관이 되어 버렸다. 선관위는 지난 두 번의 국가 대사에서 공정은커녕 시민들의 일반 상식에도 반하는 파행과 몰염치를 보여 주었다. 사실 대다수의 선진국에서는 선거를 감독하는 독립적인 위원회를 두되 실제 관리 사무는 기존의 행정기관이나 지자체에서 담당토록 하는 게 일반적이다. 민주 국가라면 정기적인 각종 선거를 관리하는 일은 극히 실무적인 사무이며 여기에 조그마한 부정이라도 끼어들어 사회문제화되는 일은 상상하기 어렵기 때문이다.

우리나라는 제1공화국 당시 3.15 부정 선거 후에 공정한 선거관리의 중요성을 깨닫고 제3차 헌법 개정 시 중앙선거관리위원회 설치를 헌법에 명문화하였다. 선관위는 대선이나 총선 외에도 정당의 대표 선거나 조합장 선거 등을 주관할 뿐 아니라, 정당에 대한 보조금 지급 등 정당 관리 사무도 관장함으로써 정치권의 터줏대감이 되었다. 실제로 국회의원들이 제일 겁내는 기관이 선관위라 한다. 무서울 게 없을 듯한 국회의원들이 겁내는 곳이 선관위라면 갑중의 갑이 아닐까? 선관위의 또 다른 주요 기능은 여론조사다. 나의 한 페친에 따르면, 선관위가 여론조사기관에 여론조사용 전화번호를 부여하는데, 이미 국민들의 전화번호와 좌우 성향을 데이터베이스 해 놨기 때문에 원하는 비율로 전화번호를 제공해 여론을 조작할 수 있다고 한다.

독일의 선거관리 사무는 각급 선거관리위원회가 맡는데 연방의 선서관리위원회는 연방통계청장이 겸임하는 위원상과 그의 대리인 그리고 정당별 득표순에 따라 위원장이 지명하는 8명의 위원과 2명의 연방행정법원 판사를 포함한 총 12명의 인원으로 구성된다. 선관위원장을 통계청장으로 임명하는 배경은 오랜 독일 사회의 전통이라 한다. 물론 독일에서 통계청장이 갖는 독립적인 지위는 각별하다. 우리처럼 정권의 말을 듣지 않는다고 갈아치울 수 있는 존재가 아니다. 그렇다고 헌법기관은 아니다. 일본은 의회에서 선출하는 4명의 위원으로 선관위를 구성하고, 미국은 연방선관위보다는 각 주 선관위에 실질적 권한이 있는데 이들의 구성은 매우 다양하다. 하지만 민주주의가 발달한 선진국에서 선거관리기관이 우리처럼 헌법기관인 데다 정당 관리 사무까지 장악한 대규모 상설기관인 경우는 없다. 이렇듯 막강한 선관위가 불공정한 선거, 부실한 선거, 더 나아가 부정 선거에 연루되고 심지어 이를 주동하면서도 사람들의 통제를 벗어난 괴물, 리바이어던이 되었다면, 당연히 혁파되어야 하지 않을까?

선관위의 현행 지위를 혁파하는 데 있어 몇 가지를 제언해 본다. 첫 번째는 탈헌법기관화다. 선관위가 선거관리라는 실무에만 집중할 수 있도록 불필요한 격식과 내용은 덜어내야 한다. 그 방편으로 차후 헌법 개정 기회에 헌법기관에서 제외하여 일반법으로 규율하고, 선거법 위반 단속 같은 선거 경찰로서의 준 사법적 임무와 정당 관리자로서의 역할 부문을 떼어 내야 한다. 여론조사가 선거에 실제 미치는 영향력이 대단히 크다는 점에서 선관위의 선거 여론조사 심의 업무도 떼어 내야 한다. 선관위에 불필요하게 고위직이 많고, 그 권한이 강력한 것은 헌법기관이기 때문이다. 선거관리라는 비교적 단순한 사무에 고위직이 많다 보니 이들의 자질과 위상이 조화되지 않고, 그래서 정권의 부당한 압력과 유혹에 넘어가기 쉬운 구조를 만들어 낸다. 선관위의 헌법기관이라는 방탄막을 벗겨 내야 한다.

두 번째로 중앙선관위원을 대통령, 국회, 대법원장이 각 3명씩 지명하는 규정을 고쳐야 한다. 언뜻 이상적으로 보일 수도 있는 이런 규정은 이번 정권에서처럼 국회를 여당이 장악하고 법원마저 정치 색깔이 뚜렷한 법관들이 지배할 때 오히려 독소조항이 되어 버린다. 9명의 선관위원 대부분이 집권 세력의 입맛에 맞는 인사들로 채워질 것이며, 이번 정권하에서의 선관위 구성이 실제로 그런 노골적인 파행을 보여 주었다. 차라리 독일처럼 정당의 의석 분포 순으로 정당마다 추천권을 배분하는 방안이 나아 보인다. 이때 정당이 추천하는 인사라도 선거 입후보자라든지 정파적인 색깔이 있는 인사들은 배제한다.

세 번째로 법관이 각급 선관위의 위원장을 겸하는 관행을 고쳐야
한다. 지난 4.15 총선 시에 인천 연수을구를 비롯하여 125곳에서 선
거소송이 제기되었는데, 6개월 내 재판하여야 한다는 법규에도 불
구하고 지금껏 판결이 미뤄지는 파행을 볼 때 법원이 선거관리 사
무에 간여해서는 안 된다는 생각이 든다. 중앙선관위원장이었던 권
순일 대법관이 소위 '50억 클럽' 재판 거래 의혹을 사고 있고, 현 위
원장인 노정희 대법관은 선거일에 출근하지 않고 비상임이라고 변
명했는데, 이건 대법관은커녕 일반 시민의 상식 수준에도 미달하는
것이다. 매일 출근할 필요는 없지만 선거일만큼은 출근하라고 만들
어 놓은 게 비상임 위원장 아닌가? 이런 법관들의 비상식적이고 무
책임한 행태를 볼 때 법관의 선관위원장 겸직은 더욱 불필요해 보
인다. 공무원 중에서 법관과 법원 공무원, 그리고 교육공무원만이
선관위원이 될 수 있다는 법 규정도 마찬가지다.

네 번째로 선관위의 조직 자체와 그 활동의 투명성을 높여야 한다.
소관 사무에 관련되는 모든 결정에 이르는 과정은 독일 선관위처
럼 오직 공개회의를 통하여야 한다. 공정한 선거 사무를 헌법이라
는 최고의 제도로 보장하고 있음에도 국민의 불신을 자초한 선관위
라면, 무조건적인 신임보다는 구체적인 장치를 통하여 신뢰를 확보
해 나가야 할 것이다. 이같이 선관위의 업무 범위와 권한 축소에 따
라 선관위 조직의 구조조정도 불가피하다. SNS에서 유포된 확인되
지 않은 사안이지만, 만약 5.18 유공자들의 가산점 혜택 등에 따라
빚어진 특정 지역의 편중 현상이 있다면 이를 개선하는 데도 유의

해야 할 것이다.

마지막으로 선거 통계를 더 구체적이고, 다양하게 제공해야 한다. 우리 선관위 홈페이지에 게재된 선거 통계치는 지극히 기본적이다 못해 원시적이기까지 하다. 다양한 유권자들의 시각에 맞추어 통계를 제공하고 있는 독일의 사례를 보더라도 매우 불충분하다. 일례로 어떤 지역의 사전 투표와 본 투표 결과를 비교하려면, 이용자가 최소 지역 단위의 본 투표 결과를 일일이 합산해야 한다. 이건 이용자의 편의를 전혀 고려하지 않은 것이다. 사전 투표와 본 투표 결과의 불일치를 드러내 보이지 않으려는 미필적 고의로까지 의심된다. 부정 선거 수사가 필요하다는 건 불문가지겠지만, 우선 제도적으로 사전 선거와 전자 개표를 없애고 선관위를 혁파하는 과제가 시급하다.

2009년 3월 독일연방 헌법재판소는 2005년 독일총선 시 전자투표를 위헌으로 결정하였다. 전자투표가 선거의 공공성에 반할 뿐 아니라 소프트웨어의 결함이나 의도적 조작 행위에 대하여 일반 유권자가 알기 어렵다는 것이다. 기술에 의존하는 세상에서는 그 기술을 지배하는 정치꾼이 곧 왕이다. 정치는 이 기술자들을 통제할 수단을 되찾아야 하며, 표를 찍는 사람이 아니라 표를 세는 사람이 모든 것을 결정하게 해서는 안 된다.

· 데이비드 런시먼 지음, 최이현 옮김, 『쿠데타, 대재앙, 정보권력』

배춧잎 투표지와 권위가 땅에 떨어진 대법정

어제 대법원 1호 법정에서 열린 지난 4.15 총선 연수을구 부정 선거 재판을 방청하였다. 작년 6월 재검표에서 이른바 일장기 투표지와 배춧잎 투표지 같은 비정상적인 투표지들이 대거 쏟아져 나왔기에 이에 관한 증인 신문이 이루어져야 했는데, 해당 투표소 투표관리관 중 송도 2동의 투표관리관은 출석지 않았고, 송도 4동의 투표관리관만 출석하여 증언하였다. 선거 재판에 적극 협조해야 할 선관위 당사자가 증인신문을 방해하고 있는 현실을 볼 때 지금 선관위는 '헤쳐 모여' 수준으로 거듭나야 한다는 생각이 더욱 굳어진다.

불완전하게나마 어제 법정의 증언으로 4.15 총선이 부정 선거였음이 더욱 명백해졌다. 증언대에 선 사전 투표장의 투표관리관은 배춧잎 투표지를 보지 못했고, 그런 일이 있었다는 보고도 받은 적이 없다 했다. 그리고 만약 그런 투표지가 나왔다면 적의 폐기하고 다시 출력했을 것이라고까지 증언했다. 그렇다면 배춧잎 투표지는 투표장의 엡손 프린트기로 출력되지 않은 사후 투입된 조작된 투표지라는 의미다. 교차 여론이나 교차 투표는 현실에서는 있을 수 없다. 특히 상호 대립하는 정당 간에는 더욱 그렇다. 생각해 보자, 투표장에서 지역구 후보는 A 정당 후보를 찍고, 비례대표 후보는 A 정당과 대립하는 B 정당 후보를 찍는 게 과연 일반적일까? 더욱이 한 선거구에서 여러 명을 뽑는 중·대선거구도 아닌데 말이다. 한국의 선거문화 고려 시 A 정당이나 B 정당 후보가 자신의 가까운 친척이라면 혹시 모르겠지만 그런 경우는 극소수다. 그렇다면 이런 교차 투표 결과는 선거가 부정했다고밖에는 달리 설명할 수 없다.

서울, 경기, 인천의 그 많은 선거구에서 관내 사전 투표 득표율이 더불어민주당과 미래통합당 간에 63 대 36의 일률적인 비율로 나타난 것은 동전 천 개를 던졌을 때 모두 같은 면이 나올 확률이라 한다. 사전 투표와 당일 본 투표 간 득표 차이도 마찬가지다. 1,480개 사전 투표소에서 민주당이 모두 승리했지만, 본 투표에서는 미통당이 절반 이상 승리했다. 결국 부정 선거라는 거다. 이미지 파일, QR코드, 메인서버, 개표기, 사전선거 투표용지 등 물리적인 선거조작 증거들도 넘쳐나지만 통계치로 나타난 수치야말로 움직일 수 없는 부정선거의 증거다. 이에 더하여 선거 전에는 코로나 지원 등의 명분으로 유권자들에게 돈을 풀고, 선거 시에는 직접적으로 선거 조작을 하였으니 결국 이중적으로 부정 선거가 자행된 셈이다. 선거 과정을 은밀하게 조작해서 정상적인 선거로 보이게 하는 '전략적 선거 조작'은 현대판 쿠데타에 다름 아니다.

이날 법정에서 느낀 몇 가지 소회다. 우선은 재판 시작 전 방청객들에게 주의 사항을 알리는 구내방송과 정리(廷吏)의 멘트가 있었는데, 좀 당황스럽다는 느낌을 받았다. 법정 소란 시 퇴장은 물론 형사처분까지도 할 수 있다는 위협적인 내용이었기 때문이다. 재판 중에도 정복 차림의 정리 여러 명이 방청석 좌우에 서 있었고, 책임자인 듯한 사복을 입은 정리는 방청석 정중앙 통로를 오가며 방청객들을 감시하는 듯했는데, 방청에 방해될 정도였다. 이들의 태도나 멘트는 공공 예의에 어긋날 뿐만 아니라, 방청객들을 흡사 잠재적 범죄자로 취급한다고까지 느껴졌다.

이렇듯 재판정의 위엄을 지키려 도가 지나친 애를 썼지만 재판 진행 중간중간에 방청석에서는 탄식과 고함이 쏟아졌고, 대법관들이 입정할 때는 방청객들에게 기립하라는 안내가 있었음에도 몇 사람밖에 일어나지 않았다. 존경심이 없다는 말인데, 그들이 그동안 보여 준 선관위를 감싸는 기울어진 재판 진행에 대한 불만의 표현일 것이다. 내 뒤에 앉았던 한 방청객은 대법관의 부당한 진행에 큰소리로 항의한 후 스스로 퇴실하기까지 했다.

이날 재판 방청으로 우리 사회에서 법원의 권위가 땅에 떨어졌음을 재삼 실감하였다. 우선 대법원장부터 그렇다. 김명수 대법원장은 청문회 전에 춘천에서 버스와 지하철을 타고 왔다며 서민 코스프레를 하더니, 예산 불법전용으로 관저를 개보수하면서 손자용 그네를 만들었다느니, '며느리 만찬'을 했다느니 하는 무성한 가십들을 만들어 냈다. 그는 소위 '우리법 연구회'니 하는 법관들을 중용한 편파 인사의 장본인이기도 하다. 50억 클럽에 명단을 올린 판사들이나 소위 소쿠리 대선 논란을 초래한 노정희도 선관위원장으로서 부정 선거 책임으로부터 자유롭지 못하다. 이날 재판장은 문 대통령의 동기라는 조재연 판사였고, 주심은 천대엽 판사였다. 이들은 「공직선거법」상 180일 내로 재판을 하기로 되어 있는 명백한 규정을 위배하고도 '훈시적 규정'이라는 곡학아세로 2년이 지나도록 판결을 지연시켰다. 그래서인지 방청객들은 재판 중에 간간이 "180일!"이라고 소리쳤다.

이 재판은 다른 선거구에서도 동시에 제기된 4.15 부정 선거 재판에 영향을 미치는 선도적 재판이다. 여기에서의 판결이 결국 판례로 인용될 것이기 때문이다. 이날 마지막 변론을 맡은 도태우 변호사는 기억에 남을 만한 변론을 했다. 그는 수사권도 없는 원고더러 모든 입증 책임을 묻는 건 부당하다며 역사에 남을 선구적인 재판을 해 달라고 재판부에 거듭 요청하였다.

· 데이비드 런시먼 지음, 최이현 옮김, 『쿠데타, 대재앙, 정보권력』

2023.2.18.

2023년 2월 베를린 재선거를 보면서

지난 2월 12일 베를린에서 재선거가 있었다. 작년 11월 베를린 헌법재판소가 2021년 9월 실시된 베를린 주 선거를 무효로 돌리고 재선거를 하라고 명령한 지 3달 만의 일이다. 재선거 결과 지난 선거에서 승리한 사민당이 백 년 만의 패배를 기록하고 기민당이 21세기 들어 처음으로 승리하여 주총리가 바뀔 전망이다. 이번 베를린 재선거로 사민당의 숄츠 총리가 큰 타격을 입을 것이라 한다. 연방 선거가 하원인 분데스탁Bundestag의 의석을 결정하고 연방총리를 선택하지만, 주선거는 주정부 구성은 물론, 연방 입법 등에 권한이 있는 상원인 분데스라트Bundesrat의 의석도 결정하기 때문에 그만큼 연방 정치 구도에도 상당한 영향을 미친다. 그래서 독일 국민 중 적지 않은 사람들이 연방 선거와 주선거의 전략 투표로 견제와 균형을 추구하는 편이다.

그런데 내가 주목하는 것은 이번 선거 결과보다는, 재선거를 치르게 된 배경이다. 왜 2021년 9월 선거가 무효가 되었을까? 2021년 9월 실시된 베를린 주선거는 연방 선거, 그리고 주민투표와 겹친 슈퍼 투표일이었고 마침 그날 베를린에서는 국제마라톤 대회까지 열리면서 매우 혼잡한 상황이 연출되었다. 이날 주된 '부실 정황 irreguralities'은 투표소 내 설치된 기표소와 투표용지의 부족, 그리고 투표 관리원들의 미숙으로 투표 진행이 상당히 지연되면서 일부 유권자들이 투표를 하지 못하고 되돌아간 것이다. 18시에 마쳐야 할 투표가, 총 2,257개 투표소 중 424개소에서는 18시 15분까지, 80개소에서는 19시 이후까지 진행되었다. 그러는 중 출구조사 결과가 18시 이후 투표가 진행 중인 상황에서 발표되었다. 115개 투표소의 투표용지가 잘못 교부되었고, 일부 투표용지에 일련번호가 빠졌거나 특정 후보자의 이름이 오기되기도 했다. 베를린 시 당국은 선거 준비가 부족함을 자인하였고 무소속의 Marcel Luthe 의원이 헌법재판소에 제소하면서 재선거 명령을 이끌어 내었다.

2022년 11월 베를린 헌법재판소가 판시한 내용을 보면, 첫째, 투표용지가 제1투표에서 3,910표, 제2투표에서 1,546표 부족했고, 둘째, 잘못 교부된 투표용지가 제1투표에서 1,939표, 제2투표에서 2,063표였으며, 셋째, 총 6,294분의 투표 중단 사태가 발생했고, 넷째, 투표소에서 투표 시간 연장은 총 21,941분에 달했다. 그리고 마지막으로 투표 사고는 총 19개 선거구에서 발생하였지만 전체 선거 결과에 영향을 미칠 만큼(전체 의석수 변동으로 총리가 바뀔 수도 있는 상황을 상정) 양적으로나 질적으로 위중하였기 때문에 78개 선거구에서 전면적인 재선거가 불가피하다는 것이었다.

우리는 작년 3월 대선 시 발생한 '소쿠리 선거' 파동을 기억한다. 2020년 4.15 총선 시에는 총체적인 부정 선거가 자행되었다. 당연히 2021년 9월 베를린 주선거와는 비교할 수 없을 정도로 훨씬 더 심각한 것이었다. 4.15 총선 이후 선거소송이 이어졌지만 법원은 재판을 지연시켰고 2년이 넘어서야 내려진 일부 선고에서조차, 넘치는 물증에도 불구하고 끝내 부정 선거라는 국사 범죄를 인정하지 않았다. 국민의 권리를 마지막으로 구제해야 할 법원의 퇴행과 배신이다. 법치주의를 지켜야 할 법원이 오히려 법치문란의 중심에 섰다.

여기에 기성 정치인이나 언론, 그리고 일반시민들에 이르기까지 전 사회적인 반응도 무사안일 하기는 마찬가지다. "요즘 세상에 부정 선거가 어디 있나?"라고 반문하는 사람들을 아직 우리 사회 도처에서 볼 수 있다. 무관심한 건지, 이기적인 건지 이해할 수 없다. 국민소득이 우리보다 많이 낮은 나라들에서도 부정선거가 발생하자 이에 항의하고 재선거를 실시하였다. 이게 보통 사람들이 할 수 있는 정상적인 행동이다. 공병호 박사는 대한민국이 이성과 양심이 마비된 사망 상태에 놓여 있다고 일갈했다. 그의 말이다.

> 2017년 대선~2022년 지방선거까지 모든 공직 선거는 체계적이고 조직적으로 소작되었다. 단발적이고 우연한 사건이 아니다. 특정 정치세력이 주도하고, 선거사무를 담당하는 자들이 동원되어 저질러진 엄청난 범죄다. 대한민국은 국민이 권력자를 선택하는 것이 아니라 선거사기범이 권력자를 선택하는 시대를 맞게 되었다. 선거부정의 고착화는 궁극적으로 체제 변혁, 특정 정치세력의 장기집권, 자유와 재산의 약탈, 그리고 빈곤과 가난을 낳을 수밖에 없는 대사건이다.

시민들의 민도가 높아 교양주의의 챔피언이라던 독일이 세기의 독재자 히틀러를 배태한 이유가 있다. 당시 바이마르 공화국 시민들에게는 정치의식이 결정적으로 없었다는 것이다. 지금 우리 시민들도 정치에 무관심하고 부정 선거를 좌시하고 있다. 이에 따른 후과로 어떤 괴물이 탄생할지 사뭇 두려워진다. 캐나다《글로브앤드메일》에 따르면 캐나다 연방하원이 지난 2021년 연방총선에 대한 중국의 개입을 규명하기 위해 특위를 소집했다고 한다. 공개된 캐나다 보안정보국의 비밀문건에서 총선 당시 중국이 후원금 명목의 현금 제공, 중국 유학생의 선거운동 투입, 정보공작 등을 동원해 친중국 성향의 후보들을 적극 지원했다는 사실이 밝혀졌다. 여론을 선동, 조작한 것은 물론이다. 호주에서도 중국의 선거 개입이 문제가 되고 있고, 캐나다 선거에도 이 정도로 개입할 정도라면 당연히 우리 선거에 손 놓고 있지는 않았을 것이다. 그런데 우리 기성 언론들은 캐나다《글로브앤드메일》지의 특종 보도에 대하여 침묵하고 있다. 이상하지 않은가?

우리 사회의 무관심 속에서도 선거부정을 밝히기 위하여 투쟁하고 있는 많은 사람이 있다. 연수을 선거소송의 원고인 민경욱 의원, 공병호 박사, 황교안 총리, 이병화 대사 외에도 내가 기억조차 못 하는 수많은 인사, 단체들이 민주주의로 가는 이 가열찬 싸움에 동참하고 있다. 우리 사회는 이들에게 큰 빚을 지고 있다.

· 공병호 지음, 『도둑놈들: 선거, 어떻게 훔쳤나? 1』
· 김형철 지음, 『4.15부정선거 비밀이 드러나다!』
· 『4.15부정선거의혹백서』 (전자 파일)
· 후지와라 마사히코 지음, 『國家 と 教養』

Part 5

디지털화와 4차 산업혁명, 그리고 민주주의

사진 출처: Einfochips

우리의 민주주의를 무너뜨리는 큐알QR 코드, 빅데이터, 빅테크에 저항해야 한다. 우리가 아무것도 하지 않고 가만히 있다면 『1984』와 〈블랙 미러〉의 디스토피아가 현재 우리가 경험하는 것보다 훨씬 더 현실적으로 다가올 것이다.
_ 휘슬 블로어, 브리태니 카이저Brittany Kaiser

2020.5.31.

페이스북은 민주주의를 훼손하는가?

　　　　　세상이 온통 디지털 세상으로 바뀌면서 나타난 슈퍼 기업들이 바로 GAFA라 약칭되는 구글, 애플, 페이스북, 아마존 같은 빅챔피언들이다. 지금 소셜 미디어를 평정한 페이스북이나 유튜브, 트위터, 인스타그램도 디지털의 힘을 배경으로 부상한 기업들이다. 페이스북의 사용자는 수십억 명을 넘는다. 전 세계 인터넷 사용자의 60% 이상이, 미국인의 10명 중 7명이, 그리고 35세 이하의 미국 젊은이 2명 중 1명이 페이스북을 한다.

그런데 며칠 전 트럼프 대통령이 〈온라인 검열 방지에 관한 행정명령〉에 서명하면서 소셜 미디어사들의 자체 검열 정당성에 관한 논쟁에 불을 붙였다. '우편 투표가 투표 조작으로 이어질 수 있다'라는 자신의 트윗에 트위터가 경고 딱지를 붙인 데 맞선 것이다. 페이스북이나 유튜브, 트위터 같은 온라인 플랫폼 기업들이 자체적으로 하는 검열이 정당한지에 관한 문제다. 의견은 갈린다. "트위터가 트럼프의 트윗을 비판censure 한 것이지 검열censor 한 것은 아니다"는 의견도 있지만 대체적인 의견은 이를 불필요한 것이라 보고 있다. 생각건대, 어떤 미디어도 정확하게 중립적일 수는 없다. 그러나 지금 페이스북이 좌파적 성향을 띠고 있다는 비판에서 볼 수 있듯이 이런 잣대로 사용자들의 게시글을 자체 검열한다면 이는 민주주의에 대한 중대한 위협이 아닐 수 없다. 시바 바이디야나단Siva Vadhyyanathan

버지니아 대학 미디어과 교수의 비판이다.

> "소셜 미디어가 소통 확대와 민주주의의 확산에 기여한다고 주장하지만 실제로는 증오와 혐오를 퍼뜨리고 사회적 신뢰를 갉아먹으며 저널리즘을 훼손하고 방대한 감시체계를 구축하고 있다."

사람들이 인터넷상에서 어떻게 접근하고 어떤 말들을 써야 하는지에 대하여 온라인 플랫폼이 그 선택을 제한한다면, 그것은 근본적으로 반민주적일 것이다. 우리나라는 어떤가? 나의 페친들도 가끔 경고 딱지가 붙었다거나 계정이 폐쇄되었다는 경우가 있고, 유튜버들도 유사한 불평을 하곤 한다. 페이스북에서 특정 단어를 입력할 때 자판이 거부하는 듯한 느낌을 받는 때도 있다. 일례로 '일제 시대'라고 자판을 치면 얼마 후 '일제 강점기'라고 자동 변경되고 '부정 선거'를 주제로 포스팅을 하면 다른 글보다 조회 수가 훨씬 적게 나온다. 이건 분명 사상 검열이자 문화 통제이며, 사상과 표현의 자유라는 기본권의 침해다. 이러한 제한 조치가 플랫폼 기업들에 의한 것인지 아니면 그 배후가 있는 것인지는 확실치 않지만 페이스북 코리아나 구글 코리아도 그 입장을 분명히 할 필요가 있다. 우리의 「정보통신망법」은 현 문재인 정부 때인 2018년 말에 개정되어 플랫폼 운영자가 불법정보 유통 금지 등을 위한 자율규제 가이드라인에 관한 법적 근거를 갖게 되었다. 그런데 이 불법정보라는 것의 범위가 너무 광범위한 데다 정부의 지원(개입) 규정도 신설되어 플랫폼 운영자의 자의적인 가이드라인 운영과 함께 정부의 개입 또한 우려된다. 마크 저커버그Mark Zuckerberg의 입장은 명확하다. 즉각적인 위험이 없는 한 표현의 자유는 최대한 존중되어야 한다는 입장이다. 트럼프의 트윗에 대하여도 정치인의 포스팅, 즉 정치적인 의사를 담고 있는 포스팅을 저해하고자 하는 어떤 의도도 없음을 밝혔다.

또 다른 문제는 소셜 미디어 기업에 의한 자체적인 검열과는 차원이 다른, 국가에 의한 검열이다. 지난 5월 마크 저커버그가 중국의 인터넷 검열을 비판하면서, "인터넷을 규제하려는 중국식 모델이 다른 나라로 확산되는 움직임에 우려한다"고 경고하였다. 중국이 인터넷을 검열하고 차단한다는 건 이미 잘 알려진 사실이지만 저커버그가 우려하는 것은 다른 나라가 그런 중국 모델을 복제한다는 사실이다. 트럼프는 이번 행정명령에서 온라인 플랫폼들이 외국 정부가 만들어 낸 가짜 정보를 퍼뜨림으로써 이익을 보고 있다며 특히 중국의 인터넷상 '조작질'에 대하여 아래와 같이 비판과 경계심을 드러내고 있다.

> "예컨대, 한 미국 회사는 중국 공산당을 위해 검색엔진을 개발해 '인권'에 대한 검색을 블랙리스트에 올리고, 그들에 불리한 기사를 감추고, 사용자들을 감시하였다. 다른 회사들은 중국 정부의 유료 광고로 중국 소수 종교집단의 집단적 투옥에 대한 거짓 정보를 퍼뜨려 그들의 인권 침해를 도와주었다. 이들은 또 중국 정부관리들로 하여금 자신들의 플랫폼들을 이용해 코로나 19의 기원과 홍콩

민주화 운동에 대한 가짜 정보를 퍼뜨리게 허용함으로써 중국 정부의 해외 선전선동에 가세했다."

· 시바 바이디야나단 지음, 홍권희 옮김,
『페이스북은 어떻게 우리를 단절시키고 민주주의를 훼손하는가』

2020.6.2.

디지털화와 4차 산업혁명

지난주 줌Zoom을 이용하여 원격 강의를 했다. 학생들이 얼마나 강의에 집중하는지 일일이 확인하기는 쉽지 않았지만 비대면 접촉으로 이동 시간과 비용을 들이지 않으면서 집에서 갖고 있는 자료를 편하게 활용할 수 있어 좋았다. 이번 코비드19 사태로 8억 명 이상의 학생들이 학교를 가지 못하는 상황에서 교육 분야의 디지털 기술이 각광을 받고 있다. 줌의 판매가 작년보다 160%나 급증했다 한다. 원격 강의나 화상 회의가 활발히 이루어지고 있음을 알 수 있겠다.

우리 사회에서도 언젠가부터 4차 산업혁명이 난무하기 시작했다. 아마도 2016년 1월 다보스포럼에서 클라우스 슈밥이 4차 산업혁명을 핵심 주제로 다루면서부터일 것이다. 그래서인지 4차 산업혁명을 꼭 거론치 않아도 좋을 자리에서도 인공지능이나 빅데이터 같은 이야기와 함께 4차 산업혁명이 거론되고 있고, 장차 일자리도 잃어

버릴 것이라는 다소 공포스러운 이야기로까지 이어진다. 그러면서 이를 보완할 '노동 4.0'이나 기본소득제, 기계세 같은 개념도 소개되기 시작했다.

독일은 2012년부터 '인더스트리 4.0'을 시작했다. 4차 산업혁명이 전 산업 분야를 대상으로 한 것이라면, 인더스트리 4.0은 제조업만을 대상으로 한다. 제조업에 IT를 접목하여 제조/유통의 스마트화로 고객 주문형 다품종 대량생산 시스템을 구축하는 것을 목표로 한다. SAP사의 헤닝 카거만Henning Kagermann이 주도적으로 독일 정부와 디지털산업협회Bitkom와 협력하면서 구체적인 과제들을 하나하나 실현해 나가고 있다. 여기서 핵심 개념은 기계machine와 제품workpiece 간의 통신과 네트워킹이며, 더 작은 자원을 사용하는 가운데 생산과 소비의 최적성을 달성하는 것이다. 그리고 이를 통하여 생산성을 끌어올려 다품종 대량생산을 실현하려는 것이다. 이 다품종 대량생산이라는 개념은 결국 동종의 제품 하나하나가 모두 유일한 제품unique item이라는 것이다.

2016년 나는 볼프스부르크에 소재한 폴크스바겐 본사를 방문한 계기에 자동차 공장을 견학하였다. 이 공장은 여의도만한 크기로 지붕 덮인 단일 공장으로서는 세계에서 가장 크다고 한다. 이 공장을 둘러보니 정말 사람보다 로봇이 더 많다. 아마도 공장 자동화를 넘어서 인더스트리 4.0 수준에 근접한 단계까지 실현한 것이 아닌가 생각된다. 독일의 자동차 업체들은 폴크스바겐, 메르세데스 벤츠,

아우디, 보쉬 같은 기업들이 구매, 제작, 유통에 이르는 자동화 공정을 통한 인더스트리 4.0을 거의 완성한 단계라 한다.

사실 독일에서 자동차를 주문해 본 사람이라면 이 다품종 대량생산이란 개념을 직접 경험해 보았을 것이다. 한국차는 상대적으로 옵션보다는 스탠더드 위주로 판매된다. 웬만한 건 다 스탠더드 사양으로 기본 가격에 포함되어 있지만, 독일 차는 그렇지 않다. 심지어는 기본 가격의 2~3배에 달하는 옵션을 포함할 수도 있는데, 차에 장착하는 오디오만 해도 거의 차 가격에 육박하는 경우가 있다. 소비자의 다양한 소비 성향에 맞추어 제작되기 때문에, 각각의 차가 유일한 차가 되는 것이다. 이건 인더스트리 4.0이 도입되기 전에도 이미 독일에서 볼 수 있었던 현상이다.

디지털화로 시작된 컴퓨터와 인터넷의 발달은 4차 산업혁명의 핵심적 사안이다. 1947년 3명의 미국인(존 바딘, 윌리엄 쇼클리, 월터 브래튼)이 20세기 최고의 발명이라는 트랜지스터를 만들었고, 1968년 고든 무어Gordon Moore가 인텔사를 창립하고 일본의 계산기 제조사인 비지컴Busicom과의 협업으로 컴퓨터 칩인 인텔 4004를 출시하면서 컴퓨터의 소형화, 정밀화가 급속도로 진전하였다. 고든 무어는 "컴퓨터 칩은 격년마다 절반으로 작아지고 연산 능력과 속도는 두 배씩 는다"는 소위 '고든 무어의 법칙'을 주장했다. 1971년 이후 그의 주장은 거의 맞아떨어졌고 지금은 칩 하나에 집적된 트랜지스터의 수가 사람의 뇌 안에 있는 뉴런의 수를 능가할 정도가 되었다.

고든 무어의 법칙은 컴퓨터 산업의 발전을 설명한 게 아니라 그 발전을 부추기는 '주문'되었다.

이렇듯 급속도로 발전되어 온 디지털 혁명의 파괴력은 엄청나다. 특히 소매업, 은행(핀테크), 제약업, 자동차, 농업 분야에서 맹위를 떨칠 전망이며, 우리가 향유하는 소셜미디어의 범용화도 디지털화로부터 출발한다. 2015년 5월 함부르크 상공회의소에서 열린 금융 시장 회의에서 토마스 그로세Thomas Grosse 독일 구글 대표는 이런 예시를 들었다.

> "어떤 한 제품이 5천만 명의 소비자에게 보급될 때까지 얼마나 걸렸을까? 전화기는 75년이 걸렸고, 라디오는 38년, TV는 13년이 걸렸다. 그렇다면 페이스북은 얼마나 걸렸을까? 페이스북 사용자가 5천만 명이 되는 데는 3년이 걸렸지만, 영국 팝스타인 아델Adele이 신곡 〈헬로Hello〉를 발표하고 5천만 명의 사람이 그 곡을 듣기까지는 2주도 걸리지 않았다."

2030년이 되면 자동차 2대 중 1대는 자율주행차로 운행될 것이라 한다. 지금으로서는 상상하기 쉽지 않다. 자율주행차 사고로 인류 사상 첫 희생자가 나왔다. 조슈아 브라운이란 사람이 테슬라 자율주행차를 타고 가다 사고를 냈다. 자율주행차 기술이 실제 도로 위에서는 적합지 않다는 반론이 제기되었지만, 이는 1869년 최초의 자동차 사고를 연상시킨다. 이 사고로 메리 워드라는 여성이 목숨을 잃었지만 자동차의 발전, 진화를 멈추게 할 수 없었던 것과 마찬가지로 이번 사고가 자율주행차의 비전을 멈추게 할 수는 없을 것이다.

향후 디지털 기술의 핵심 과제는 표준화와 보안이다. 이 과제를 극복하는 것도 중요하겠지만 역시 관건은 이 기술을 다루고 활용하는 사람들의 마인드셋일 것이다. 디지털 기술이 스마트해질수록 우리 인간의 마인드셋도 스마트해져야 한다. 이번 4.15 부정 선거 의혹에서 보듯이 마인드셋이 갖추어지지 않은 기술의 발전은 의미가 없을뿐더러 우리 사회를 위험에 빠뜨리기까지 한다. 2016년 5월 내가 만난 토마스 슈마우스Thomas Schmaus 교수는 디지털화가 우리 인간에게 가지는 의미에 관해 이야기하였다.

"디지털 혁명을 통해 우리 삶이 지속적으로 개선될 것으로 예상되지만, 일상적 삶에 타율성을 불러올 수 있는 위험도 내포하고 있다. 알고리즘의 세계는 양자택일의 행동 세계다. 인간과 기계의 상호작용은 이미 인간의 행동에 영향을 끼치고 있으며, 이것 혹은 저것이라는 양자택일 이외의 다른 대안을 보는 것을 망각할 만큼 인간의 행동을 제한시켰다. 디지털 소셜미디어는 타인이 우리 삶을 낱낱이 들여다볼 수 있게 만들고, 평범한 사람들에게 꾸며진 삶에 대한 강박을 준다. 우리는 디지털화 이전 삶의 모습을 보존할 수 있을까? 아니면 언젠가 우리 일상 전반이 타산적으로 변하게 될까? 우리가 지금 절대 흔들리지 않을 것이라고 여기는 분야도 사실 이미 디지털 '오염'의 위협을 받고 있다. 아마도 우리는 창의적으로 행동할 수 있는 능력을 잃게 될지 모른다."

· 사이먼 윈체스터Simon Winchester 지음, 공경희 옮김, 『완벽주의자들』

2021.10.22.

정의를 속도와 바꿀 수 없다
- 글로벌 디지털세

총 136개 국가가 다국적 기업들에 대한 '글로벌 디지털세'를 도입하기로 합의하였다. 엄밀하게 보자면 이 새로운 세금의 과세 대상이 디지털 기업에만 국한되지는 않기 때문에 글로벌 디지털세 대신 '글로벌세'로 부르는 것이 더 정확하다(이하 '글로벌세'라 한다). 2013년부터 유럽연합에서 시작된 '구글세' 논의는 그동안 OECD와 G7/G20에서 '세원 잠식과 이윤 이전'을 주제로 한 통합적인 논의로 이어졌고 지난 8년간의 꾸준한 협상 끝에 결실이 맺어졌다. 그동안 낮은 법인세로 수혜를 받아 왔던 아일랜드, 네덜란드, 헝가리, 에스토니아도 이번 협상에 참가하여 성공 가능성을 높였다. 세계 법인세 시스템을 근본적으로 바꾸게 될 이번 협상 타결에 대하여 마티아스 콜먼 OECD 사무총장은 '효율적이고 균형적인 다자주의'의 승리라고 평가하였다.

지금 세계 경제는 실물 자산에서 디지털 자산으로 빠르게 움직이고 있으며, 그 결과 오늘날 사람들은 온라인과 전자 상거래를 통하여 더 많은 돈을 쓴다. 국경을 넘나드는 다국적 기업들의 수익이 고정 사업장이 없는 온라인에서 대부분 발생하지만 지금까지 이 수익에 대한 과세는 없었다. 전통적인 과세 기준은 어디까지나 고정 사업장의 유무를 기준으로 하기 때문이다. 미국의 거대 디지털 기업들은 유럽에서 막대한 수익을 창출하고도 아일랜드 같은 낮은 법인세율을 가진 나라에 고정 사업장을 둠으로써 절세하는 방안을 선택할 수 있었고, 그 결과 이들의 디지털 상품과 서비스 거래가 실제 이루어지는 대다수 유럽 국가들은 과세권에서 제외되는 조세 불평등 현상이 만연하게 되었다. IMF 추산에 따르면 이런 '합법적이면서도 그다지 합법적이지 않은' 조세 회피로 인한 법인세 손실은 매년 세계 법인세의 4~10%에 해당하는 1천억~2천 4백억 달러에 이른다.

2016년 말 유럽연합 집행위는 애플에 대한 130억 유로 규모의 불법적인 조세 감면에 대하여 환수를 결정하였다. 아일랜드는 법인세가 12.5%로서 유럽연합의 평균인 22.25%의 절반 정도밖에 되지 않는데, 그럼에도 애플은 아일랜드에 소재한 자회사 '애플 세일즈 인터내셔널'의 영업 이익을 우편함 회사인 '헤드 오피스'로 이전하여 결국 영업이익의 0.005%밖에 안 되는 실효 세율을 적용받았다. 유럽연합은 이것을 불법적인 국가 보조금에 해당한다고 보고, 특혜 발생 기간인 2003년부터 2014년간의 미납세금 최대 130억 유로에 대한 환수를 결정했다.

당시 유럽연합 집행위의 마그레테 베스타게르Margrethe Vestager 경쟁담당 집행위원은 미국의 거대 기업들과 싸우는 유럽의 상징으로 떠올랐다. 그는 세계시장 지배력이 날로 커지는 미국 빅테크들의 콘텐츠 저작권료나 사용료를 징수하려는 구글세 도입에 적극적으로 나섰고, 마침내 2017년 6월 구글에 불공정 거래 혐의로 과징금 24억 2천만 유로를 부과하였다. 그는 《뉴욕타임스》와의 인터뷰에서 "정의를 속도와 바꿀 수 없다"라며 기염을 토했다. 이번 OECD 주도에 의한 글로벌세 도입에 관한 합의는 그동안의 수익 창출과 과세권 간의 불균형을 시정하여 디지털 시대의 현실을 반영한 일대 혁명적 변화를 시도한 것이다. 즉, 디지털 가치 창출이라는 새로운 현실 속에서 물리적 존재 없이 영업하는 비즈니스 모델을 겨냥하여 디자인한 조세체계로서, 그동안 생산자 기준의 과세 관할권을 소비자 기준으로 이동시키면서 '세금은 돈 버는 곳에서 낸다'라는 원칙을 부활시켰다.

이번 글로벌세의 두 가지 핵심은, 첫째 '글로벌 최저세'를 도입하여 연 매출 7억 5천만 유로가 넘는 다국적 기업이 그 주된 고정 사업장을 어디에 두든지 관계없이 15%로 고정된 최저 법인세를 부과하며, 둘째 과세권 배분에 관한 것으로 연 매출 200억 유로 이상의 다국적 빅테크의 수익에 대하여 고정 사업장이 없어도 실제 비지니스가 이루어지고, 매출이 발생하는 국가에서 일정 한도 이상의 초과 이윤에 대하여 과세토록 한 것이다. 예를 들어 아일랜드에 사업장을 둔 구글과 페이스북은 지금까지는 이 나라의 법인세 12.5%만을 내고 전 유럽에서 사업을 할 수 있었지만, 앞으로는 글로벌 최저세 15% 기준에 따라 본사가 소재하는 미국에서 나머지 2.5%의 법인세를 추가로 납세해야 하며, 동시에 실제 매출이 발생하는 여타 유럽 국가들에서도 10% 이상의 초과 이윤에 대하여 25%의 세금을 내야 한다.

이번 조치로 다국적 기업들은 저세율을 쫓아 모기업 소재지를 이전할 필요가 없게 되고, 자넷 옐렌Janet Yellen 미국 재무장관이 '바닥으로의 질주'로 표현했던 그동안의 법인세 인하 경쟁은 끝날 것이다. 아울러 GAFA 등 약 100여 개 빅테크의 이윤이 좀 더 많은 나라에서 분산, 과세 될 것이다. OECD는 이 조치로 1,250억 달러 이상의 이윤에 대한 과세가 분산되어 개도국의 세수가 선진국보다 더 커질 것으로 예상하고 있다.

이 합의는 향후 다자조약의 형태로 입안되어 2022년 서명을 마치고 2023년 말까지 발효를 목표로 하고 있다. 미국 의회에서 미국 빅테크들의 세금 부담 증가를 이유로 글로벌세 도입을 반대해 왔던 공화당의 비준 동의 여부가 주목된다. 우리나라의 삼성전자와 SK 하이닉스 또한 해외에서 새로운 세 부담에 직면할 수 있으나, 대신 GAFA나 넷플릭스 등 80여 개 다국적 기업에 대한 새로운 국내 과세로 세수가 증대할 것으로 예상하고 있다.

Own Your Data! 당신의 데이터를 소유하라!

　　　　　　　　페이스북이 메타_{Meta}로 이름을 바꾼다. 현실 세계와 융합된 3차원 가상세계를 의미하는 메타버스를 소셜 미디어의 미래 플랫폼으로 육성하려는 구상에 따른 것이라 하지만 이러한 개명을 직접적으로 촉발한 계기는 내부 고발로 인한 위기 때문이다. 발단은 페이스북이 조회 수를 늘리기 위한 방편으로 증오 발언이나 폭력적 콘텐츠들을 조장하거나 방치했다는 폭로였다. 페이스북의 프로젝트 매니저였던 프랜시스 호건_{Frances Haugen}이 수백 건에 달하는 관련 자료를 미국 하원과 증권거래위원회에 제공하였고, 영국 하원의 청문회에도 출석하여 페이스북에 불리한 증언을 하였다.

프랜시스 호건이 집중적으로 제기한 문제는 이른바 안전 이슈다. 특히 비영어권 국가나 언어의 플랫폼에서, 폭력적 게시물을 찾아내는 알고리즘의 검열 기능이 충분하지 않아서, 결과적으로 현실 세계의 폭력을 조장했다는 비판이다. 에티오피아어 플랫폼에서는 증오 발언이, 버마어 플랫폼에서는 로힝야족에 대한 학살과 추방에 관한 게시물들이, 인도의 힌디어나 벵갈어 플랫폼에서는 모슬렘 소수자를 반대하는 내러티브가 각각 방치되었고, 파키스탄, 이란, 아프가니스탄에서 사용하는 우르두어나 파슈토어 플랫폼에서는 현실 세계의 위험성에 불을 붙이는 폭력적 게시물들이 아무런 제지 없이 돌아다녔다.

페이스북은 조사를 받을 위기에 처했고 주가도 내려갔다. 호건은 지난 1일 리스본에서 개최된 웹서미트에서 저커버그의 사임을 요구했다. 리브랜딩을 한다고 해도 저커버그가 최고경영자로 있는 한 페이스북의 근본적인 체질 변화가 어렵다고 했다. 페이스북의 휘슬블로어는 프랜시스 호건이 처음이 아니다. 트럼프 대통령을 당선시켜 일약 유명해진 케임브리지 애널리티카에서 일했던 브리태니 카이저Brittany Kaiser는 2019년 『타깃티드Targeted』라는 책을 통하여 페이스북에서 개인 정보 데이터가 유출되고 커뮤니케이션 전략기업들이 그 빅데이터를 구입하여 선거 캠페인에 활용한다고 폭로했다. 내가 어떤 글을 게시하거나, 다른 이의 게시물에 '좋아요' 또는 '싫어요'를 누르는 모든 흔적이 페이스북에 고스란히 남아, 이후 나를 조종하는 부메랑으로 돌아온다고도 했다.

페이스북만이 아니다. 우리는 디지털 시대를 살아가면서 자의 반, 타의 반으로 하루에도 몇 번씩 우리의 개인 정보를 노출시킨다. 금융기관을 이용할 때나 온라인 구매 과정 등에서 개인 정보를 요구하는 기업들은 한정된 목적에만 이것을 활용하겠다고 철석같이 약속한다. 그런데도 우리는 하루가 멀다 하고 많은 기업의 고객 정보가 유출되거나 도용되었다는 뉴스를 접하는 것도 사실이다. 선거철이나 명절이 되면 일면식도 없는 정치인들이나 정치 지망생들로부터 문자를 받기도 한다. 그럼에도 우리는 우리의 개인 정보가 어디까지, 그리고 어느 정도로 유포되고 있는지조차 전혀 알지 못한다.

기업들만 개인 정보를 불법 수집하고 도용하는 건 아니다. 국가도 이런 일들을 조직하고 자행하고 있다. 북한의 해커부대나, 러시아의 트롤, 중국의 우마오당이 바로 그것들이다. 작년 삼일절 실검 1위의 검색어는 '차이나게이트'였다. 인터넷상에서 중국인이나 조선족이 여론 조작을 한다는 것이다. 중국 공산당은 이미 오래전부터 1천만 명의 알바 댓글 부대를 운영하고 있다. 중국 우마오당의 인터넷 여론 조작은 러시아 트롤보다 훨씬 오래되었다.

지금 소셜 미디어를 평정한 페이스북은 190개국에서 160개 언어를 쓰는 30억 명이 사용하고 있다. 전 세계 인터넷 사용자의 절반이 넘는다는데, 사실은 그만큼 우리가 가파GAFA에 무상노동을 제공하고 있다는 의미이기도 하다. 지난 10월 말 트럼프 전 대통령은 '트루스 소셜'이란 새로운 소셜 미디어를 개설하겠다고 발표하여 페이스북에 도전장을 내밀었다. 트럼프 대통령은 현직에 있을 때부터 페이스북과 충돌했다. 페이스북이 자의적인 검열 기준으로 사용자들의 의견을 제한한다는 것이었다. 이것은 프랜시스 호건이 제기한 증오 발언 방치와는 반대 현상으로 보이지만 사실은 동전의 양면처럼 본질적으로는 동일한 사안이다.

문제의 핵심은 결국 소셜 플랫폼 운영에 적용되는 구체적인 가이드라인이 얼마나 적절한가일 것이다. 소셜 미디어는 사회 네트워크

서비스_{SNS}라는 말 그대로 그 소유자가 아닌 사용자들 간 사회적 소통을 매개해 주는 곳이다. 정치적 입장을 표명할 수 있는 일반 언론과는 달리 정확하게 중립을 지켜야 하는 이유다. 우리나라는 2018년 「정보통신망법」 개정으로 플랫폼 운영자가 불법정보 유통 금지 등을 위하여 자율적으로 규제할 수 있는 법적 근거를 갖게 되었다. 그런데 동법 제44조의 7에 열거된 9개 카테고리의 '불법정보'라는 것의 범위가 너무 광범위한 데다 자율 규제 활동에 대한 정부의 개입 근거 규정도 신설되어 플랫폼 운영자의 자의적인 가이드라인 운영과 함께 정부의 개입 또한 우려되는 상황이다.

우리는 페이스북을 하면서 실제로 페널티를 받아 일정 기간 사용 정지를 당했다고 호소하는 페친들을 본다. 아마도 플랫폼의 알고리즘에 따른 것으로 보인다. 그럼에도 사용자들이 동의하지 않은 자의적인 기준으로 어떤 말들을 써야 하는지부터 그 선택을 제한받는다면 이것은 근본적으로 반민주적이다. 우리가 알고리즘의 손바닥 위에 놓여 있다는 자조도 나온다. 성범죄나 폭력, 테러 등을 조장하는 콘텐츠는 분명히 걸러야 하겠지만 정치적 목적을 가진 제한 조치는 매우 부적절할 것이다. 이번에 프랜시스 호건이 비판한 대로, 만약 엄청난 시장 지배력을 가진 페이스북이 '안전 이슈'를 외면한 채 기존의 사업 관행을 버리지 않는다면 작금의 리브랜딩은 의미가 없을 것이다.

브리태니 카이저는 말한다. "우리는 우리의 디지털 생활을 책임지고, 우리의 데이터를 소유하고, 투명성을 요구해야 한다"고 말이다. 우리의 민주주의를 무너뜨리는 큐알QR 코드, 빅데이터, 빅테크에 저항해야 한다. 아무것도 하지 않고 가만히 있다면 『1984』와 〈블랙 미러〉의 디스토피아가 현재 우리가 경험하는 것보다 훨씬 더 현실적으로 다가올 것이다. "당신의 데이터를 '소유'하라! Own Your Data!", 휘슬 블로어 브리태니 카이저의 목마른 외침이다.

· 브리태니 카이저 지음, 고영태 옮김, 『타겟티드』

2021.12.6.

4차 산업혁명 준비, 어디까지 왔나?

2016년 1월 다보스 세계경제포럼에서 4차 산업혁명이라는 화두가 등장했다. 우리나라에서도 4차 산업혁명에 대한 말의 성찬이 몇 년간 계속되더니, 요즘에 와서야 좀 잦아든 듯하다. 갑자기 궁금해진다. 4차 산업혁명은 계속 일어나고 있는 것인가? 그렇다면 지금까지 어떤 성과가 있을까? 독일은 4차 산업혁명의 혁신 과정을 일단 제조업에 한정했다. 물론 그렇다고 농업이나 서비스업에서 그런 혁신이 일어나지 않는 것은 아니지만, 국가차원의 자원과 역량을 제조업에 집중하여 구체적이고도 현실적인 성취를 이루겠다는 의도일 것이다. 실제 추진 과정에서도 정부 부처는 물론, 관련 협회와 기업 간 협업으로 구체적인 과제를 챙겨 가면서 산업현장에 적용되는 다수의 연구, 개발 프로젝트들을 실행하고 있다.

독일의 프라운호퍼 시스템혁신연구소가 1,256개의 독일 기업을 대상으로 인더스트리 4.0의 개념에 따른 2015~2018년간 디지털화 추진 현황을 조사했다. 첫째 디지털 경영시스템, 둘째 인간과 기계 간 무선에 의한 상호 행동, 셋째 사이버 물리시스템 CPS 접근 프로세스의 3개 분야에서였다. 이 조사 결과에 따르면, 2015년부터 인더스트리 4.0에 관심을 가졌던 기업들을 중심으로 디지털 전환이 이루어졌으며, 인더스트리 4.0을 외면하고 있는 기업들의 비중이 23%에서 15%로 낮아졌다. 아울러 대기업부터 시작된 전환의 물결이 미텔슈탄트나 중견기업으로까지 확산되었으며, 소규모 영세기업은 아직 전환이 일어나지 않고 있어 기업 규모 간 격차가 발생하고 있다. 지금 독일에서는 산업의 디지털화에 따른 노동시장에의 영향을 연구하고 그 충격을 최소화하기 위한 '노동 4.0'에 대한 연구가 활발하다.

2013년 9월 메르켈 총리가 인더스트리 4.0을 시작하면서 "우리는 큰 자신감을 가지고 시작한다. 그러나 아직 우리가 이긴 경주는 아니다"라고 언급했듯이 조심스럽지만 자신감을 내비치고 있다. 독일은 인더스트리 4.0을 추진해 나가는 과정에서 제조업의 경쟁력을 바탕으로 승부하겠다는 입장이며, 실제로 그 어느 나라보다도 선두적 위치를 차지할 가능성이 크다. 제조업의 출발 여건이 상대적으로 유리하기 때문이다. 독일의 제조업은 산업 비중 면에서 2000년부터 22% 선을 유지해 오고 있다. 그에 비해 미국이나 영국은 제조업 비중이 11% 정도에 그친다. 산업로봇 설비 측면에서도, 2019년 국제로봇연맹 통계에 따르면 독일에서는 노동자 1만 명당 346대의 로봇이 투입되고 있으나 중국은 187대에 불과하다. 결국 디지털 기술을 가진 자가 아니라 기계를 가진 자, 즉 제조업을 가진 자가 궁극적인 승자가 된다.

이런 측면에서 본다면 정보통신 기반 시설이 잘 깃춰져 있고 제조업이 강한 우리나라도 4차 산업혁명의 선두 대열에 설 수 있는 큰 잠재력이 있다. 산업로봇 설비율에서도 2019년 기준 노동자 1만 명당 855대로서 세계 1위다. 문제는 현실적인 준비에 있다. 인더스트리 4.0은 독일만 추진하는 것은 아니다. 미국은 AT&T, Cisco, GE, IBM, Intel 등이 참여한 가운데 2014년 출범한 '산업인터넷컨소시엄IIC'을 중심으로 제조업에만 국한하지 않고 서비스업과 전체 가치창출사슬의 모든 프로세스에 적용되는 인터넷 신기술 개발을 공동으로 추진하고 있다. 일본에서는 재벌 기업이 참여하는 '산업가치사슬이니시어티브 IV'를 운영 중이며 중국도 과거 저렴한 임금국가에서 세계적 산업국가로의 부상을 목표로 '중국제조 2025'를 지원하고 있다. 누가 이 혁명의 주역이 될 것인가?

우리나라에서는 4차 산업혁명을 어떻게 추진하고 있을까? 대통령 직속이라는 4차 산업혁명위원회 홈페이지를 방문해 보았다. 3년 전

방문 시 보았던 '사람 중심'의 4차 산업혁명이라는 말은 더 이상 찾아볼 수 없었지만 '규제, 제도 혁신 헤커톤'이라는 생소한 말은 아직 남아 있고, 위원회 활동이나 보도자료 등을 보면 주로 간담회, 콘퍼런스, 헤커톤 개최 그리고 제도 개선이나 활성화 방안 같은 소식이 올라와 있다. 이런 자료로 추정해 볼 때 우리나라의 4차 산업혁명의 추진 방향 설정이 맞는 것인가 하는 의구심이 든다. 독일과 달리 산업현장을 어떻게 끌고 갈 것인지에 대한 밑그림이 보이지 않는다. 모든 산업 분야에 걸쳐 정책의 심의, 조정이나 규제, 제도 개선, 변화 참여 독려 같은 보조적인 역할에 머물고 있다.

디지털화는 인더스트리 4.0의 핵심적 사안이다. SMAC<small>Social Media, Mobile, Analytics, Cloud</small>를 주축으로 하는 디지털 혁명의 향후 성장 잠재력이 큰 만큼 만만찮은 도전도 뒤따른다. 그 도전 과제는, 첫째 국제 표준화에 관한 것으로, 제품 호환성을 위한 기준을 누가 제시할 것인가와 둘째 새로운 천연자원으로까지 불리는 데이터의 보안에 관한 것이다. 메르켈 총리는 슈타지의 감시 체제에서 청춘을 보냈다. 그래서인지 유럽이 프라이버시 보호를 위한 기준 제시에 앞장서야 하고, 미국과 중국 양쪽을 대체하는 대안으로서 글로벌 디지털 기준을 설정해야 한다고 생각한다. 특히 개인 데이터는 국가나 기업의 소유물이 아니라는 점을 거듭 강조한다.

Part 6.

지방분권과 다문화 사회는
한국모델이 아니다

1922년 9월 불타는 스미르나항에서 피난하는 그리스계 주민들
출처: YouTube

제1차 세계대전이 이미 수년 전에 끝난 1922년 가을에 지중해의 아름다운 항구 도시 스미르나Smyrna(지금의 이즈미르Izmir)에서 어떻게 이런 참사가 벌어지게 되었나. 결국 다민족, 다문화 사회의 잠재적 위험성을 말해 주는 사실史實이다.
_ 본문 중에서

집약적인 중앙정부 체제로 움직이는 싱가포르나, 홍콩, 카타르 같은 도시국가들의 성공도 돌아보자.
_ 본문 중에서

2019.11.2.

'지방분권국가' 개헌안을 반대한다

　　　　　　　　2018년 3월 발의된 〈문재인 대통령 헌법
개정안〉은 '대한민국은 지방분권국가를 지향한다'라고 하였다. 국
가와 지방정부 간 사무 배분 원칙으로 '보충성의 원칙'을 명시하는
외에 자치입법권 및 자치재정권의 강화, '국가자치분권회의'의 신
설 등을 규정하였다. 중앙과 지방의 수평적 관계를 강조하기 위하
여 '지방자치단체' 대신 '지방정부', '지방행정부'란 용어를 사용했
고, 2개 조 4개 항으로 되어 있는 지방자치에 관한 장章을 4개 조 12
개 항으로 대폭 증보하였다. '보충성의 원칙principle of subsidiarity'이란 민
주주의와 행정의 분권화를 실현하는 자치 행정의 핵심적인 원리다.
확장적으로는 미국, 독일 등 연방국가나 유럽연합의 운용 원리를
나타낸다. 즉 주민자치가 시행되는 지자체의 권리를 최우선시하며,
차상위 광역정부나 중앙정부 차원에서는 지자체에서 해결하지 못
하는 과제만을 보충적으로 처리한다는 개념이다.

문재인 대통령은 지방자치의 날 기념식 등 공식적인 자리에서 "강
력한 지방분권 공화국을 국정 목표로 삼고 흔들림 없이 추진하겠
다"거나 "국가 기능의 과감한 지방 이양에 나서겠다"고 했다는데,
이것은 다분히 위헌적이다. 현 정부가 개헌 의지를 밝힌 것은 별문
제가 없다 하더라도 개헌도 하기 전에 지방분권 공화국을 국정 목
표로 삼고 중앙정부 기능을 대폭 지방에 이양하겠다고 공공연하게

말하는 건 현행 헌법상 중앙집권국가인 우리나라의 국가 형태를 합법적인 권원 없이 변경하려는 시도이기 때문이다. 우리 헌법 제1조는 우리나라가 민주 공화국임과 주권재민의 원칙을 담고 있어 국가 형태에 관한 조항이다. 이번 개정안이 여기에 제3항을 추가하여 지방분권국가 근거 규정을 신설하였는데, 이것은 국가의 형태 변경, 즉 제1조 국체에 관한 내용을 변경하려는 시도로 보인다. 그렇기에 이것이 연방제로 가기 위한 포석이라는 의구심을 갖게 한다.

우선 유사 이래 중앙집권국가였던 우리나라가 지방정부에 권한을 대폭 이양하여 지방분권형 국가로 가는 것이 과연 국익에 얼마나 도움이 될지에 대하여 생각해 보자. 우리는 지방자치제를 도입하여 자치단체장과 의회를 주민들이 직접 선출하는 지방자치를 시행해 왔다. 이 제도의 공과를 돌이켜 보면, 민주성의 강화와 같은 명분에도 불구하고 전체 국익이나 경제, 사회 발전 측면에서 예전보다 더 큰 효율성을 발휘했다는 증거는 별로 없다. 오히려 본격적인 지방자치제가 실시되기 전이었던 박정희, 전두환 대통령 집권 시기가 지방자치가 본격적으로 실시된 최근 30년간보다 훨씬 더 큰 발전 양상을 보였다. 이것은 지역 사무를 자치단체에게 맡겨 민주성과 능률성을 제고하고, 궁극적으로 중앙과 지방의 균형 있는 발전을 도모한다는 지방자치제의 도입 목적이 유감스럽게도 전혀 달성되지 못하고 있음을 의미한다. 더욱이 잊을 만하면 터져 나오는 지방자치단체와 지방의회 구성원의 비리나 세금 낭비 행태는 지방자치에 매우 부정적인 인식을 가지게 한다. 이런 관점에서 지방자치보다 더 원심적 권력을 지향하는 지방분권국가 같은 권력 분산형 국가 체제가 우리에게 바람직하지 않을 것은 자명하다.

자치입법권을 강화한다는 것도 연방국가처럼 주(지방)에 입법 권한을 주는 것은 아니어서 큰 의미가 없다. 제2의 국무회의라는 '국가자치분권회의'도 긴요치 않은 조직만 늘리는 것이다. 사실 지금 국무회의도 국무위원 간 진지한 논의는 거의 없이 형식적으로 운용되고 있다. 어쩌면 이런 회의체는 대통령의 지방 수령에 대한 장악력을 강화시켜, 본래 의도와는 정반대의 결과를 가져올 수 있다. 우리의 조직 문화를 볼 때 그렇게 흘러갈 공산이 크다.

국제적인 사례로 독일, 일본, 영국의 예를 보자. 우선 독일은 수천 년간 연방국가였다. 물론 지금도 연방국가의 형태를 유지하고는 있지만, 그 실제를 들여다보면 사실상의 중앙집권제 국가처럼 나라를 운영하고 있다. '구심적 연방제 또는 단일주의'다. 보충성의 원칙에도 불구하고 실제 주민들의 생활을 규율하는 많은 것이 주 입법이 아니라 중앙정부(연방) 입법으로 이루어지는 것이다. 16개의 주와 연방을 합치면 17개의 나라가 있는 셈이지만 실제 운영은 한 나라처럼 단일적으로 한다는 것이다. 생각해 보자. 고속도로를 달리면 1~2시간 만에도 몇 개 주를 지날 수 있는데 제한속도 같은 교통 법규를 주마다 달리한다면 주민들의 생활은 불편해질 수밖에 없을 것이다. 칼 슈미트도 일찍이 바이마르 체제를 다원주의적인 정당연합국가Parteienbundesstaat라 부르며, 이것이 연합사상Bundes-Gedanken과 국가

사상_{Staats-Gedanken}을 결합한 것으로 바이마르 이전 1세기에 걸친 독일의 정치적 통일을 위험에 빠뜨리는 체제라고 비판했다. 물론 미국이나 캐나다처럼 국토가 방대한 나라는 각 주가 독립 국가나 마찬가지다. '원심적 연방제' 또는 '분절주의'다. 내가 만난 헬무트-슈미트 대학(함부르크 연방군사대학) 정치학 교수 롤란트 로타_{Roland Lhotta}의 설명이다.

> "독일의 연방주의는 역사적으로 성장해 왔고 독보적이기도 하다. 독일은 16개 주로 이루어져 있는데 주마다 상당한 고유 권한을 가지고 있는 미국이나 캐나다와는 달리 더 이상 고유 업무나 권한이 많지 않다. 독일 연방주의를 특징짓는 것은 '기능적 권한 분할'인데 그것은 대다수의 경우 연방에 입법 권한이 주어져 있고, 그 시행은 주 차원에서 이루어진다. 사실상 독일은 단일성의 이익에 더 큰 관심을 둔다. 각 주의 균등하고도 단일적인 생활방식에 목표를 맞추고 있는 독일연방 시스템은 전혀 원심적이지 않다. 그것이 독일 연방주의의 특별한 점이다."

일본은 어떤가? 19세기 중반 페리 제독의 흑선에 의해 강제로 개국한 일본이 구국의 결단으로 택한 것은 존왕양이를 부르짖었던 메이지 유신이었고, 그 핵심적 내용은 판적봉환과 폐번치현으로 에도막부의 지방분권적 막부 체제를 타파하고 천황을 복위시켜 명실상부한 중앙집권국가로 거듭나게 하는 것이었다. 일본은 그렇게 해서 외세로부터 나라를 지켰고 불과 수십 년 만에 서양 열강과 어깨를 나란히 하는 강대국의 대열에 합류할 수 있었다. 일본만 해도 결코 작은 나라가 아니다. 남북 연장이 수천 킬로미터에 이르고, 지역 간 다양한 편차를 갖는 매우 큰 나라다. 그럼에도 중앙집권 체제를 통하여 국가를 지키고 발전을 도모할 수 있었다.

영국도 잉글랜드, 스코틀랜드, 웨일스, 북아일랜드라는 민족적, 언어적, 문화적으로 연방국가보다 더 상이한 배경을 가진 '부분 국가'들로 이루어져 있지만, 오히려 연방국가보다 더욱 통일적이고 단일적인 국가로 통치되고 있다. 스코틀랜드 정부 수빈은 총리가 아닌 수석장관으로 불린다. 다양성보다 통일성에 큰 가치를 부여하기 때문이다. 독일의 연방주의 원리도 '다양함 속의 통일'이란 말에 잘 나타나 있는데, 결국 다양함보다는 통일성을 강조한 것이다.

이처럼 연방국가임에도 중앙집권국가처럼 단일적 국가 운영을 하는 독일이나, 지방분권적 막부 체제에서 중앙집권국가로 전환한 일본의 국가 성공 사례를 고려해 볼 때, 전통적으로 중앙집권국가를 해 온 우리나라가 새삼스럽게 지방분권국가의 길을 가려 한다는 것은 좀체 납득되지 않는 일이다. 현대 국가의 '국가 성공' 여부는 시민 간, 지역 간, 계층 간 보다 큰 '적합성compatibility'과 '응집성cohesion'을 확보하는 데 달려 있다 해도 과언이 아니다. 더욱이 지금 우리나라는 지역이나 계층 간 대립 구도가 점점 더 심해지고 있다. 여기에 지방분권제를 도입한다면 득보다는 실이 많을 것이다. 해방 후 우리나라가 경제개발에 성공한 중요한 요인 중 하나로 꼽히는 것이

예를 들면 필리핀 같은 나라와는 달리 지역 간 편차가 크지 않고 지방의 토호 세력이 없다는 사실이었다. 그러기에 토지개혁이나 경제개발계획을 중앙정부에서 밀어붙이고, 성공할 수 있었다.

지금 우리 정치의 과제는 외형보다는 내실에 있다고 보인다. 외형적 제도보다는 정당 정치나 정치 문화와 같은 연성적 요소에 초점을 맞춘 발전을 도모해야 한다. 해방 후 대한민국은 '민주시민 없는 민주국가'로 출범하였다. 지금도 민주 국가라지만 만족스러운 민주 정당은 없다. 지방자치든 지방분권이든 그 기반은 풀뿌리 민주주의일 것이다. 그런데 우리의 정당은 풀뿌리 민주주의에 기반을 두는 국민정당이라기보다는 권력자나 지도자를 중심으로 하는 권위주의적 정당이다. 또, 본격적인 지방자치제를 시행한 지 거의 반세기가 되었지만, 아직도 기초 자치단체장이나 의회 의원의 후보자를 해당 지역구 국회의원이 알음알음으로 추천하는 우리나라의 후진적인 토양에서는 더 이상의 발전을 기대하기 어렵다. 이런 관행은 오히려 부패한 금권정치를 조장하고 있다. 이렇듯 우리의 정치 현실은 독일처럼 기초자치단체, 지방 풀뿌리 정당을 기반으로 아래로부터의 보충성의 원칙이 적용되는 것이 아니라 중앙권력을 중심으로 한 역발상의 보충성의 원칙이 적용되고 있다. 이런 정치 환경과 문화를 갖고 지방분권국가를 지향한다는 것은 사상누각일 뿐이다.

그동안 대한민국은 중앙집권제 국가로 많은 발전을 성취해 낼 수 있었다. 그런데 반세기를 해 온 지방자치도 부실한 마당에 지방분권을 한다면, 과연 제대로 할 수 있을까? 특히 우려스러운 건 이 제도가 지방의 주민에게 상당한 유혹과 미망을 줄 수 있는 포퓰리스트적 정책이자 북한이 주장하는 연방제 또는 그 전 단계인 소위 '민주연립정부'의 포석이 될 수 있다는 점이다. 크지 않은 나라에서 지방분권화가 필요 이상의 법적, 제도적 다원화를 가져오는 부작용은 없어야 한다. 우선 지방자치제의 내실화부터 필요하겠지만, 집약적인 중앙정부 체제로 움직이는 싱가포르나, 홍콩, 카타르 같은 도시국가들의 성공도 돌아보자.

· 청와대 지음, 『문재인 대통령 헌법개정안』
· 카를 슈미트 지음, 김효전 옮김, 『헌법과 정치』
· 함재봉 지음, 『한국 사람 만들기 3: 친미기독교파 1』

2019.11.7.

"독일은 없어진다는데, 한국은 괜찮을까?"
- 외국인 정책 비판

외국에서 살다가 거의 10년 만에 국내로 돌아와서 느낀 것 중 하나가 길거리에서나 지하철에서나 외국인을 흔히 볼 수 있게 되었다는 것이다. 외국인이 많아진다는 건 좋은 현상이다. 한 나라가 점점 더 잘살게 되어 국제화될수록 외국과의 인적, 물적 교류가 늘어나기 때문이다. 그런데 지금 우리나라에서의 외국인 증가 현상은 꼭 그런 것 같지만은 않다. 왜 그럴까?

외국인의 국내 체류 통계를 보니 2007년 100만 명을 돌파한 지 10년이 채 안 된 2016년에 200만 명을 넘어섰고 작년 말에는 236만 명에 이르렀는데, 이 숫자는 대구광역시의 인구와 비슷하고 전체 인구의 4.6%에 해당한다. 2007년부터 방문취업제가 실시되면서 조선족의 국내 체류가 급속히 늘어났고, 2000년 약 6만 명에서 2016년에는 약 81만 명으로 14배가 늘었다. 유학생도 1999년에 3,418명이던 것이 작년 말에는 16만 명을 넘어섰다. 불법 체류도 기승을 부리고 있다. 제주도에서만 해도 무사증 제도로 발생한 불법체류자만 1만 4,000여 명이라 하며, 전국적으로는 올해 초에 35만 명을 넘어섰다 한다.

유학생의 급증도, 우리 대학의 경쟁력이 높아져서만은 아니다. 한국에 체류하면서 돈을 벌려는 개도국 유학생들을 재정난에 시달리는 대학들이 무분별하게 받아들이면서 일어난 기형적인 현상이다. 영어나 한국어를 제대로 이해하지 못하는 외국인 유학생들이 많아져 수업 진행이 어려울 정도라 한다. 이들 중 다수가 입국 후 첫 학기만 등록하고서는 학교에서 사라진다는데, 유학생으로 왔다가 불법 노동자가 되는 것이다. 특히 건설 공사 현장에서는 이런 외국인 노동자들이 없으면 공사를 할 수 없을 정도다. 이들은 고향에서 받는 것보다 어림잡아도 수십 배는 높은 노임을 받을 수 있기 때문에 비싼 등록금까지 감수하며 한국에 온다고 한다. 대학은 이 학생들에게 입학 허가를 내줄 때, 당국에 신원을 책임진다는 서약을 하기 때문에 이들이 캠퍼스에서 사라지면 공사판으로 추적하러 다닌다고도 하니 코미디도 보통 코미디가 아니다.

통계에서 보듯이 늘어난 외국인 중에는 조선족을 포함한 중국인들이 대다수다. 이제는 중국인 관광객이 많이 와도 우리에게 남는 것은 별로 없다 한다. 중국인들이 숙박업, 관광업, 식당업을 시작하면서 중국인 관광 비즈니스를 모두 장악해 버렸기 때문이다. 그러다 보니 "돈은 중국으로 가고 한국에는 쓰레기만 남는다"는 말도 국회에서 나왔다. 제주도에서는 무비자 입국 허용과 함께 일정 가치 이상의 부동산 매입 시 영수권을 수는 제도가 생기면서 중국 자본의 부동산 투기도 문제가 되고 있는데, 이들이 제주도에 보유한 토지만도 여의도 면적의 3배가 넘는다. 중국인들은 최근 서울의 아파트 매입에도 나서고 있다는데, 이들이 2015년부터 5년이 채 되지 않은 기간에 서울에서 매입한 주택만도 약 5천 채로, 전체 외국인이 매입한 주택의 절반 이상을 차지한다.

베를린 재무장관과 독일연방 중앙은행 이사를 지냈던 틸로 자라친 Thilo Sarrazin 은 2010년 독일의 외국인 이주 정책을 비판한 『독일이 없어진다』로 베스트셀러 작가의 반열에 올랐다. 그는 이민자의 자질을 이민 허용 여부에 대한 제일 기준으로 삼아야 하며, 값싼 노동력은 해당 기업주에게는 이익이 되겠지만 국가나 사회 차원에서는 대대손손 부담이 된다고 했다. 그리고 독일로 이주해 온 모슬렘계 이민자들의 출산율이 독일 사람들보다 월등히 높아 원래의 독일이 사라질 위기에 처했다고 했다. 그의 이론에 따르면 어떤 사람이 만들어 낼 수 있는 부가 가치의 총량이 그가 소비하는 소비 총량을 능가하여 플러스 기여를 할 수 있다면 그 사회는 번영을 지속할 수 있지만, 그 반대가 되면 쇠퇴한다. 그는 사민당원이었는데 모슬렘에 대한 이런 주장이 인종주의적 견해라 해서 사민당으로부터 출당되었다. 나는 2016년 여름 베를린에서 두 시간 가까이 그를 만났다. 그의 말이다.

"모든 사람은 생산활동을 통해 자원을 만들어 내지만, 동시에 모든 사람은 자원을 소비한다. 국가예산이나 국민경제가 장기적으로 균형을 이루게 되면, 이것은 평균적으로 모든 사람이 출생부터 사망에 이르기까지 창출해 낸 가치만큼을 소비했다는 것을 의미한다. 만약 어떤 집단에서 자신들이 소비하는 것보다 더 많은 자원을 생산하고 있다면, 이들은 모두의 보편적 번영에 기여하고 있는 것이라 볼 수 있다. 자체적 소비량을 초과하는 잉여생산을 한 것이기 때문이다. 하지만 생산한 자원보다 더 많이 소비하는 그룹은 그 사회의 번영을 소모하고 있는 것이다. 한국과 독일은 저출산율과 고령화라는 유사한 문제를 안고 있다. 이것은 오로지 더 많은 자원을 생산하는 집단 구성원의 이주를 통해서만 해소될 수 있는 문제다. 하지만 이주 국가의 국민들보다 교육수준과 소득수준이 낮은 집단 구성원의 경우라면 이야기가 다르다. 이 경우에는 결과적으로 그 국가가 생산하는 자원보다 더 많은 자원을 소비하게 될 것이다. 이는 이주를 경제적 관점에서 보았을 때 최소한 자국민들과 동등한 수준의 자격을 갖추고, 최소한 같은 수준의 인지 능력을 가진 이주자들만을 허용해야 한다는 것을 뜻한다. 더 높은 수준의 이주자들의 경우에는 번영을 위한 순기여도가 발생한다. 자국민의 수준에 미치지 못할 경우에는 번영을 희생하게 된다. 따라서 나는 이주의 관점에서 독일은 이러한 기준들을 충족시키지 못하고 있으며, 장기적으로 볼 때 문제가 되리라고 본다."

나는 독일이 사라질 수 있다는 자라친의 말에 화들짝 놀랐다. 우리나라는 어떨까? 대한민국은 사라지지 않을까? 우리나라도 이제 절대 인구가 감소하기 시작한 데다 개도국 출신의 외국인들이 몰려오고 있지 않은가. 이들에게 한국은 큰돈을 벌 수 있고 외국인 노동자들의 처우가 좋은 매력적인 곳으로 소문났다. 내가 근무했던 카타르만 해도 부자 나라지만, 외국인 노동자에 대한 보수나 처우는 매우 열악하다. 특히 2022년 월드컵 경기를 위한 경기장이나 지하철 건설로 한때 100만 명 이상의 근로자들이 집단 노동자 숙소에서 기거하면서 혹사당한다며 독일에서는 카타르 월드컵을 보이콧 해야 한다는 여론이 일기도 했다. 2010년 당시 카타르에는 북한 노동자들도 있었는데 이들이 40도의 열사에서 일주일에 40시간 이상 일하고 받는 돈이 고작 월 200달러 정도였다. 카타르에는 외국인 노동자들이 똑같은 일을 하더라도 임금은 국적에 따라 차등 지급하는 관행이 있다. 그들이 모국에서 받는 임금에다 카타르에 와서 일을 할 만한 정도의 조그만 인센티브를 얹어 주는 수준에서 임금이 결정되는 구조다. 카타르를 포함한 중동에는 현대판 노예제라는 악명 높은 카팔라_{Kafala} 비자제도가 있다. 카타르 내국인 고용주가 외국인

피고용인에 대한 모든 권리를 갖는 전근대적인 제도로, 일단 노동자가 카타르에 입국하게 되면 당초 노동자를 데려온 고용주의 허락 없이는 직장을 바꾸거나 심지어는 출국도 마음대로 할 수 없다. 그래서인지 카타르는 국제노동기구의 감시 대상국가로 분류되어 있다. 이런 사례에 비하면 한국은 외노자들의 천국이다. 여기에 국내 노동자들과의 임금 격차에 따른 국내 기업의 인센티브와 맞물려 이들의 한국행 러시는 멈추지 않고 있다.

생각해 보자. 이런 현상이 이미 몇십 년 되었는데, 앞으로 또 몇십 년이 흘러가면 어떻게 될 것인가를. 자라친은 독일이 없어질 거라 했지만 우리라고 사정이 다르지는 않을 것 같다. 2018년 3월 〈문재인 대통령 헌법개정안〉을 보면 현행 헌법상의 '민족문화의 창달' 대신에 국가가 '문화의 자율성 및 다양성'을 증진할 의무를 규정하여 외국인에 대한 개방과 수용 정책을 드러내고 있다. 하지만 이런 위중한 이슈를 헌법에서부터 선언적으로 반영하기보다는 앞으로 우리 사회의 경제적 부담과 함께 사회 안정성을 어떻게 확보할 수 있을 것인지에 대한 구체적인 대책부터 나와야 하지 않겠나.

독일에서도 과거 이주노동정책을 비판하면서 "노동력을 불렀더니 사람이 왔다"는 말을 한다. 하물며 우리는 세계에서 사실상 가장 높은 인구밀도를 가진 나라다. 이주 노동자들을 고용하는 업주들은 분명 남는 장사를 하겠지만 그들의 교육비, 의료비 등 직접 비용과 언어, 종교, 문화가 다른 이들의 사회 통합에 따른 간접 비용 등은 엄청날 것이다. 그리고 이 비용은 고스란히 일반 국민의 몫이 될 것이다. 그것도 이번 세대를 넘어 몇 세대에 걸친 부담으로 남게 될 것이다. 자라친은 외국인 노동자 정책에 대하여 아래와 같이 분명한 기준을 제시하고 있다. 우리가 경청해야 할 대목이다.

"자질이 미흡하거나 지적 능력이 우수하지 않은 일부 자국민 역시 노동시장에서 기회를 얻을 수 있는 수준으로 외국인 노동자 이주를 항상 제한해야 한다. 물론 기업에서는 반기지 않을 것이다. 하지만 국가 차원에서는 거꾸로 생각해 봐야 한다. 결과적으로 보면 필리핀 사람들이 한국인보다 더 큰 비용을 발생시킨다. 필리핀 사람들은 가족들을 데려와 5명의 아이를 낳고, 조기에 은퇴할 것이고, 이는 곧 복지체제에 대한 부담으로 이어질 것이다. 이 비용이 각기 다른 금고에서 부담된다는 차이만 있을 뿐이다. 필리핀 사람을 고용한 레스토랑 소유주의 금고는 한국인을 고용한 경우보다 풍요롭겠지만, 국고의 경우는 정반대다. 그렇기에 국고란 무엇인지에 대한 질문을 던져야 한다. 정치는 최선의 결과를 낼 수 있도록 사회를 이끌어 나가기 위해 존재하는 것이다. 즉 이 경우에는 이주를 까다롭게 제한해야 한다는 것을 뜻한다."

· 틸로 자라친 지음, 『Deutschland schafft sich ab독일이 없어진다』

혼란과 부작용을 초래한
연방국가 미국의 대선

        이번 미국 대선을 둘러싼 분쟁의 중심은 우편 투표다. 미국은 남북전쟁 당시 군인들을 위한 부재자 투표가 도입된 이래, 주민들의 원거리 지역 분포를 고려한 사전 투표(우편 투표)가 일반화되어 있다. 그런데 이 우편 투표의 유효성을 인정하는 기한이 주마다 달라서 혼란을 부추긴다. 우체국 소인이 투표일 전까지 찍혀야 하는데 선거일 하루 후인 11월 4일 소인까지를 인정하는 텍사스주부터 20일 후인 11월 23일 소인까지 인정하는 워싱턴주까지 유효 기한이 매우 다양하다. 주로 민주당 집권 주가 긴 시한을 인정하고 있는데, 유색인종 등의 민주당 지지표를 배려하기 위한 것으로 보인다.

이번 우편 투표에 부정이 개재되었다는 주장과는 별도로 이런 다양한 인정 기한이 바람직한가 하는 문제는 생각해 볼 만하다. 특히 이번 대선 과정에서 우편 투표의 표준화 문제가 본격적으로 제기되는 것도, 주마다 들쑥날쑥한 제도와 관행이 전국적 차원의 대선에는 본질적으로 부합하지 않는다는 인식 때문이다. 미국은 건국 당시 조지 워싱턴이나 알렉산더 해밀턴과 같은 연방주의자와 토머스 제퍼슨 같은 공화주의자가 대립하였다. 전자는 연방으로서의 전체 국가성을 중시하고 후자는 각 주와 시민의 권리를 중시하였다. 연방주의자들의 연방정부 구성에 관한 헌법 제정 이후 공화주의자들은 수정헌법을 제정하여 시민의 권리를 주장하고(수정헌법 제1, 2조) 연방의 권한을 제한하였다(수정헌법 제10조). 해밀턴은 미국 건국에 있어서 다민족 국가지만 단일 주권 국가로 운영되는 영국을 모델로 생각했다. 미국민을 구해 내려면 아주 강력한 권한을 가진 중앙집권국가를 수립해야 한다고 생각했지만, 결국은 미국의 실정에 맞추어 연방국가로 타협하였다. 그는 이렇게 말했다.

> "우리에겐 폭압에서 벗어나는 일 못지않게 중요한 목적이 있다. 그것은 우리의 정부가 강하고 안정돼야 하며 그 운영엔 왕성한 활력이 있어야 한다는 것이다."

《월스트리트저널》지의 관련 기사를 보니, 대선의 전국성을 감안할 때 우편 투표제를 연방법으로 규율하여 선거 거버넌스를 제고해야 한다는 주장에 수천 개의 댓글이 달렸다. 많은 독자가 대체로 이 주장에 공감하면서 national election인 만큼, same system, same rule로 접근해야 한다고 했다. 공화당 측에서 주장하는 우편 투표를 악용한 선거부정 방지를 위해서도 공통적인 대응이 필요하다고 했다. 물론 헌법상 명백히 주의 권한에 속하는 선거법을 연방법으로 누르는 것에 대한 반론도 만만치 않았다.

이와 함께 선거인단 제도electoral vote의 폐지에 관한 갑론을박이 이어졌다. 선거인단 제도는 200년 전 도시가 생겨나기 전에 백인 토지 소유주들에게 특혜를 준 것으로 지금의 인구지형을 왜곡시키므로 이를 폐지하고 직선제popular vote로 바꾸어야 한다는 것인데, 이 역시 반론이 만만치 않았다. 만약 직선제를 할 경우 뉴욕이나 시카고, 로스앤젤레스 같은 대도시 5~6개가 전체 미국민의 표심을 좌우하게 될 거란 주장이었다. 사실 미국 상원도 인구의 과소에 무관하게 주마다 2명의 대표성을 일률적으로 인정하고 있다. 보다 효율적인 단일 선거제도 도입에 공감하지만 미국 연방헌법 개정의 높은 난이도를 볼 때, 헌법 개정으로 관련 법제도를 바꾸는 건 현실성이 없어 보인다. 그래서 각 주가 자신의 선거법을 스스로 개정하여 전국적인 유기성을 갖도록 하는 것이 최선의 방안이라는 주장이 나왔다. 재미있는 것은 코로나 사태에 대한 대응도 주마다 달라 이것도 연방 차원에서 유기적인 대응 체계가 필요하다는 의견이었다.

이 논쟁은 연방주의의 효율성과 관련하여 우리나라 일각에서 제기되고 있는 지방분권주의의 폐해를 가늠해 볼 수 있는 매우 흥미로운 사안이다. 일반적으로 연방국가에서는 주민의 삶에 관련된 사안은 주민 스스로 결정한다는 '보충성의 원칙'에 근거하여, 국방과 외교 부문을 제외한 그 외의 사안을 각 주의 소관으로 둔다. 대표적으로 사법과 경찰, 교육과 문화가 그렇다. 하지만 같은 연방국가인 미국과 독일만 비교해 보더라도 그 사정은 많이 다르다. 독일은 전국 차원의 단일적인 입법을 포함한 구심적인 연방모델을 지향하고 있다. 주마다 들쑥날쑥한 법제도가 국민에게 미치는 부작용을 최소화하기 위한 것이다. 독일의 연방주의 원리는 중앙집권국가에서 보이는 '단일주의unitarism'를 우선하는 것이다. 이것이 독일 연방주의의 특별한 점이다.

다행히 우리나라는 전통적인 중앙집권제 국가로서 연방국가가 가지는 부작용은 없다. 그러니, 현 정권이 주장하는 지방분권제 도입으로 필요 이상의 법적, 제도적 다원화를 가져오는 미련함은 범하지 말아야 한다. 더욱이 지역적 대립이 깊어지고 있는 작금의 현실을 볼 때 더욱 그러하다. 천 년이 넘도록 연방국가였던 독일도 이제는 사실상 단일한 중앙정부 체제로 복귀히였다. 강력한 연방국가인 미국에서 일어난 이번 대선의 혼란과 부작용을 목도하면서 중앙집권국가인 우리나라가 좋다는 걸 실감한다.

· 러셀 커크 지음, 이재학 옮김, 『보수의 정신』

2020.11.22.

백 년 전 스미르나 참사와 흥남 철수 작전

독일이 항복한 1918년 11월에 1차 대전은 끝이 났지만 승전국들에서와는 달리 패전국들의 영토에서는 새롭게 설정되는 국경선을 둘러싸고 엄청난 분쟁과 살육이 적어도 수년간 더 지속되었다. 스미르나Smyrna(지금의 이즈미르Izmir) 참사 이야기는 제1차 대전이 끝난 후 1919년 5월 속개된 그리스와 터키 간

전쟁으로부터 시작한다. 1922년 9월 9일 지금은 이즈미르로 이름이 바뀐 소아시아 반도의 항구도시 스미르나에 터키군이 진입했고 이후 한 달여간 이 도시는 약탈과 방화, 살상으로 얼룩져 3만 명으로 추정되는 그리스인과 아르메니아인 들이 학살당했다. 로버트 거워스Robert Gerwarth 교수의 『왜 제1차 세계대전은 끝나지 않았는가The Vanquished』에서 인용해 본다.

"이 도시의 대주교 크리소스토모스는 군중들에게 붙잡혀 '이발'을 당했다. 그들은 그의 수염을 잡아 뜯고 눈알을 도려내고 코와 귀, 양손을 잘랐다. 그리고 뒷골목에 방치된 채 죽게 두었다. 스미르나는 오스만 터키의 지배하에 수백 년 동안 모슬렘과 유대인, 그리고 동방정교를 믿는 그리스인과 아르메니아인들이 그럭저럭 평화롭게 살던 도시였다.

오스만 터키는 1918년 10월 무드로스 정전협정으로 항복했다. 오스만 터키는 메소포타미아부터 팔레스타인까지, 시리아로부터 아라비아반도까지의 아랍 영토를 상실하고 터키족의 근거지인 소아시아 반도와 동부 트라키아(이스탄불)까지 위협받게 되었다. 1919년 5월, 그리스 군대가 스미르나에 상륙하면서 침공을 개시하였고 소아시아 반도 고원지대 내륙 400km까지 진출하여 앙카라를 위협하게 된다. 술탄 정부는 1920년 8월 〈세브르조약〉으로 터키족의 원 근거지였던 소아시아 영토의 1/3만을 확보할 수 있었다. 그리스는 이스탄불은 물론 기독교도가 부분적으로 거주하는 소아시아로 영토를 확장할 작정이었다. 무스타파 케말Mustafa Kemal이 이끄는 군부는 술탄의 강화에 반대하였고 터키군은 장교단의 80%를 비롯해 엄청난 사상자를 냈지만 끈질긴 저항으로 그리스군을 퇴각시키면서 승기를 잡는다. 1922년 초부터 터키군이 대규모 반격에 나서면서 보급선이 길어진 그리스군은 급격히 붕괴된다.

그리스군은 황급히 퇴각하면서 소아시아 모슬렘 주민들을 상대로 약탈, 살인, 방화를 저질렀고 이것이 스미르나의 기독교 주민들 사이에 터키 측의 보복에 대한 공포심을 자아냈지만, 그리스군의 기만적인 안전 보장성 언질과 항구에 정박 중인 21척의 영국 등 연합군 전함의 존재에 그리스인과 아르메니아인 들은 착각에 빠져 안심하고 말았다. 하지만 이들의 기대는 터키군 진입과 함께 시작된 엄청난 살육극으로 가차 없이 무너졌다. 시내의 기독교도 구역 대부분이 불길에 휩싸였고 좁은 부두에 몰려든 수천 명의 피난민은 겁에 질려 바닷물에 뛰어들기까지 했다. 당시 이 상황을 배에서 목격한 토론토 스타의 특파원이었던 헤밍웨이는 단편 스토리「스미르나의 부두에서」를 남겼다."

제1차 세계대전이 끝나고 이미 수년이 지난 1922년 가을에 어떻게 이런 참사가 벌어지게 되었나. 다민족, 다문화 사회의 잠재적 위험성을 말해 주는 사실史實이다. 토드 부크홀츠Todd Buchholz의『다시, 국가를 생각하다The Price of Prosperity』에서는 당시 그리스군과의 전투에서 터키군을 이끈 무스타파 케말에 관한 이야기가 나온다.

> "터키에 아타튀르크Atatuerk란 이름으로 알려진 무스타파 케말이
> 없었더라면, 오늘날 터키는 어떤 모습일지 상상조차 되지 않는
> 다. 당장 이스탄불과 이즈미르는 그리스 영토가 되었을 것이다.
> 그는 모슬렘 성직자들을 사원으로 다시 쫓아내고, 여성을 의회로
> 불러들였으며 아랍 문자 대신 알파벳을 도입하고 대학을 설립하
> 였다. 7백 년 된 오스만 제국의 잔해 속에서 과학과 서양의 문화
> 를 받아들여 오늘의 터키로 거듭날 수 있었다. 지금은 그리스의
> 영토가 된 테살로니키 출신 터키의 국부, 그는 과거의 지혜를 과
> 감하게 포기할 줄 아는 지도자였다."

한편 스미르나의 광란은 한국전쟁 당시 1950년 12월 흥남 부둣가에
서의 기적 같은 철수를 상기시킨다. 흥남 철수작전은 중공군 12만
명의 포위를 뚫고 흥남항에 도착한 미군과 한국군을 위한 철수였지
만, 자유를 찾아 남한으로 피난하려던 북한 주민 9만 명 정도를 보
름 정도에 걸쳐 배에 실어 함께 퇴각한 역사적인 사건이었다. 특히
12월 24일 마지막으로 흥남항을 떠났던 미국 상선 메러디스 빅토
리호SS Meredith Victory가 1만 4천 명의 피난민을 태웠던 것은 한 배에 가
장 많은 인원을 태운 기록으로 2004년 기네스북에 등재되었다. '크
리스마스의 기적'이라는 빅토리호의 성공적 철수를 보고받은 트루
먼 대통령은 가장 큰 크리스마스 선물을 받았다고 했다. 여기에는
알몬드 미10군단장에게 북한 피난민들을 같이 태워 갈 것을 간청한

한국판 쉰들러의 주인공 현봉학 박사의 공로가 숨어 있다.

이것을 스미르나와 비교해 보자면 인도적인 차원이라는 공통점에도 불구하고 스미르나에서는 민간인들을 구조하지 않았다. 사실 흥남항으로 몰려든 사람들은 적국인 북한의 주민들이었다. 그런 만큼 모르는 척 군인들만 태워 철수하였더라도 크게 비난받을 상황은 아니었을 것이다. 오히려 오열 분자들이 승선할 수도 있었기에 전쟁 중인 미군이 주민들을 태우지 않는 게 정상이다. 스미르나 부둣가로 몰려든 기독교계 주민들은 연합군의 편에 섰던 그리스계 사람들이었고 생명의 위협도 더욱 가시적이고 직접적이었음에도 연합국 함대는 이들을 외면했고, 결국 많은 사람이 연합국 함대가 지켜보는 가운데 살해당하거나 바다로 밀려났다. 그러나 미군은 흥남항에 몰려든 북한 주민들을 외면하지 않았다. 배에 탄 북한 주민들이나, 배를 태워 준 미군들이나 모두 자유를 갈망하는 사람들이었기 때문이다.

· 로버트 거워스 지음, 최파일 옮김, 『왜 제1차 세계대전은 끝나지 않았는가』
· 토드 부크홀츠 지음, 박세연 옮김, 『다시, 국가를 생각하다』

2020. 11. 24.

스레브레니차 학살과 다문화 사회

백 년 전 스미르나의 참사 이야기를 하게

된 건, 다민족, 다문화 사회의 위험성을 언급해 보고자 함이었다. 스미르나는 기독교인과 모슬렘이 혼재된 도시였다. 이들은 오스만 터키의 확립된 지배하에서는 수백 년을 잘 살아오다가 1919년 그리스군의 침공으로 모슬렘에 대한 살상이 일어났고, 3년 후 전세가 역전되면서 터키군이 들어오자 기독교인에 대한 가차없는 보복이 일어났다. 그런데 이런 사태가 불과 20여 년 전에도 일어났다. 인종의 화약고라는 발칸에서다. 보스니아-헤르체고비나에는 모슬렘과 기독교도, 그것도 세르비아계, 크로아티아계가 섞여 산다. 보스니아 내전이 일어나자 평온하던 마을에서 갑자기 이웃 간에 죽고 죽이는 일이 일어났다.

이 전쟁이 막바지에 달했던 1995년 여름, 세르비아계 스르프스카 Srpska 공화국 내에 섬처럼 고립된 모슬렘 지역인 스레브레니차에서 현대 문명사회를 깜짝 놀라게 한 끔찍한 일이 일어났다. 스레브레니차 엔클레이브Srebrenica enclave는 서울시 정도 크기의 지역인데, 7월 중순에 세르비아 군인들이 이 지역 여러 곳에서 약 십여 일간에 걸쳐 무려 8천여 명의 모슬렘을 집단 학살한 것이다. 여성들에 대한 성폭력은 오히려 부차적이었다. 스레브레니차는 유엔이 '안전지대'로 지정한 곳이었고, 학살 당시 약 4백 명의 유엔평화군 소속 네덜란드군이 배치되어 있었다. 이들의 환시리에 그 많은 사람이 죽어 나갔다니 실로 세기적 스캔들이었다. 코피 아난 유엔 사무총장은 이 학살을 제2차 대전 이후 유럽 땅에서 저질러진 최악의 범죄로 규정하고, 당시 유엔이 '중립성 철학'에 경도된 나머지 위중한 실책을 저질렀다고 비판하였다. 이 사건은 네덜란드 내에서도 국가적 트라우마가 되었고, 2002년 당시 빔 콕_{Wim Kok} 내각은 정치적 책임을 지고 사퇴하였다.

인종의 화약고라는 보스니아에서 일어난 이 학살극은 다민족, 다문화 사회의 위험성을 재삼 일깨워 주었다. 평상시에는 아무 일 없는 듯 보이지만 정세가 불안해지면 어김없이 쌓여 온 갈등이 분출되기 마련이다. 1918년 초에 나온 윌슨 대통령의 민족자결주의가 1919년 〈베르사유 강화조약〉에서 선택적으로 적용되면서 여러 민속 간 분란을 부추겼다. 당시 민족자결주의는 대체로 전승국들과 그들의 아시아, 아프리카 식민지에는 적용되지 않았고, 주로 패전국들과 그들이 지배하던 영토에 적용되었다. 우리의 3.1 운동 또한 민족자결주의에 고무되었다지만 전승국인 일본의 식민지였던 조선과는 사실 무관한 것이었다.

패전국들은 제국이 해체되고 영토를 할양해야 했는데, 이렇게 해서 생겨난 새로운 국경은 오히려 민족자결주의에 반하는 경우가 많았다. 안 그래도 정신을 차릴 수 없을 정도로 종족 구성이 복잡한 영토들에 대한 민족자결의 원칙은 좋게 봐야 순진한 처방이었고 실질적으로는 1차 대전의 폭력을 이전한 셈이었다. 제1, 2차 대전 사이의 전간기는 '장기 유럽 내전'의 시기였고, 이때 400만 명이 죽었다. 이는 대전 당시 연합국의 전사자를 훌쩍 넘는 수치다.

스미르나 사태 이후 120만 명 정도의 기독교인들이 소아시아에서 그리스로 이동하였고, 40만 명에 가까운 발칸의 모슬렘들이 터키에 재정착하였다. 강제적인 인구 교환이었다. 기독교 주민들이 지배적이었던 스미르나는 이제 모슬렘의 도시가 되었고 이름도 이즈미르로 바꿨다. 인구의 강제 이송과 교환은 윌슨의 민족자결주의를 무색하게 하였고 향후 히틀러의 레벤스라움Lebensraum 실현을 위한 대학살의 단초를 제공하게 된다. 제2차 대전이 끝나면서 피난과 추방이라는 형식으로 민족국가는 다시 한번 시험대에 올랐다.

제2차 대전 후 동프로이센, 슐레지엔 등 동부 유럽으로부터 오데르-나이세강 서쪽 독일 영토로 소개, 추방된 독일인만 1,200만 명이었다. 새로운 국경을 기준으로 폴란드인, 러시아인 등도 이주, 정착함에 따라 소수민족 문제가 많이 해결되기는 했다. 그러나 지금의 발칸이나 발트 3국들에서 보듯이 다민족 사회나 소수 민족문제는 여전히 상존하고 있고, 분쟁의 휴화산이다. 사라예보에는 아직도 동방 정교회, 로마 가톨릭 성당, 시너고그, 모스크가 혼재해 있다. 내가 1996년 가을 보스니아 총선 감시단의 일원으로 막 전쟁이 끝난 사라예보를 방문하였을 때, 한 보스니아계 인사는, 사라예보 근교 주택가에서 세르비아와 야간 백병전을 벌일 때 피아를 구분할 수 있게 한 건 세르비아인들의 목에 걸려 있는 반짝이는 십자가였다는 이야기를 들려주었다.

2016년 영국 국민이 브렉시트를 선택한 결정적 배경도 유럽연합

시스템 내에서 쏟아져 들어오는 이민의 물결을 막고자 함이었다. 런던시장에 인도계가 선출될 정도로 대도시의 유색인종 비율이 40%까지 높아졌고 전국적으로는 외국인의 비율이 7%에 달하자, 영국인들은 더 이상 이를 감내치 못하고 브렉시트에 찬성표를 던졌다. 우리나라는 다행히도 단일민족 국가다. 그런데 최근 외국인들이 급격히 늘어났다. 게다가 이 증가세가 점차 가팔라지고 있다. 값싼 노동력은 해당 기업주에겐 이익이 될지 모르지만 국가나 사회에는 대대손손 부담으로 남는다. 더 나아가 장기적으로 보면 그들을 고용한 기업주에게도 사실 이익이 되지 않을 것이다. 단순한 경제적 손익 계산을 넘어 안보나 사회 불안 요소로 작용할 것이기 때문이다.

· 로버트 거워스 지음, 최파일 옮김, 『왜 제1차 세계대전은 끝나지 않았는가』

2021.9.17.

"난민은 좋지만, 난민촌 이웃은 싫다"

2014~2015년간 시리아 내전으로 인한 난민 사태는 유례가 없는 일이었다. 독일은 2015년 한 해에만 공식 난민 신청자가 백만 명을 넘어섰으니, 얼마나 많은 난민이 단기간 내에 들이닥쳤는지 짐작할 만하다. 독일 내로 들어온 난민들은 각 주와 도시의 경제력과 인구수에 따라 분산, 수용된다. 이른바 '쾨니

히슈타이너Koenigsteiner 열쇠'라 불리는 이 원칙에 따르면 경제력이 크고 인구가 많은 대도시들이 대다수 난민을 수용하게 된다. 하지만 실상은 이미 많은 인구로 주택이 부족한 대도시보다는 중소 도시가 난민을 수용할 수 있는 여력이 크다. 2016년 10월 내가 만난 올리버 융크Oliver Junk 고슬라 시장은 독일 내에서 난민을 분배하는 시스템에 문제가 있음을 시인했다. 신성로마제국의 초기 수도였던 고슬라Gosla만 해도 인구가 줄면서 생긴 빈집들도 있고, 사용하지 않는 군대 숙소나 공공기관 등 유휴 건물들도 있기 때문이다.

독일에서 "난민은 좋지만, 난민촌 이웃은 싫다"는 말도 이때 생겨났다. 전쟁과 기후변화로 증가하고 있는 난민을 누군가는 인도적 차원에서 도와주고, 수용해야 한다는 대의명분에는 동의하지만 그것이 막상 자신의 일로 다가올 때는, 현실적으로 받아들이기가 쉽지 않다는 의미다. 독일 기본법 제16 a조는 정치적 박해자에 대한 망명권을 보장하고 있다. 독일인들이 나치 시절 탄압받고 외국으로 망명해야 했던 경험을 반면교사로 삼은 것이다. 2015년 8월 메르켈 총리가 '우리는 할 수 있다'라는 슬로건을 내걸고 쏟아져 들어오는 난민들을 감당해야 한다고 독려하면서 독일 국경을 계속 열어 놓는 포용적 결정을 포기하지 않은 것도 이런 맥락이다. 난민이 정치적 박해자인지 경제적 이민자인지는 불분명하지만, 크게 보면 '난민은 좋다'는 정신이리라.

그러나 이들의 수용 시설인 난민촌을 설치하는 문제를 놓고는 행정당국과 지역 주민들이 빈번히 대립하였다. 함부르크의 고급 주택가인 블랑케네제 등 여러 곳에서 난민촌 건립을 저지하려는 행정소송이 제기되었는데, 그것은 결국 '난민촌 이웃은 싫다'는 것이었다. 드레스덴에서는 이슬람 난민을 반대하는 시위가 정기적으로 열렸다. '페기다Pegida'로 불리는 이 시위는 매주 또는 격주로 열렸고, 2015년 1월에는 최대 규모인 2만 5천 명이 모이기도 했다. 그러던 중 2015년 연말 쾰른과 함부르크 등 대도시 불꽃놀이 행사장에서 동시다발적으로 발생한 난민들에 의한 집단 성추행 사건과 이듬해 베를린 '기억의 교회' 앞 성탄절 야시장에서 발생한 트럭 돌진 테러 사건으로 급기야 메르켈 총리마저도 기존 입장을 철회하고, 한층 강경한 입장을 취하게 되었다. 이상과 현실이 다르다는 것을 여실히 보여준 일이었다.

지난 8월 15일 카불이 함락되고 미군이 철수하면서 아프간인들의 긴 탈출 행렬이 시작되었다. 미군 비행기에 오르려는 사람들로 아수라장이 된 카불 공항의 사진들이 시시각각 세계로 전달되었다. 이 와중에 우리 정부는 '미라클'이란 작전명의 소개 작전을 수행하였고, 소개된 390명의 아프간인이 지금 진천 숙소에 수용되어 있다. 정부는 이들에게 '특별 기여자'라는 지위까지 부여한다고 한다. 아프간 난민 수용 문제를 놓고서 시민들의 의견은 갈린다. 그들은 우리의 아프간 재건협력 사업 등 정부 활동에 도움을 주었고, 또 그들이 탈출하지 못하면 탈레반에 의하여 생명까지 위협받을 수 있으니 마땅히 수용해야 한다는 의견과 우리나라의 인구밀도 등 현실이나 종교 등 세계관의 차이를 감안할 때 바람직하지 않다는 의견이 그 것이다.

사실 우리나라야말로 난민 문제의 본산이었다. 해방 후 그리고 전쟁 중 북한에서 넘어온 피난민과 실향민들이 바로 난민이었다. 당시 한국 재건 임무를 띠고 있었던 유엔한국재건단UNKRA이 이 난민들을 지원하였는데, 이 유엔한국지원단은 오늘날 유엔난민기구의 모태가 되었다. 하지만 이들은 외국인이 아닌 내국인이며 또한 당시 북한 사회의 상류층에 속하는 지식인이나 전문 기술자들로서 전후 남한의 발전에 지대한 공헌을 하였다. 이것은 1685년 프랑스의 루이 14세가 낭트칙령을 폐지하여 신교도를 탄압하자 위그노들이 프로이센의 종교 관용책에 따라 대거 프로이센으로 망명하여 되레 프로이센 발전의 원동력이 되었던 역사적 사실과 비교할 만하다.

틸로 자라친은 독일로 이주한 이민자들이 그들만의 성역을 쌓고 독일 사회와 통합되지 않은 채로 살아가는 현상을 지적하면서 그 문제의 심각성을 일깨웠다. 독일 사회 내 늘어나고 있는 이슬람 이민자들의 교육 상태, 사회적 관계, 범죄성, 근본주의적 사상에의 함몰 가능성 등으로 볼 때, 그들이 장래 독일 사회에 통합되기는 어렵다고 보았다. 그리고 이런 현상을 방치한다면 원래의 "독일은 사라지게 된다"라고 주장하였다.

우리나라는 이민 국가가 아닌 만큼 제도적인 이민을 통하여 외국인이 한국에서 살게 되는 경우는 없지만, 위장 유학생이나 노동자들의 꾸준한 유입으로 사실상의 이민 국가가 되고 있는 실정이다. 독일도 이민 국가는 아니지만 지난 10여 년간 독일로 유입된 외국인이 우리가 이민 국가로 알고 있는 미국이나 캐나다보다 인구 대비로 보면 훨씬 더 많다. 국내 체류 외국인 규모가 2007년 100만 명을 돌파한 이후 2016년에는 200만 명을 넘어섰고 다시 3년 만인 2019년에 250만 명을 넘어서서 총인구의 5%를 상회한다. 문제는 그 증가세가 너무 가파르고, 중국인의 비중이 지나치게 높다는 것인데, 이제 중국인은 70만 명의 조선족을 포함하여 110만 명에 이른다. 이민이든 난민이든 일단 들어오면 그다음에는 경제적 부담과 함께 사회 안정성을 어떻게 확보할 수 있을 것인가가 문제다. 이것은 21세기 들어 새롭게 부각되고 있는 심각한 국가도전 과제다. 자라친은 솔직하게 털어놓았다.

> "인종적 요소와 문화적 요소는 서로 떼어 놓고 생각할 수 없다. 내가 선천적으로 누구인지가 나의 문화도 결정하기 때문이다. 반대로 내가 속한 문화는 내가 무엇이 될지, 또는 내가 무엇이 되려고 할지를 결정한다."

중앙청(조선총독부)
사진 출처: Wikimedia Commons

아시아를 지배한 식민제국 중 식민지에 산업 투자를 한 유일한 예외적 사례가 일본이다. 한국과 만주에서의 석탄, 철강 산업, 타이완의 설탕 산업 등이 일본이 계획적으로 건설한 산업들이다. 이러한 식민지 유산은 독립한 한국의 산업 발전에 기초가 되었다.
_ 독일의 아시아 전문 사학자 위르겐 오스터함멜Juergen Osterhammel

식민지 기간 중 조선의 실질 GDP는 3배로, 인구는 2배로 늘었다.(East Michigan대학 정영엽 교수) 그럼에도 일제가 박은 쇠말뚝의 낭설처럼 오랜 시간 사람들의 기억을 지배하고 있는 왜곡되고 편향된 정보가 아무런 검증 없이 흘러 다닌다.
_본문 중에서

왜 무력 저항을 하지 않았나?

- 삼일절 100주년에 부쳐

3.1 운동에 대한 한 가지 의문이 있다. 독립을 한다면서 '왜 무력 저항을 하지 않았을까?'라는 것이다. 윤치호 선생도 "만세를 외쳐서 독립을 얻을 수 있다면 이 세상에 남에게 종속된 민족은 하나도 없을 것이다"라고 하지 않았나. 우리가 세계사에서 보아 온 저항 운동이나 독립운동 같은 혁명적 사건은 예외 없이 무력을 동반한 것들이다. 미국 독립혁명, 프랑스 대혁명, 러시아 혁명도 그랬다. 당시 일본은 총칼로 한반도를 무단통치하고 있었다. 상대를 모르지 않았을 터인데, 왜 태극기만 들고 맨손으로 달려들었을까? 종교인들이 많았던 민족대표 33인의 종교적 관용 때문이었을까?

독립운동의 방법론을 둘러싸고 이승만과 박용만의 의견 대립이 있었다. 박용만은 무장봉기를 일으켜야 윌슨의 민족자결주의에도 부합하고 자유세계 지도자들의 호응으로 독립을 쟁취할 수 있을 것이라 했지만 이승만은 세계가 제1차 대전의 살육전으로 모두가 피폐한 상황에서 또 다른 무력전이 호응받기는 어렵고 일본의 민중 대학살도 배제할 수 없다며 비폭력 저항데모를 주장하였다. 하지만 일본은 '당연하게' 폭력적으로 대응했고, 우리만 수천 명의 희생자를 내고 말았다.

만주와 연해주에서 활동하던 39명의 망명 독립운동가들은 1919년 2월 1일 〈무오독립선언〉을 하였다. 일본의 합방은 사기, 강박, 불법, 무력과 폭행에 의한 것이라며 '섬은 섬으로 돌아가고 반도는 반도로 돌아갈 것'을 요구하였고, "육탄 혈전으로 독립을 완성할지어다"라고 주장했다. 이는 무장투쟁론에 입각한 해외 독립운동 세력의 입장이다. 이어서 일본제국주의의 심장인 도쿄에서 조선 유학생들은 일본 형사들이 잠복해 있는 가운데서도 〈2.8 독립선언〉을 통하여 "일본이 우리 민족의 정당한 요구에 불응할 시에는 영원한 혈전을 선언하겠다"고 기염을 토했다. 젊은이들의 당찬 기상이 가상하다. 이는 〈무오독립선언〉의 무장투쟁론과 맥을 같이 한 것으로 〈기미독립선언서〉에 나타난 국내 지도자들의 평화 노선과는 다르다.

앞서 말했듯이 세계사에서 나타난 혁명의 사례들에서 비폭력 저항은 매우 보기 드물다. 비폭력 저항으로는 혁명을 성공할 수 없기 때문이다. 동양사에서 혁명은 드물다. 중국의 신해혁명이나 일본의 메이지유신 정도다. 유신은 혁명을 미화한 말이다. 독일에서 발행된 역사 화보집 『크로닉Chronik』을 보면 1919년 3월 세계사의 첫 사건으로, 토요일 한국에서 일어난 3.1 운동을 소개하고 있다. '한국, 일본인에 대항하여 봉기하다Korea im Aufstand gegen die Japaner'라는 제목으로, "2백만 명이 참여한 3.1 운동이 4월 말까지 계속되었지만, 유혈 진압되었고 나중에 일본은 최소한의 언론, 집회 및 결사의 자유를 허용하게 되었다"고 설명하고 있다. 실제로 3.1 운동 후 부임한 사이토 마코토 총독은 소위 '문화정책'을 펼쳤고 조선을 모든 면에서 일본 본토와 동일하게 만드는 것이 일본 정부의 궁극적 목표임을 밝혔다.

한국정부 독립 직후 주한미국대사관 문정관을 지냈던 그레고리 헨더슨Gregory Henderson은 3.1 운동을 그 어떤 무장폭동도 일으키기에 불가능한 조건에서 펼쳐진 평화운동이란 점을 부각시켰다.

> 종교지도자들이 앞장서고, 학생들의 지지를 받으며 하나의 이념 아래 조선인들이 처음으로 단결했고, 권력 투쟁으로 흩어지지 않았다. 특히 여학생들이 적극적이었고 부인들이 관여함으로써 민족적 정치무대에서 처음으로 여성들이 역할을 해내었다. 이 운동은 서구적인 사고로 민족적 반응을 보인 첫 사례이며 조선인들의 결의가 거족적이라는 것을 수 세기 만에 처음으로 증명했다.

내셔널리즘Nationalism은 크게 국가주의나 국수주의, 또는 민족주의로 이해된다. 전자는 파시즘이나 군국주의를 표방하는 문맥이 되어 부정적인 이미지가 있고, 후자는 열강의 식민지 지배로부터 민족을 해방하는 운동을 표현하는 문맥이 된다. 3.1 운동은 당연히 일본제국으로부터의 해방과 독립을 염원한 민족주의 운동이었다. 비폭력 저항운동이었지만 일제에 대하여 우리 민족의 정치적 의사를 드러냄에 부족함이 없었다. 보통 국가사회주의로 번역되고 이해되는 나치즘Nationalsozialismus을 민족사회주의로 해석하기도 한다. 이것은 독일민족이 거주하는 주변 국가로의 침략을 염두에 둔 것으로 대독일주의 계보를 잇는 독일민족 결집의 시도로 볼 수 있다. 결국 나치의 민족주의는 주변 나라와 민족들에게 엄청난 피해를 주었고, 600만 명의 유대인 학살을 불러왔다.

· 그레고리 헨더슨 지음, 이종삼, 박행웅 옮김, 『소용돌이의 한국정치』
· 로버트 올리버Robert Oliver 지음, 서정락 옮김, 『대한민국 건국대통령 이승만』
· 우야마 다쿠에이 지음, 전경아 옮김, 『혈통과 민족으로 보는 세계사』
· 파울 요제프 괴벨스 지음, 추영현 옮김, 『괴벨스 프로파간다!』
· 마크 마조워Mark Mazower 지음, 김준형 옮김, 『암흑의 대륙』

2019.4.18.

임시정부는 임시정부일 뿐이다
- 건국절 논란에 부쳐

세계 각국의 국경일은 독립일이나 건국일이다. 미국은 1776년 독립전쟁을 시작하면서 독립을 선언한 날을 국경일로 삼았고, 중남미 국가들은 19세기 초 시몬 볼리바르 등에 의하여 시작된 독립운동 당시 독립 선포일을, 아시아, 아프리카 국가들은 1945년 2차대전 종전 후 독립일을 국경일로 삼고 있다. 그리고 프랑스, 독일, 러시아, 일본, 중국 같은 주로 과거 식민제국이었던 나라들은 건국과 연계되는 특별한 역사적 사건이 발생한 날을 국경일로 삼고 있다.

프랑스는 1789년 7월 4일 혁명 시 바스티유 감옥을 습격한 날을 국경일로 삼았다. 자유, 평등, 박애라는 오늘날 프랑스의 국가 이념을 확립한 역사적 의미를 부각시켰다. 러시아는 1990년 6월 12일 러시아의 민주헌법을 채택한 날이 국경일이다. 이날은 과거 소련이 아닌 러시아라는 새 나라의 건국을 의미하는 날이다. 중국은 1949년 10월 1일 중국 공산당 창건일이 국경일이다. 일본은 기원전 660년 2월 11일 초대 진무 천황의 즉위일을 국경일로 삼고 있는데 이것 역시 일본의 국가 정체성을 규정짓는 천황제의 시발과 함께 건국을 알리는 기념일이다. 우리나라의 개천절도 단군의 건국 신화로부터 왔다. 영국은 국경일이 없다. 이것은 영국의 국가 정체성이랄 수 있는 민주제가 뚜렷한 한두 번의 사건이 아니라 수백 년에 걸쳐 점진적으로 발전해 왔기 때문이다.

독일은 1990년 10월 3일을 동서독 통일 기념일로 지정하면서 이날을 국경일로 정했다. 다만, 독일에서는 지금도 10월 3일보다는 11월 9일 베를린 장벽 붕괴일을 국경일로 해야 한다는 주장이 계속되고 있다. 당초 국경일 1순위로 고려되었던 11월 9일이 최종적으로 낙점을 받지 못한 것은 하필 이날이 1923년에 히틀러가 뮌헨에서 맥주홀 폭동으로 쿠데타를 시도한 날이고, 또 1938년에는 유대인 집단 살해의 서막이라는 '수정의 밤' 폭동이 발생했던 날이기 때문이다. 그러나 이날은 베를린 장벽 붕괴 말고도 1차 대전 직후 1918년 11월 9일 사민당의 필립 샤이데만이 과거 빌헬름 2세 치하의 독일제국을 끝내고 독일이 공화국임을 선포한 날이기도 하다. 그래서 이를 기념할 필요성도 있고, 또 비록 이날 히틀러의 무장 반란 시도나 유대인에 대한 폭동이 일어났지만, 오히려 이를 기억함으로써 후세에 교훈을 준다는 의미도 찾을 수 있는 만큼, 독일 역사에서 여러모로 다중적인 의미를 가지는 11월 9일을 국경일로 삼아야 한다는 주장이 지속적으로 설득력을 얻고 있다. 생각건대, 독일 현대사에 있어서 11월 9일 만큼 '역사적인' 날은 없을 것 같다. 언젠가는 독일의 국경일이 '만들어진' 10월 3일에서 '역사적인' 11월 9일로 바뀌지 않겠나 예견해 본다.

우리나라로 돌아와 보자. 1948년 8월 15일 정부 수립으로 대한민국이 건국되었다. 하지만 이날을 굳이 건국절이라 하기보다는 지금까지 우리에게 익숙한 광복절로 존치하면 좋겠다. '광복절'은 이미 70년 이상 대한민국 정체성의 일부가 되었고, 신비스런 권력 '미란다'를 받치는 한 축이 되고 있기 때문이다. 1945년 8월 15일 일본이 항복한 후에도 조선총독부의 일장기는 그로부터 3주가 지난 9월 9일에서야 내려갔다. 미군이 9월 8일 인천에 상륙하였고, 그다음 날인 9월 9일 총독부의 일장기가 내려지고 성조기가 올라갔다. 중앙청에 태극기가 처음 게양된 때는 1948년 5월 10일 우리 제헌국회가 열리면서였다.

당시 총독부는 소련군이 한반도를 장악할 것으로 보고 일본인들의 피해를 줄이기 위해 8월 15일 직후 한국인에게 조속히 통치권을 이양하려 했다. 그러던 중 38선을 경계로 그 이남에는 미군이 들어온다는 사실을 알고서는 한반도 진주 예정이었던 오키나와의 미 제

24군단과 직접 교신하면서 미군이 들어올 때까지 기존 통치권을 포기하지 않았다. 미 제24군단이 9월 2일 서울 상공에 뿌린 전단지나 맥아더 사령관의 9월 9일 포고 내용을 보면 미군은 우리를 해방민족으로서보다는 단순한 점령지 시민으로 간주했던 것 같다. 미군의 일차적 목표는 일본군의 무장 해제를 통한 전쟁의 완수였으며 이를 위한 치안질서의 유지가 중요했다. 이런 분위기는 적어도 그해 12월, 한국 독립 문제를 토의하기 위한 모스크바 삼상회의 시까지 지속되었다. 1952년 〈샌프란시스코 강화조약〉에서도 한국은 일본의 전쟁 당사자로 인정받지 못했는데, 우리가 싸워서 쟁취한 해방이 아니었기 때문이다. 이런 연유로 1945년 8월 15일을 광복절의 원년으로 보는 것은 맞지 않는다. 총독부에 일장기가 나부끼고 있었는데, 무슨 광복이란 말인가.

더욱이 1919년 임시정부 수립을 건국과 동일시할 수는 없다. 임시정부 나름의 의의와 그 역사적 의미는 평가해야 할 것이나 이를 건국으로까지 확대 해석하는 것은 곤란하다. 임시정부는 말 그대로 적국의 불법 점령 상태를 극복하여 국권을 회복하고 독립정부를 세우기 위한 한시적인 조직이다. 그러니 그러한 과도기를 끝낼 때 비로소 주권, 국민, 영토를 가진 명실상부한 독립 정부로 전환되면서 건국이 이루어진다. 김구, 여운형 등 우리 임시정부의 건립자들조차도 임시정부를 건국으로 가기 위한 과도적 단계로 인식하였다. 임시정부는 환국 전 1945년 9월 3일 발표한 〈대한민국임시정부의 당면 정책 14개항〉에서 '건국으로 가는 과도적 단계'라 하였고, 여운형은 해방 정국에서 건국준비위원회를 만들었다. 그러니 임시정부 수립 자체만으로 건국했다 주장하는 것은 난감할 뿐이다. 임시정부의 '존재 이유_raison d'etre'는 국권 회복으로 독립된 나라를 세우는 것이었다. 그렇다면 그 독립된 나라가 세워진 날을 기념하는 것이 상식적일 것이다.

임시정부 수립일을 별도의 국경일로 지정하는 것도 바람직하지는 않다. 국제적 기준에 비추어 보면 우리나라 국경일은 이미 너무 많다. 보통 1~2개의 국경일을 가진 나라가 대부분이며, 3개 이상의 국경일을 가진 경우는 매우 예외적이다. 대한민국의 명실상부한 정부를 수립한 1948년 8월 15일 광복절을 두고, 과도적인 임시정부 수립일을 국경일로 하려는 시도는 상식적이지 않을뿐더러 최소한 균형적이지도 않을 것이다.

2019.11.8.

외교공관 보호와 국제법상의
'상당한 주의 의무_due diligence'

지난 10월 18일 대학생진보연합 학생들이 미국 대사관저에 무단 침입하여 경내에서 기습 시위를 하고 건물 안으로 강제 진입을 시도한 사건이 발생했다. 이들이 긴 사다리를 2개나 가지고 현장에 접근했고, 공관 보호 임무가 부여된 경찰이 지켜보는 가운데 담을 넘고 들어가 시위에 성공했다는 사실은 매우 충격적이다. 미국 대사관저에 대한 침입은 이번이 처음이 아니다. 1982년 부산 미문화원 방화사건 이후 서울과 부산에 있는 미국과 일본의 외교공관에 대한 방화, 투석, 침입 사건들이 적잖게 일어났고, 지난 7월에도 부산의 일본 총영사관 도서관에 있던 7명의 대학생이 공관 경내로 뛰쳐나와 반일 구호를 외치며 기습 시위를 벌였다. 2015년에는 리퍼트 미국 대사가 칼을 든 범인에게 피습되기도 했다. 당시 리퍼트 대사에 대한 공격은 아슬아슬하게 경동맥을 피해 감으로써 운 좋게 치명상을 피했을 정도로 심각한 것이었다.

이런 일련의 사건들은 은연중에 우리나라의 국제적 위상이나 품격에 적지 않은 부정적 영향을 미치고 있다. 특히 한미동맹이 느슨해지고 있다는 비판이 일고 있는 차에 발생한 이번 미국 대사관저 침입 사건은 그 자체로서 한미관계에 악영향을 끼칠 것은 물론, 향후 정부의 대처에 따라 한미동맹에까지 부정적 여파를 가져올 소지가 있다.

외교공관은 〈외교관계에 관한 빈 협약〉에 따라서 주재국이 이를 보호하기 위한 특별한 의무를 지는 구역이다. 그렇기 때문에 외교공관에 대한 침입 사건은 국제법상 주재국이 공관을 보호하기 위한 '상당한 주의 의무'를 다했는지 여부에 따라 부작위에 의한 국가책임 문제가 발생하기도 한다. 개인의 주거에 대한 침입도 중대한 범죄지만, 외교공관에 대한 침입은 또 다른 차원의 사안이다. 외교공관의 안전은 전적으로 주재국 정부와 경찰에 의존하기 때문에 〈비엔나협약〉의 설계자들은 주재국에 이러한 특별한 의무를 부담시켰다. 외교관에 대한 특권과 면제가 과거 절대적인 것으로부터 상대적, 기능적인 것으로 변화해 왔고 외교공관도 더 이상 절대적인 치외법권을 갖는 파견국의 영토로 간주되지는 않지만, 외교공관에 대한 불가침권은 예나 지금이나 변함이 없다. 주재 사절의 명시적 동의가 없는 한 주재국 관헌을 포함한 누구도 외교공관에 들어갈 수 없다.

1984년 4월 런던주재 리비아 대사관 앞에서 시위를 하던 시위대에 리비아 대사관 측이 총격을 가해 영국 경찰이 사망한 사건 당시에도 영국 관헌은 즉각적으로 대사관에 진입할 수 없었다. 1998년 알바니아 주재 미국 대사관을 경비하던 미 해병은 공관에 진입하려던 침입자를 발포하여 즉사케 하였지만, 그 위법성이 조각되었다. 외교공관에 대한 불가침성을 단적으로 보여 준 케이스다. 미국 대사관저 침입자들은 배낭을 메고 있었고, 침입 후 벌일 수 있는 행동의 범위도 사전에 예측할 수 없었다. 그렇다면 일단 사다리를 흔들어서라도 이들을 담 밖에서 막았어야 했다. 이들이 관저 안으로 들어가서 현수막을 펼치고 시위를 하는 동안도 마찬가지였다. 여자라서 남자 경찰이 대처할 수 없었고 여경이 오기까지 40분을 허비했다는 건 변명에 불과하다. 급박한 범죄 현장에서 남녀를 가려 대처할 수 없다는 건 너무 당연하지 않나.

외교공관 습격 사건과 관련하여 더욱 심각한 것은 이를 부추기거나 심지어는 영웅시하는 사회 지도층의 태도나 언동이다. 문정인 대통령 통일외교안보특보는 "미 대사관 앞에서 데모해야 바뀐다"고 발언했고, 또 함세웅 신부는 공적인 예산 지원을 받는 행사장에서 이들 무단 침입 학생들에게 "의열단 정신을 가졌다. 무죄 선고받도록 매일 기도하겠다"고 언급했다. 참으로 무책임한 언행들이라 하지 않을 수 없다. 이러한 무책임한 언동이 1980년 국제사법재판소의 '테헤란 인질사건' 심리에서 보듯이 국제법상 국가책임 문제와도 직결된나는 사실을 이들은 얼마나 인식하고 있을까?

1979년 11월, 이란의 혁명 시위대는 테헤란의 미국 대사관과 지방 도시 2곳의 미국 영사관에 난입하여 52명의 미국 외교관들을 최장 444일이나 인질로 잡았다. 1980년 국제사법재판소는 이 테헤란 인질사건을 심리하면서 첫째, 이란 당국이 사태의 신속한 종결을 위한 조치를 취하지 않았고 둘째, 이란의 국가 최고지도자였던 호메이니웅이 인질 행위를 찬양하고 인질을 계속 잡아 두도록 독려한 것을 이유로 사인의 행위가 국가의 행위로 전환되었다고 판시하였다. 결국 주재국이 '상당한 주의 의무'를 다하지 않았거나, 공권력이 개입하게 되면 국가 책임으로 이어지는 위중한 상황이 된다는 의미다.

외교공관에 대한 공격은 일본 상품 불매운동과 같은 과도한 민족주의의 연장선에서도 볼 수 있다. 그렇기에 젊은이들의 잘못된 영웅

심리를 부추기는 경향이 있다. 과도한 민족주의는 뢰벤슈타인이 지적한 대로 민주주의를 무너뜨리고, 좌든 우든 파시즘을 배태할 수 있는 토양을 제공해 줄 뿐이다. 1차 대전 후 히틀러는 나치를 창당하면서 반유대인 정책과 〈베르사유조약〉의 폐기 같은 민족주의적 정강정책을 내세웠지만, 나치의 독재와 패망을 불러왔고, 독일민족에게 유례없는 고통을 가져다주었을 뿐이다.

· Jan Klabbers 지음, 『International Law』
· 우디 그린버그 지음, 이재욱 옮김, 『바이마르의 세기』

2020.10.9.

언어 민족주의에서 벗어나자
- 한글날 단상

『한글의 탄생』을 저술한 노마 히데키는 한글이 태어나는 모습을 본다는 것은 그 신비로움 속으로 파고들어가는 일이라며 극찬을 아끼지 않았다. 이렇듯 우리는 한글이라는 빛나는 문화유산을 가지고 있다. 하지만 유아독존에 빠져서는 안 된다. 독일 철학자 피히테는 "사람이 언어를 만드는 게 아니라 언어가 사람을 만든다"고 했고, 비교언어학의 창시자라는 빌헬름 폰 훔볼트는 "언어와 생각이 긴밀히 연결되어 있어, 같은 언어를 쓰는 민족은 사고방식에 동일한 제약을 갖는다"고 했다. 결국 문자나 언어에 따라 생각이나 지적 수준의 우열도 결정된다는 의미다.

10월은 노벨상이 발표되는 시즌이다. 이때가 되면 늘 떠오르는 의문이 '왜 한국 사람은 노벨상을 못 탈까?'이다. 노벨평화상은 학문, 연구와는 거리가 멀어 논외로 하겠다. 한글이 세계적으로 우수하다는데, 그 우수한 문자를 가진 우리 민족의 지성 수준이 왜 이토록 불만족스러운 걸까. 방탄소년단을 포함하여, 세계적인 예술가나 연예인 그리고 올림픽에서 메달을 따는 체육인은 꽤 많은데, 공부나 연구를 해서 세계적인 업적을 이룬 한국인은 거의 없다. 노벨상을 기준으로 해서 말한다면 더욱 그렇다. 여기서 언어와 노벨상의 연관성을 생각해 본다.

우선 영어나 독일어를 쓰는 서양 문화권 사람들의 사회적, 문화적, 과학적 영역에서의 지적 활동 범위와 수준을 생각해 보고 그것을 한글을 쓰는 우리와 비교해 보자. 즉 정보의 유통량과 수준의 비교다. 통계치 같은 이성적 근거를 댈 수는 없지만, 나의 칸트식 '감성적 직관'에 따른다면 아마도 잘해야 1,000대 1 정도가 되리라 생각한다. 그나마도 세계화의 진척으로 국가 간 학술, 연구 교환이 이루어지고 많은 연구 업적이나 저서들이 소개되고 번역된 덕택이다. 하지만 서양 문화권과의 학술, 연구 수준의 격차는 늘 수십 년 이상 벌어져 있다고 봐야 할 것이다. 그러니 언어나 언어권이 갖는 의미는 상상 이상으로 크다.

일본이 서양 문화권에서 고립된 언어 문화권임에도 불구하고, 물리, 화학, 의학 노벨상만 22개를 받을 정도로 학술, 연구 분야에서

두각을 나타내는 것은, 난학의 도입 이래 지난 수백 년 동안 각고의 노력으로 학문의 자립을 이루었기 때문이다. 일본어, 일본 글자는 한글보다 학문, 연구의 관점에서 더 유리하다. 한자의 채용으로 개념을 나타내는 명사가 우리보다 훨씬 발달되어 있고, 외래어를 가타카나라는 별도의 문자로 소화해서 활용하기 때문이다.

우리는 한글을 소개할 때 배우기 쉽다는 실용성을 늘 자랑하지만, 언어 습득 과정의 용이성보다는 습득 후 활용성이 더 의미가 있을 것이다. 인간의 수명이 몇 개월, 몇 년이 아니고 최소한 반세기에서 한 세기에 걸친 장기간임을 볼 때 성인이 되기 전 일정 교육 기간 중 충분히 습득할 수 있을 정도의 난도라면 다소간에 복잡성을 갖더라도 활용도가 큰 것이 좋을 것이다. 대표적으로 독일어가 그렇다. 독일어는 배우기 어려운 언어에 속하지만, 그것을 모국어로 사용하는 독일인들에겐 오히려 그 난도로 인한 활용 가능성이 크고 정확해 우수한 언어로 여겨진다.

한글은 표음문자로서, 파릇파릇하다, 푸릇푸릇하다 등의 의성, 의태어는 매우 발달했지만 명사는 턱없이 취약하다. 특히 형이상학적 개념을 나타내는 명사에는 더욱 취약하다. 그러니 예체능 분야에서라면 몰라도, 철학이나 과학 분야에서는 어휘에서부터 한계가 생긴다. 그리고 이런 어휘의 빈약함이 다시 우리의 사고를 제약한다. 그나마 우리말의 명사, 특히 추상적 개념을 나타내는 명사는 대부분 한자어이며, 이 중에서도 일본 사람들이 만든 소위 '화제和製 한자어'

가 많다. 많은 학술 용어(사회, 문화, 혁명, 경제, 회사, 주식, 국민, 운동, 헌법 등)부터, 일상생활 용어(구두, 야채, 인간, 시계, 충치, 건물, 호우, 방송, 생방송, 가격, 단어 등)까지 화제 한자어가 넘친다. 한자의 종주국인 중국조차도 학문 용어 중 반 이상이 화제 한자어라 한다.

최근 유치원이 화제 한자어라서 이것을 유아 학교로 바꾸어 부르자는 주장도 나오지만 사실 이렇게 하고자 한다면 우리 헌법을 포함한 법전부터 생활용어까지 다 바꾸어야 한다. 결코 가능하지 않다. 한글은 명사 조어 능력이 부족하고, 또 새로운 단어를 만든다 하더라도 사용자의 학문 지배력이 약하면 결국 성공할 수도 없다. 사정이 이럴진대 어찌 한글 전용 주장으로 우리의 사고를 더욱 마르게 하려는지 이해할 수 없다.

서양어에서는 영어가 가장 많은 어휘를 갖고 있다고 한다. 사전에 실려 있는 단어가 50만 개 정도인데, 영어에는 많은 라틴어가 쓰이고 있을 뿐 아니라 11세기 노르만인들이 영국을 정복하면서 프랑스 말도 유입되었다. 독일어는 개념을 나타내는 명사가 발달했고, 특히 명사를 몇 개라도 붙여 만드는 복합어는 사전에 다 실을 수 없을 정도다. 이들 복합어는 그 추가된 낱말의 뜻만큼 조금씩 다른 어의를 갖는데, 이 복합어를 포함하면 독일어가 영어보다 어휘가 더 많을 거라 한다. 독일의 문·사·철의 힘은 바로 이 독일어로부터 출발한다. 독일문화에 열광한 프랑스 철학가 이폴리트 텐 _{Hippolyte}

A.Taine은 "오늘날 세계 지성사를 지배하고 있는 주도적 사상이 모두 1780~1830년의 50년 동안 독일에서 나왔다"고 했다. 이 같은 독일의 세계 지성사 주도는 독일어에 힘입은 바 클 것이다.

우리 말이 고유어, 한자어, 외래어로 이루어져 있듯이 일본어도 야마토 말和語, 한자어, 외래어로 이루어져 있는데, 한자어는 한자로 표기하고 외래어는 히라가나ひらがな와 구분된 가타카나カタカナ로 표기해서 쓰고 있다. 이것은 자신들이 쓰고 있는 어휘에 대한 명료한 이해를 제공한다. 한자와 외래어를 넘나드는 그들의 언어생활은 매우 풍요로울 것이다. 정말 놀랄 정도의 수많은 서양 어휘들이 가타카나로 옮겨져 그대로 사용되고 있다. 현명하고 실용적인 일본인들이다.

· 노마 히데끼 지음, 김기연, 박수진, 김진아 옮김, 『한글의 탄생』

2020.10.27.

『내 마음의 안중근』
- 안중근 장군 의거 111주년에 부쳐

111년 전 10월 26일 안중근은 하얼빈역에서 메이지유신의 원훈이자, 조선 침략의 원흉이라는 이토 히로부미를 사살하였다. 통설적으로 말하자면 이토 히로부미는 일본에겐 영웅, 우리에겐 원수이고 안중근은 그 반대인 셈이다. 안중근 의사에 대하여는 초등학교부터 배워서 알고는 있었지만, 정작 나의 개인적인 관심이 촉발된 건 『내 마음의 안중근』이란 일본 사람이 쓴 책을 통해서였다. 안중근은 자신을 대한의군 참모 중장으로서 한국의 독립전쟁 중 이토를 처단하였으니 전시 국제법에 따라 전쟁 포로로 대우해 달라고 하였기에 의사 대신 장군으로 칭하고자 한다. 이 책은 일본 동북부 지방 미야기현에 소재하는 대림사의 주지 스님인 사이토 타이켄이 썼다. 그가 이 책을 쓰게 된 것은 안중근 장군의 뤼순 감옥 간수였던 치바 도시치가 일본으로 돌아와 고향에 있는 이 절을 다니면서 맺어진 인연 때문이다. 사이토가 대림사에 대한 세간의 관심을 끌기 위하여 이야기를 꾸며 내었다는 주장도 있지만, 우선 이 책에서 인용해 본다.

"안중근 장군은 의거 일주일 후인 11월 3일 뤼순 형무소로 이송되었고 여기서 6차에 걸친 재판을 받으면서 1910년 2월 14일 사형을 언도받고 3월 26일 순국하였다. 치바 도시치는 안 장군이 뤼순 감옥에 있었던 5달 가까이 그를 곁에서 지켜보고 대화하면서 안 장군을 흠모하게 되었다. 안 장군보다 6세 아래인 치바는 안 장군의 동양평화론이나 그가 이토를 죽이게 된 역사적 맥락을 이해하게 되었고 안 장군이 죽은 후에도 그와의 인연을 이어 나갔다. 일본 역사에서 치바의 고향인 동북 지방은 오랫동안 핍박받던 지역이었고 중앙에 대한 반감이 있는 지역이다. 태평양 전쟁 시 가미카제 특공대를 뽑을 때 스무 문제를 다 맞춰야 하는데, 이

지방 출신 청년들은 일부러 한 문제를 틀려 징집에 나가지 않았다 한다. 치바의 이런 출신 배경은 안 장군에게 더욱 끌리게 되었을 지도 모른다.

안중근 장군의 유묵인 '위국헌신군인본분'은 지금 남산의 숭모관에 보관되고 있다. 이 유묵이 바로 안 장군이 처형되던 날 치바에게 써 준 것이다. 1910년 2월 안중근에게 사형이 언도되고 나서 치바가 안 장군에게 부탁하였는데 안 장군이 거절하였다가 3월 26일 처형되던 날 아침에 벼루와 붓, 비단 천을 가져오게 하여 써 주었다. 치바 가문에서 이것을 70년 동안 보관하였다가 1979년 안 장군 탄신 백 주년을 맞아 한국에 기증하였다. 안중근은 자신의 간수가 된 치바의 고충을 평소에도 헤아렸으며 '서로의 입장이 달라 어쩔 수 없는 일이긴 하나, 마지막까지 임무에 충실하고 유사시 나라를 위해 목숨을 바치는 것이 군인의 본분이다'라고 치바를 격려해 주었다."

안중근 장군의 이토 히로부미 사살은 어떤 의미를 가질까? 나는 평소 일본 학자들로부터 이토 히로부미가 결코 호전적인 사람이 아니며 메이지 정치 계보에서 상대적으로 온건파에 속한다는 말을 많이 들었다. 심지어 조선에 유화적이었고 조선 합방보다는 조선 자치를 주장하던 그의 죽음이 오히려 한일 합방을 앞당겼다고도 했다. 그는 요시다 쇼인으로부터 동숙한 기도 다카요시나 야마가타 아리토모 같은 정한론자도 아니었다. 당시 메이지 정국의 혼란 속에 사이고 다카모리나 오쿠보 도시미치 같은 많은 정객이 죽어 나갔지만 온건한 성향의 이토는 승승장구할 수 있었다. 그는 하급 사무라이 가정에서 태어나 오직 자신의 힘만으로 입신양명하여 제국의 초대 총리에 올랐고 4번이나 총리직을 역임하였다. 하지만 그가 안 장군에게 제거되었을 때는 이미 조선통감을 그만두고 정계에서 사실상 은퇴한 후였다. 여러모로 안 장군의 의거를 평가절하하게 되는 정황이 없지는 않다.

1905년 〈을사보호조약〉 이후 외교권 박탈, 군대 해산 등 조선이 망국으로 가는 당시의 절망적 상황을 돌아볼 때, 이토의 죽음이 크게 의미 있는 요인은 아니었을 것이다. 그러나 당시는 세상 돌아가는 일을 잘 알 수 없던 때였다. 안 장군의 국제정세 판단도 완벽할 순 없을 것이다. 이토 히로부미 대신 야마가타 아리토모를 죽였어야 한다고 나무랄 순 없다. 어쨌든 이토는 일본 제국의 대표 정치인이었다. 그리고 그것은 다른 모든 저항 수단이 고갈되었을 때 행사할 수 있는 '마지막 수단'이었다는 점에서 정당한 자위권의 발동이었다. 사라예보의 총성을 울린 세르비아 청년 가브릴로 프린치프Gavrilo Princip의 오스트리아 황태자 부처 암살도 지배자에 대한 항거라는 점에서 안 장군의 의거와 유사하다. 다만 그것은 세계대전이라는 엄청난 후과를 가져온 구실이 되었다. 프린치프는 미성년으로 사형을 면한 후 수감 중 폐결핵으로 사망했다지만, 실제는 간수들의 끊임없는 구타로 죽었다고 한다.

나는 오스트리아 근무 시 안중근 장군의 의거를 보도한 당시 현지 신문을 구할 수 있었는데, 1909년 10월 26일 자 화요일 빈에서 석간으로 발간된 《노이에 프라이에 프레세 Neue Freie Presse》라는 신문이다. 사건이 하얼빈에서 아침에 일어났으니 시차가 늦은 유럽에서 같은 날 보도될 수 있는 시간적 여유가 있었을 것이다. 이 기사의 초점은 안중근이 아니라 이토였다. 헤드라인이 '이토공의 살해'이며 이토의 생애에 관한 별도 기사도 함께 실렸다. 이 기사에서 안중근이란 이름은 나오지 않으며 그저 한 한국인에 의해 사살되었다고 보도하고 있다. 흥미로운 것은 이토의 죽음이 이미 진행되고 있던 일본의 조선 장악 시도를 변화시키지는 않을 것이며 조선 자치론을 주장하며 조선에 유화적인 입장을 취했던 이토가 죽음으로써 오히려 일본의 한국 침략이 더 거세질 것이라는 이 신문의 코멘트였다.

근대 중국의 사상가인 량치차오梁啓超는 안중근 장군이 이토 히로부미를 사살하는 장면을 비장하게 묘사함으로써 씻을 수 없는 조선의 국치를 안타까워했다. '가을밤 불어오는 피리소리는 관산의 달빛에 흩어지고, 역로의 푸른 등불은 흰 눈을 붉게 물들여 비춘다'로 시작하는 장시 〈가을바람이 등나무를 꺾다〉가 바로 그것이다.

· 사이토 타이켄 지음, 이송은 옮김, 『내 마음의 안중근』
· 량치차오 지음, 최형욱 엮고 옮김, 『량치차오, 조선의 망국을 기록하다』
· 1909년 10월 26일 자 《Neue Freie Presse》

잘난 역사도, 못난 역사도 다 우리 역사다

잘난 역사도, 못난 역사도 다 우리의 역사다. 어제 한 지방 고교에서 〈우리 역사에서 만나는 국난 극복과 독립정신〉이란 제목으로 특강을 했다. 국난 극복이라 할 때, 국난이란 곧 전쟁이다. 나는 임진왜란부터, 병자호란, 일청, 일로전쟁 그리고 6.25 전쟁이 갖는 의미와 우리 선조들이 어떻게 대처했는지를 설명했다. 이 전쟁들은 한반도에서 일어난 국제전이었다. 헤라클레이토스가 "Polemos pater panton싸움은 모든 것의 아버지"라고 했듯이, 우리 역사도 대부분 외세에 의한 지배와 전쟁으로 얼룩졌다. 최근 1,000년의 역사만 되돌아보더라도 약 700년 중국의 지배와 40년 일본의 지배를 받았다. 전자가 조선 왕을 통한 간접 지배라면 후자는 조선 총독을 통한 직접 지배다. 몽고가 고려에 침입해 오자 당시 무신정권은 강화도로 천도하여 수십 년을 항쟁하지만 결국 원나라에 무릎을 꿇고 만다. 이때가 대략 13세기 중엽이었다. 이후 이성계가 개국한 조선은 명나라에, 그리고 병자호란 후에는 청나라에 예속되었다.

임진왜란 시 명나라 신종 황제에게 조선 왕의 교체 상서가 올라가자 의주 몽진에서 환궁한 선조가 스스로 양위를 결심했던 사례에서 보듯이 중국 황제가 결심하면 조선 왕을 갈아치울 수도 있었다. 이것은 조선과 중국과의 관계가 형식적인 조공-책봉 관계에 머무르지 않았음을 보여 준다. 중국 황제가 조선 국왕에게 보낸 칙서에서 조선을 '속국'이라고 하였다. 또한 병자호란 시 삼전도에서 인조가 청태종에게 삼배구고두의 예를 차리기 이전에 이미 조선 국왕은 멀리 자금성의 황제를 향하여 그 예를 차리곤 했다.

이 예속 관계를 끊어 낸 것은 우리가 아니라 일본이었다. 1894년 일청전쟁으로 일본군이 성환, 평양전투에서 청나라 군대를 격파하고 랴오둥 반도와 산둥 반도를 점령하여 북경을 위협하게 되자 청나라는 서둘러 리훙장으로 하여금 굴욕적인 강화를 맺게 하였으니 이것이 1895년의 〈시모노세키조약〉이다. 이 조약은 당시 아시아에서 중화질서를 깨뜨린 일대 사건이었다. 제1조에서 조선이 자주독립국임을 선언하였고, 독립협회가 서대문에 있는 사대의 상징이었던 영은문을 철거하고 그 자리에 독립문을 세운 것도 이때였다. 조선이 1882년부터 미국, 영국, 독일과 맺은 최초의 근대 조약들에서 청은 조선이 청의 속국이라는 사실을 조약에 명시하자고 했고 조선도 이를 받아들이려 하였으나, 오히려 미, 영, 독 측에서 거부하면서 무산되었다.

일청전쟁 발발 10년 후 일로전쟁이 제물포해전으로 시작되었다. 뤼순항 전투에서 203고지를 뺏으려고 무모하게 "돌격 앞으로"를 외치면서 수만 명의 일본군을 러시아군 맥심 기관총의 제물로 바친 노기 마레스케와 대한해협에서 러시아의 발틱함대를 격파한 도고 헤이하치로가 일본의 영웅으로 부각되는 동안, 1905년 을사조약으로 조선의 외교권이 박탈되고 통감부가 설치되면서 조선은 일본의 지배하에 들어갔다. 그때부터 1945년 일본 패망 시까지 40년간 일본의 지배를 받았다. 이 기간을 을미사변이 일어난 1895년으로 소급해 잡는다면 50년 일본 지배다. 외국 군대가 궁궐에 난입하여 그 나라의 왕비를 죽일 정도라면 어찌 그 나라에 국권이 있다고 말할 수 있겠는가.

우리나라는 1945년 일본이 패망하고 나서도 미군정 3년을 거쳐서야 독립할 수 있었다. 이는 일제로부터의 해방 또한 우리의 힘으로 이룬 것이 아니었기 때문이다. 임진왜란으로부터 시작한 수차례의 한반도 전쟁에서 우리는 단 한 번의 예외도 없이 속절없이 당해야만 했다. 1907년 8월 조선군이 해산당했을 때 1,200만 명의 인구를 가진 나라의 무장병력이란 것이 고작 6,000명에 지나지 않았다. 이것이 우리 민족의 실력이고 실상이다.

프랑스 사회주의의 창시자 클로드 앙리 생시몽Claude-Henri Saint-Simon 은 과거와 미래의 시간들이 '유기적' 시기와 '비판적' 시기가 교차해서 나타난다고 했고, 오스발트 슈펭글러Oswald Spengler 는 '구심적 조직의 시기'와 '원심적인 조직의 해체 시기'로 설명했다. 어쨌든 모든 문명은 시작하고 번성하고 쇠퇴해서 사라진다는 것이다. 한때는 생명을 주던 흐름에서 뒤처져 고인 물웅덩이가 된다. 이렇듯 지금의 번영하는 대한민국도 언제라도 무너질 수 있다. 비판적인 관점에서 보자면, 이 번영은 우리 민족의 자율적인 역량과 실력으로 쌓은 결과물이라기보다는 일제 시대 구축된 사회적, 산업적 기반에 더하여 이승만과 박정희란 두 걸출한 지도자에 의하여 타율적으로 만들어진 것이기 때문이다.

몇 년 전 시진핑이 트럼프 대통령을 만나서, "한국은 오랫동안 중국의 속국이었다"고 말했다고 한다. 그 말 자체는 역사적 사실에 가깝고 그리 과장된 것도 아니다. 하지만 시진핑의 이 말에는 지금 중국의 검은 속내가 들어 있다. 중국이 인터넷 여론을 조작하고 거리 시위에 유학생들을 동원하며, 정치인들을 매수하고 우리의 외교정책에 훈수를 두면서 우리의 국권을 침해하고 있다. 혹자는 말한다. 중국은 우리의 중요한 무역 상대국이니 중국에 등을 돌리는 건 현실적으로 쉽지 않다고. 나는 그들에게 묻고 싶다. 빵을 주면서 자유를 뺏어 간다면 그래도 정녕 자유보다 빵을 택하겠냐고 말이다. 2014년 3월 타이완 입법원을 점거한 타이완의 '태양화학운' 학생들은 중국과 타이완의 서비스무역협정에 반대하면서 이렇게 말했다.

> "타이완의 민주주의가 짓밟히는 형태로 진행되는 중국과의 교류 협정을 인정할 수 없다. 그런 짓을 하면 타이완은 끝이다."

청년 이승만이 『독립정신』에서 외친 독립은 일본으로부터가 아니라 중국으로부터였다. 이제 새로운 독립운동을 펼칠 때다. 어제 내가 만난 학생들은 이승만 박사의 해방 후 〈정읍 연설〉에 대하여도 정확히 알고 있는 똘똘한 학생들이었다. 나는 말했다.

"여러분과 이 나라의 미래는 바로 이 독립정신에 달려 있습니다. 독립정신이란 우선 개인적으로 여러분이 스스로 공부하고 홀로 서는 것, 그리고 남에게 부탁이나 청탁을 하지 않는 것에서부터 출발합니다."

· 윌 듀런트William Durant, 아리엘 듀런트Ariel Durant 지음, 안인희 옮김,
『윌 듀런트의 역사의 교훈』
· 가토 요시카즈加藤嘉 지음, 정승욱 옮김, 『붉은 황제의 민주주의』

2021.11.26.

일제 '강점기'인가, 일제 '시대'인가

마이클 샌델의 아들, 애덤 샌델Adam Sandel 은 "편견을 다시 생각한다"며 편견을 펀드는 편견론을 펼친다. 편견이란 종종 이러저러한 집단에 대한 반감과 증오심을 토대로 한 개탄스러운 태도와 관행을 가리킨다. 칸트에게 편견이란 아직 그 타당성을 명시적으로 검토하거나 정당화시키지 않은 모든 선先 판단을 말한다. 샌델은 우리가 처한 구체적 삶의 환경에서 숙고와 판단을 구하는 '정황적 판단'이 '비관여적 판단'보다 더 이치에 맞는다면서, 우리의 마음에서 편견을 완전히 세척하려는 시도 자체가 잘못된 것이라고 주장한다. 이런 관점에서 니체도 역사적 객관주의 쪽으로 가까이 가는 '역사주의'적 사고방식에서 죽음의 경향성을 보았다고 했다. 만약 우리 역사의 국뽕이 이런 정황적 개념에서 비롯

된 편견이라면 그 나름 정당성을 가질 수 있을까? 나로서는 결코 편들고 싶지 않은 편견일 뿐이다.

함병춘 교수는 한국사를 연구하는 태도 중 한국사의 정체와 낙후를 부정하는 민족사관적 접근방법을 비판하면서도 유학국가로서 가진 조선의 한계성을 감안해야 한다고 했다. 그는 국사를 보는 눈이 너무 청교도적이어서는 안 된다고도 했지만, 그렇다면 대체 인간이 뭔가를 미화하려는 충동과 의도는 어디서부터 오는 것일까? 우리의 인생살이처럼 한 국가의 역사도 부침이 있고, 미추가 있지 않겠나. 어떤 역사라도 처음부터 끝까지 아름답기만 해야 한다는 생각은 가능하지도 않고 이성적이지도 않다.

우리가 일본의 식민 지배를 받았던 시기를 일제 강점기라고 하지만 이 용어 선택이 과연 맞는 것인가? 일제 시대는 일본제국 시대라는 말인데, 이 말이 더 중립적이고 사실史實에 가까울 것 같다. 강점이란 용어를 사용하기에는 뭔가 석연치 않기 때문이다. 일제의 식민 지배가 강점 즉 강제 점령이 되려면 당시 피지배자의 저항이 수반되었어야 하는데, 나라의 주인이었던 군주, 고종과 순종은 스스로 이를 승인하는 언동을 하였고, 강점에 저항한 전쟁도 없었다.

1905년 〈을사조약〉 체결 일주일 전 고종은 하야시 곤스케 일본 공사로부터 사례비 2만 엔을 받았고 조약 체결을 완강히 반대하던 한규설 참정대신에 크게 대로하며 그를 파면했다. 또한 '조선 왕실의 안녕과 존엄을 보장한다'는 조약 문구에 흡족해하며, 조약 성사를 축하하는 연회를 베풀었다. 이토는 천황의 선물 30만 엔을 건네주었다. 심지어 8월 29일 국치일은 한일 간에 협의한 날짜였다. 당초 일본은 8월 25일을 합방일로 정하였으나 8월 28일이 순종의 즉위 기념식이 예정되어 있다는 우리의 요청을 받아들여 8월 29일로 순연한 것이다. 그리고 국치일 당일에 순종은, "일본에 대임을 맡기고자 하니, 신민들은 공연히 소란을 피우지 말고 이에 따르기 바란다"는 칙유를 발표하였다. 이런 과정을 거쳐 두 나라가 '평화롭게' 합방되었는데 어찌 이것을 두고 '강점'이란 용어를 쓸 수 있단 말인가.

지금 정권이 이념적으로 김원봉과 홍범도를 띄우는 것이나, 해방 후 민족사관으로 우리의 독립운동사를 침소봉대하는 것은 공히 역사를 왜곡하는 것이다. 기록으로 뒷받침되지 않는 것은 결국 신화일 뿐이다. 독립운동사에 빛나는 청산리, 봉오동 전투의 실체도 부끄러울 따름이다. 청산리 일대에서 일어났던 수 개의 전투에서 일본군은 전사 11명, 부상 24명의 피해를 보았지만, 이것을 지금 우리 위키백과에서는 전사 1,200명 이상, 부상 3,000명에 이르는 대전과를 거둔 것으로 서술한다. 봉오동 전투에 관해서는 일본군 1명 전사를 337명이 전사한 것으로 서술하고 있다. 40여 년 전 내가 공부했던 이기백의 『한국사신론』을 들추어 보니 1920년 봉오동 전투에서 160여 명의 관동군 전사자와 300여 명의 부상자, 그리고 청산리 전투에서 1,000여 명의 전사자가 난 것으로 기록하고 있다. 일본 측 사료를 교차 검증하지 않고 우리 측 사료인 《독립신문》과 임정 군무부 자료만을 맹신한 결과다. 물론 일본 자료도 완전히 믿을 수 없는 건 마찬가지라고 행복 회로를 돌리는 것도 가능하겠지만, 연금 지급 등 전사자 처리에서 일본의 현대 국가 시스템이 전몰자 숫자를 고의로 조작하기는 쉽지 않을 것이다. 진명행 작가는 이렇게 말한다.

"안중근 장군이 일본 중심의 동양 질서를 추구했던 천황주의자라는 사실도 그의 저격 사유 15개 조항에서 엿볼 수 있다. 이토가 천황을 속인 죄와 태황제(효명천황)를 죽인 죄를 열거하고 있는데 이런 명분은 한국과 관계가 없을뿐더러, 그의 천황 숭배 사상을 나타낸다. 안 장군은 심문과 재판 기간 내내 이토가 천황의 뜻을 거역했기 때문에 죽였다고 주장했다. 결국 일본 황제는 좋은 분인데 이토가 나쁜 놈이라는 모순을 저지르고 있다. 안 장군의 어머니 조마리아 여사가 보냈다는 '비겁하게 삶을 구하지 말고, 대의에 죽는 것이 어미에 대한 효도다'라는 서한도 근거가 없고다만, '죽어서는 부디 네 죄를 씻으라'는 말만이 안 의사의 두 동생을 통해 전해 오고 있다.

헤이그 밀사 사건도 온통 의혹투성이다. 이준 열사가 회의장에서 배를 가르고 할복했다는 것도 사실이 아니다. 그는 뺨에 난 종기를 제거하는 수술 도중 감염되어 패혈증으로 사망했다고 한다. 요즘처럼 항생제가 없던 시절이라 별다른 처치도 못 해 보고 사망한 것이다. … 이준은 자결할 만큼 반일 정신이 강했던 사람은 아니다. 그는 헤이그 밀사 사건 3년 전에 《황성신문》 기고에서 '일본은 우리를 위해 러시아와 싸우고 있는데 이대로 보고만 있을 수 있느냐며 일본 부상병을 위해 휼병금을 모금하기까지 했다.

지금은 동학농민혁명운동으로 거창하게 개칭된 동학란 또는 동학운동의 실체도 혼란스럽기는 마찬가지다. 한 가지 확실한 것은 동학란이 양반 중심의 봉건 제도를 타파하고 평등한 세상을 가져오려는 그런 사회 개혁적인 의미를 담지 않았다는 것이다. 토지 균등 분배나 계급 철폐 등이 담긴 〈폐정 개혁안〉 제12조는 1940년 오지영의 소설 『동학사』에서 처음 등장한 것이며, 동학란은 대원군과 결탁하여 일으킨, 결코 혁명적이지도 않고, 근대성을 갖추지도 않은 반란이었을 뿐이다."

20세기 전반 동양 최고의 근대 건축물이라는 중앙청(조선 총독부 건물)을 아무 대안 없이 해체해 버린 어느 대통령의 만용은 우리를 슬프게 할 뿐이다. 바로 이곳에서 1948년 5월 10일 제헌의회가 열렸고, 같은 해 8월 15일 대한민국의 독립정부가 시작하였다. 1950년 9월 28일 공산 치하로부터 서울 수복을 알리는 태극기도 게양되지 않았나. 사족이지만 이곳은 나의 생애 첫 직장(1981년 당시 외무부)이기도 했다. 흔적도 없이 사라져 버린 중앙청으로 민족적 분함이 풀리고 카타르시스를 느낀 국민이 과연 몇이나 될까.

독일의 아시아 전문 사학자인 위르겐 오스터함멜Juergen Osterhammel 교수는 메르켈 총리가 1,600쪽의 벽돌 같은 그의 책을 읽고는 총리실 특강을 초청하여 더욱 유명해졌다. 그는 아시아를 지배한 식민제 국 중 식민지에 산업 투자를 한 유일한 예외적 사례가 일본이라고 했다. 한국과 만주에서의 석탄, 철강 산업, 타이완의 설탕 산업 등 이 일본이 계획적으로 건설한 산업들로서 이러한 식민지 유산이 독 립한 한국의 산업 발전에 기초가 되었다고 했다. 동양 최대라는 압 록강의 수풍댐도 1943년 완공하였다. 북한의 나라 문장에서 이 수 풍댐을 볼 수 있다. 물론 북한은 이 거대한 댐을 일본이 만들었다는 사실에는 침묵한다. 일본은 이렇듯 산업적 식민지 경제를 건설한 유일한 제국이었다. 식민지 기간 중 조선의 실질 GDP는 3배로, 인 구는 2배로 늘었다. 그럼에도 일제가 박은 쇠말뚝의 낭설처럼 오랜 시간 사람들의 기억을 지배하고 있는 왜곡되고 편향된 정보가 아무 런 검증 없이 흘러 다닌다. 《조선일보》의 박종인 기자는 대한민국 사람이라는 정체성을 형성하는 데 압도적인 영향력을 미친 가짜뉴 스를 '괴담'이라고 했다. 『우리를 지키는 더러운 것들』을 쓴 김철 교 수는 이렇게 말한다.

> "'일제 시대'라고 자판을 치면 한글프로그램이 자동으로 '일제 강 점기'로 바꾸어 버리는 2019년의 한국 사회에는 식민지 시절 2,000만 조선인의 총체적인 삶과 일상이 없다. 일본 제국주의의 식민지 지배를 교전상태에서 적에 의한 일시적인 점령으로 이해 하는 '일제 강점기'라는 용어는 식민지의 기억을 민족적 순수성, 연속성의 신화 속에 봉인하고, 궁극적으로는 식민지의 치욕과 굴

종의 기억을 깨끗이 '청산', 즉 '망각'하고자 하는 한국 사회의 오랜 욕망을 반영한다. 무엇보다도 그것은 식민지를 살았던 수천만 명의 삶을 특정한 목적에 맞추어 재단하는 타자화의 폭력이라는 점에서 심각한 문제를 지닌다. 그것은 자신의 과거를 직시하고 싶지 않은 욕망, 과거의 진실과 마주하고 싶지 않은 초라한 욕망의 단적인 표현이다."

· 애덤 샌델 지음, 이재석 옮김, 긴선욱 감수, 『편견이란 무엇인가』
· 진명행 지음, 『조선 레지스탕스의 두 얼굴』
· 이동춘 지음, 『나라는 자신이 해친 뒤에 남이 해친다』
· 위르겐 오스터함멜 지음, 박은영, 이유재 옮김, 『식민주의』
· 박종인 지음, 『광화문 괴담』
· 김철 지음, 『우리를 지키는 더러운 것들』
· Young-Iob, Chung(정영엽), 『South Korea in the Fast Lane: Economic Development and Capital Formation』

Part 8.

대한민국 리더십

1965년 5월 미국을 방문 중인 박정희 대통령 내외
사진 출처: 〈LIFE〉

"사상과 지도자와 같은 효모의 존재가 없는 국민은 마치 타피오카 푸딩같이 느슨히 뭉쳐진 원자의 무정형 덩어리에 불과하다."
_ 러셀 커크Russell Kirk, 『보수의 정신』

존 에프 케네디 공항, 로널드 레이건 공항, 샤를 드골 공항, 빌리 브란트 공항, 헬무트 슈미트 공항, 프란츠 슈트라우스 공항, 콘라드 아데나워 공항에 이어 이승만-박정희 공항이 나오기를 기대해 본다.
_ 본문 중에서

유학儒學의 죄를 고발한
청년 이승만의 『독립정신』

설날이다. 민족의 명절이라는 이날을 맞을 때마다 늘 "이렇게 설날을 신정, 구정으로 두 번 쇠는 것이 맞는가?"라는 의문이 든다. 고유의 명절이라는데 고유하다고 꼭 지켜야 할 건 아닐 것이다. 전 세계에서 불과 몇 나라만이 구정을 쇠는데, 따져 보면 중국의 설날, 춘절이 아닌가. 대통령과 총리, 국회의장 같은 정치 지도자라는 사람들이 중국 공산당 기관지 인민망에서 새해 인사에 열을 올리고 있는 걸 보고 있자면 이런 회의적인 생각이 더욱 커진다.

우리나라는 김홍집 내각이 1896년부터 양력을 도입하고 일제 시대를 거쳐 1989년 노태우 대통령이 구정을 공식화하기 전까지 거의 백 년간 공식적으로는 양력설을 쇠었다. 박정희 대통령도 이중과세의 폐단을 인식하고 계도하였다. 근현대 문명사를 3권의 연작물로 집대성한 에릭 홉스봄 Eric Hobsbawm은 한 국가의 국경일이나 국기, 문장 같은 정치 상징물이 먼 과거로부터 자연스럽게 내려온 것이라기보다는 새로운 환경에 따라 대부분 인위적으로 만들어진다며 이것을 '전통의 발명 invention of tradition'이라고 했다.

이 주장의 핵심은 전통이란 것도 시대의 필요나 합리성에 맞추어

적응해 나가야 한다는 것이다. 그래서 실제로 19세기 후반부터 새로이 국민국가를 형성한 나라들이 각자가 처한 나라 형편이나 역사적 환경에 맞추어 많은 국가 전통을 만들어 내었다. 구정 대신 신정을 쇠자는 것도 이런 맥락에서 이해할 수 있겠다. 이제 세계와 함께 인류 보편적인 Happy New Year로 돌아갈 때다. 이와 함께 이중과세二重過歲를 피하는 합리성도 함께 발휘하자.

터키의 국부 아타튀르크는 과거의 지혜를 과감하게 포기하자고 외쳤고, 메이지 시대 일본의 국민교사 후쿠자와 유키치는 현세에 살면서도 옛 성현의 지배를 받고, 그 지배를 또한 물려주어 현세를 지배하고 널리 인간관계를 정체시킨 유학儒學의 죄를 고발하였다. 나는 몇 해 전부터 더 이상 제사를 지내지 않는다. 그동안 해외에서도 꼬박꼬박 지냈던 제사를 과감하게 버렸다. 경조사도 당연히 가족 중심으로 치르는 게 맞다. 과거 농경시대의 유산인 품앗이 관습을 4차 산업혁명 시대라는 지금까지 지속한다는 게 불합리하다면 그만두어야 하지 않겠나.

중국의 고전을 인용하는 지식인들도 이젠 식상하다. 사실 우리는 '지배자를 위한 철학'이라는 유교의 폐습으로부터 진작에 해방되었어야 했다. 중국의 고전을 버리고 서양 학문을 배우자고 했던 청년 이승만의 외침이 새삼스럽다. 한국은 1945년 해방과 함께 비로소 세계를 발견하고 3년 뒤부터 외교, 안보를 배우기 시작했다. 그때 이승만이라는 대 선각자가 건국 대통령이 아니었다면 대한민국은 햇빛도 못 보고 지도에서 사라졌을 것이다. 그는 공산주의를 시대정신이라 믿고 있던 당시 세계 흐름에서 자유민주주의와 시장경제의 이념으로 나라를 세운 유일한 지도자였다.

이승만은 29세이던 1904년, 한성 감옥에서 『독립정신』을 저술하였다. '슬프다, 나라가 없으면 집이 어디 있으며, 집이 없으면 내 한 몸과 부모 처자와 형제자매며 훗날의 자손들이 다 어디서 살며 어디로 가겠는가'로 시작하는 『독립정신』에서 그는, '동양의 고서 공부에 선력하지 말고 모두 새 학문을 위주로 공부해야 한다'고 하였다. 또한 '나라가 지금 이 지경에 이른 근본적인 원인은 다 정치를 변혁하지 못했기 때문이다'라면서, 모든 정치제도는 언제나 그 나라 백성의 수준에 달려 있으니 '자유하는 도道'로써 오랜 풍속에 결박당해 있는 민심을 풀어 주어, 고질이 된 구습을 깨뜨려야 한다고 설파하였다.

동양 사람들은 여러 천년을 전하여 내려오면서 병들고 썩은 정신이 속속들이 배어 있어 웬만한 학문이나 교육의 힘으로도 치유하기 어려운 만큼 '자유하는 도'로써 이 고질을 풀어 주어야 한다는 것이다. 청년 이승만이 말한 이 '도' 중 으뜸가는 것은 자신의 생각을 꼿꼿이 하여 당당하게 밝히는 것이다. 사상의 자유와 표현의 자유를 맘껏 발휘하란 것이다. 그리고 거짓말하는 악습을 지적하면서 대한과 청국이 바로 이 거짓말 때문에 결딴나고 있다고 통탄하였다. 이 대목을 인용해 본다.

"거짓말로 집안을 다스리고, 거짓말로 친구와 교제하고, 거짓말로 나라를 다스리고, 거짓말로 세계와 교섭하는데, 내 말을 할 때는 속마음을 감춰 두고 말하고, 남의 말을 들을 때는 속마음을 접어 두고 들으니, 남의 정대正大한 말을 속이는 것으로 들으며, 나의 진실한 말을 남이 또한 곧이듣지 아니하여, 단 두 사람이 사적인 일을 의논할 수 없는데 어찌 나라의 중대한 문제를 말하여 결정할 수 있겠는가."

그는 일본 정부의 의도가 대한을 이롭게 하려는 것인지 해롭게 하려는 것인지 알기도 어렵지만, 사실 그다지 알려고 할 필요도 없다고 했다. 그 이유인즉, 일본이 우리를 해치려 해도 공론이란 게 있어 그렇게 하지 못하고, 도와주려 한다 해도 우리가 잘하지 못하면 아무런 효과가 없기 때문이라 하였으니, 곧 우리 스스로의 자주와 독립을 강조한 것이다. 또 우리가 1636년 병자호란 이래 여러 번 좋은 기회를 놓쳤다며, 아무쪼록 학문을 넓히고 교화에 힘써서 날로 부강해지고 문명해졌더라면, 구한말의 지경에까지는 이르지 않았을 거라 하였다.

도덕 교과서나 정치철학 입문서와도 같은 『독립정신』은 또 한편으로는 마치 외교사 교과서와도 같다. 여기서는 이승만의 청국과 아라사에 대한 강한 혐오감과 경계심이 드러난다.

"청국은 본래 그 행위가 정대하지 못하여 어려운 형편이 있으면 이렇게 말하고, 그렇지 않으면 또 달리 말하여, 일정한 실상을 믿을 수 없다. 오장경과 원세개는 군사 4천 명을 이끌고 한성에 들어와, 공사관이 아닌 '모든 일을 다스리는 관청'이란 뜻에서 이사부理事府를 설치하고, 크고 작은 조선의 내정에 거의 다 간섭하고, 대궐에 들어올 때도 감히 가마를 타고 앉아서 바로 어전에 들어가면서 '나의 지위가 조선 왕의 위에 있다'라고 거들먹거렸다. 청국의 완만頑慢(성질이 모질고 거만함), 무리無理함과 조선의 잔약孱弱, 혼몽昏懜함이 동양의 형편을 더욱 어렵게 할 뿐이다. 일청전쟁에서 일본이 승리하고, 대한이 독립국임을 세상에 일렸으나, 사람이 오죽 변변치 못하면 제 권리를 제 손으로 찾지 못하고 이웃 친구가 대신 찾아 줄 지경이 되었겠는가."

1894년 일청전쟁 이후 조선에서 청나라 세력이 물러가자 시베리아 횡단철도 부설로 동진해 오던 아라사가 삼국간섭 후 만주에 영향력을 확대하면서 조선까지 압박해 왔다. 을미사변 후 고종의 아관파천으로 아라사의 베베르 공사가 조정을 쥐락펴락하게 되자, 이승만은 "갑오 이전의 청국 하나가 또 생겨난 것과 같다"라며 아라사의 횡포를 꼬집었다. 이때 아라사는 조선의 금광, 철도, 삼림, 어장에 관여하고, 절영도를 조차해 군함에 쓸 석탄 저장소로 만들며 재정과 병권까지 넘보았다. 1903년에는 용암포를 니콜라이 황제의 이름을 본떠 '더 니콜라스The Nicholas'로 개명하고, 알렉세비치를 아시아 동방의 러시아 총독으로 삼아 동방의 모든 일을 그가 전권을 가지고 처리하도록 하였다. 아라사는 대동강을 따라 남북으로 반분하여

북은 아라사에, 남은 일본의 권리 안에 두자고 제안하기도 하였다. 그러면서 "상투가 아무리 길어도 부국강병에 손해될 것 없고 소매가 아무리 넓어도 치국평민에 상관이 없다"며 조선의 개혁을 저지하려는 선무공작도 병행하였다. 이승만은 1896년 일, 러 간에 맺어진 〈베베르-고무라 각서〉와 〈로마노프-야마가타 협정〉을 두고 "자기네끼리 따로 앉아서 대한에 관한 일을 어찌어찌하자고 하여 마치 없는 물건을 가지고 의논하듯이 하며, 더욱이 두 집에서 같이 기른 짐승을 가지고 말하듯이 하였으니, 이 어찌 공법에 합당하다 할 수 있겠는가"라며 개탄하였다.

청년 이승만이 주장하는 바는, 구습을 타파하여 정신 혁명으로 나아가자는 '자유의 도'와 '나라를 세움에 있어 교육과 문화를 근본으로 삼아야 한다'는 것이다. "나의 소원은, 우리의 혀끝을 2천만 조각으로 내어 2천만 동포들의 귀에다 대고 소리를 우레같이 질러 어두운 잠에서 시시때때로 깨워 주는 것이다"라며, 2천만 동포 중 단 한 사람이라도 죽지 않고 살아남는다면 끝까지 태극기를 받들어 앞으로 나아가 한 걸음도 뒤로 물러나지 말 것을 천만번 맹세하자는 그의 목소리가 100년이 지난 지금도 나의 귓가를 맴돈다.

· 이승만 지음, 박기봉 교정, 『독립정신』
· 에릭 홉스봄 지음, 박지향, 장문석 옮김, 『만들어진 전통』
· 박근 지음, 『자유 민주 보수의 길』

검소한 초대 영부인, 프란체스카 리

오스트리아에서 근무할 때였다. 우연한 기회에 티롤 지방에 살고 있는 교포 작가를 만날 기회가 있었다. 바로 『프란체스카 리 스토리』를 쓴 이순애 씨였다. 프란체스카 여사는 오스트리아 사람이다. 여사는 오스트리아가 제국이 한창 위세를 떨치던 1900년 6월 당시 빈의 근교였던 인체르스도르프Inzersdorf에서 태어났다. 이 마을은 지금 빈의 제23구로 편입되어 있다. 여사의 부친은 소다수 공장주로서 여사는 유복하게 자랐고 영국에 유학해서 영어에도 능통했다. 1933년 제네바에서 이승만을 만난 후 그를 도와 한국의 독립운동에 동참하였으니 그는 이승만의 혁명 동지였다.

자유당 시절 우리나라는 가난했다. 당시 경무대에서는 프란체스카 여사가 직접 살림을 담당했다. 온 나라가 가난했고, 재외공관도 궁핍하기는 마찬가지였다. 재외공관에서 지출하는 소액의 달러도 경무대의 결재를 받아야 했고, 프란체스카 여사가 일일이 검토했다. 나도 선배 외교관들로부터 들은 이야기지만, 정부 초창기에는 외교관이 외국에 근무하러 나갈 때 가족 없이 단신 부임을 해야 했고, 차가 없어 외교 행낭을 갖고 지하철을 타야 했다고 한다. 내가 외교관 생활을 시작한 1981년은 전두환 대통령과 노신영 외무부 장관 때였는데, 그때부터 외교관의 처우가 크게 개선되어, 의료보험료, 주택비 외에 자녀들 학비도 지원되어 국제학교에 입학시킬 수 있게 되었다. 노신영 장관은 외교관의 험지 근무를 국민의 병역 의무나 군인들의 전방 근무처럼 생각했고, 그래서인지 선, 후진국 순환근무를 비교적 철저히 실시하였다. 그는 외무부 초창기 시절 나라에 돈이 없어 쌀봉투로 보수를 지급받은 일화를 소개하며 직원들에게 국력 신장에 매진하라는 당부를 하기도 했다.

육영수 여사도 자신은 매우 유복한 집의 자식이었지만 영부인으로서 매우 검소한 생활을 하였다. 프란체스카 여사도 알뜰한 살림꾼이었다. 지금도 이승만 대통령의 양자인 이인수, 조혜자 부부가 프란체스카 여사가 경무대에서 쓰던 낡은 냄비와 손잡이를 철사로 묶은 프라이팬을 갖고 있다. 문재인 대통령이 오스트리아를 국빈 방문하였다. 1892년 수교 이후 최초의 우리나라 국가원수 방문이다. 문 대통령이 판 데어 벨렌 오스트리아 대통령과의 회담에서 프란체스카 여사를 언급하였다는 보도가 있었다. 하지만 김정숙 여사가 프란체스카를 언급했더라면 더 자연스러웠을 것이다. 김 여사는 빈의 미술사 박물관에 가서는 방탄소년단을, 식물원에 가서는 한국산 호미를 자랑하는 '만용'을 보였다는데, 심지어는 "관저의 잔디를 많이 뽑아 버리고 먹을 수 있는 채소를 가꾼다"고 자랑했다는 대목에선 실소를 금할 수가 없다. 서구 사람들의 시각에서는 관저 같은 정부 건물에 사적인 취향으로 손을 대는 건 엄격히 금지되고 있기 때문이다.

우리의 국가 위상이 G20의 정회원국이 되고 G7에도 초청받을 정도로 커졌다. 지금 문 대통령 부부는 과할 정도로 자주 해외를 다니지만, 오늘의 우리나라를 있게 한 전임자들의 노고를 조금이라도 존중하는 마음이 있으면 좋겠다. 하루에도 몇 번씩 옷을 갈아입는다는 영부인의 의상도 너무 현란하지 않은가. 나랏빚은 엄청나게 쌓이는데 말이다.

· 이순애 지음, 『프란체스카 리 스토리』
· 노신영 지음, 『노신영 회고록』

2020.10.26.

그리운 박정희 대통령

박정희 대통령이 서거한 지 41년이 되었다. 박 대통령은 1979년 10월 26일 저녁 만찬 자리에서 김재규의 총탄에 유명을 달리하였다. 당시 나는 대학교 3학년이었고, 그 날 지금의 아내와 청파동에서 데이트를 했던 기억이 난다. 어수선했던 그해 12.12 사태가 났고 해가 바뀌어 4학년이 되었을 때, 관악 캠퍼스에서는 학생들이 김재규의 구명을 호소하는 전단지를 돌리기도 했다. 5월에는 김재규의 사형이 집행되었고 광주 사태가 일어났다. 당시 나는 김재규의 대통령 암살이 유신 독재를 막기 위한 의로운 의거였는지 확신할 수는 없었지만, 김재규나 그의 부하 박흥주 대령에게 동정심을 느꼈던 것 같다. 하긴 당시 나는 캠퍼스에 진입한 전경에 데모로 맞섰고, 5.18 계엄령 선포 후에도 서울 시내에서 데모를 했던 '민주투사'의 전력을 가지고 있었으니 그럴 만도 했겠다는 생각이 든다.

그렇게 한 시대가 흘렀다. 세월의 무상함을 느낀다. 그 후 직업상 여러 나라를 다니면서 인생을 경험하고 나이가 들면서 좀 더 균형 잡힌 생각을 하게 된 것 같다. 지금 와서 돌이켜 보면 박정희의 독재는 수백만 명의 동족을 죽인 스탈린, 모택동, 김일성 같은 무지막지한 공산독재자는 물론 수십만 명을 납치, 고문, 살해한 칠레의 피노체트나 소위 '더러운 전쟁'으로 악명높은 아르헨티나의 호르헤 비델라 등 남미의 잔학한 군부 독재자들과 비교할 때, 독재라고 할 수도 없는 것이었다. 개발도상국에서 흔히 관찰되는 권위주의적 정부 정도였을 것이다. 그런데 바로 이 권위주의로부터 나온 '기율'이야말로 개발 시대 성장의 모멘텀을 제공한 밑바탕이었다. 국민교육헌장과 가정의례준칙으로부터 시작하는 절도 있는 생활태도가 요즘처럼 아쉬운 때도 없다. 박정희 대통령이라고 어찌 인간적인 나약함이 없겠냐마는, 공칠과삼이라고 그의 조국 근대화를 위한 실제 업적을 보아야 하지 않겠나. 어설픈 민주 정치로는 1960년 당시 1인당 국민소득 79달러로 태국이나 필리핀보다 못 살던 나라를 구할 수 없었을 것이라는 건 명백하다. 지금의 한국 정치를 민주 정치라 할 수 있을지 모르겠지만, 그동안 벌어 놓았던 나라의 부를 까먹고 있음은 분명해 보인다. '꿩 잡는 게 매'라고 허접스러운 민주 정치한다고 국민들을 도탄에 빠지게 하는 정치를 선이라고 할 수는 없을 것이다.

나는 전후 라인강의 기적을 일군 독일모델과 1960년대 초 박정희 시대 이래 한국모델을 비교하는 주제로 독일 여러 곳에서 강연을 하였다. 이때 한국의 경제성장에 대하여 참고한 영문 책이 2007년 East Michigan 대학의 정영엽 교수가 쓴 『South Korea in the Fast Lane』이었다. 이 책은 한국의 경제발전을 다각적 관점에서 분석한, 특히 자본축적과 경제성장에 초점을 맞춘 압권이다. 그는 말한다.

> "경제발전은 인간생활과 경제적, 정치적, 사회적, 문화적 그리고 기술적 환경의 총체적인 스펙트럼을 포괄하는 복합적이며 다면적인 과정이다. 빠르고 지속가능한 경제성장을 위해서 개발도상국은 내, 외적인 장애물들을 극복해야 한다. 경제발전이야말로 발전에 대한 의지, 노동력의 질적 수준, 인간, 기술, 태도, 가치관 그리고 제도들의 적절한 변화와 공고한 경제구조를 포괄하는 모든 필요 성분의 혼합체다."

해방 후 남한의 경제는 매우 비관적이었다. 그동안 한국 경제가 의존해 왔던 일본 경제로부터 완전히 분리되어 나오면서 기존의 자본, 인력, 시장을 모두 상실함에 따른 필연적 결과였다. 더욱이 남북 분단으로 북한에 편중되었던 광물, 시멘트, 전기 공급이 차단되었고, 여기에 북한에서 월남민이 170만 명이나 유입되면서 1944년부터 1949년까지 5년간 남한 인구가 27%나 급증하여 극심한 식량, 주택 부족으로 이어졌다. 설상가상으로 1950년 발발한 한국전쟁으로 인하여 국가 인프라의 1/4이 파괴되었고 그 피해 규모는 1953년

GDP의 2.3배에 달하는 30억 달러 수준이었다. 박 대통령 집권 초기에만 해도 경제 성장 전망은 매우 비관적이었고 기껏해야 미국의 1870~1929년간 평균 성장률인 2% 정도를 최대 성장치로 전망할 따름이었다. 이런 가운데 박 대통령은 1962년부터 제1차 경제개발 5개년 계획을 시작하였다. 이후 1996년 제7차 계획까지 시행된 중공업 정책, 수출주도형 성장정책, 관치금융 등 제한적 자유경쟁을 핵심으로 하는 국가 주도형 시장경제 모델을 성공적으로 시행하였다. 1990년대 금융위기 이후부터 신자유주의적인 재편 과정을 거치면서 오늘에 이르렀지만, 박정희, 전두환 대통령 통치 30년의 기간 동안 연평균 8% 성장이라는 세계경제사에 유례없는 성과를 거두었다.

이 기간에 한국 정부가 시행한 정부 주도의 산업정책을 다른 개도국들도 시도했지만, 한국만 성공한 것은 정영엽 교수의 평가와 같이 모든 구성 요소가 올바르게 혼합된 결과물이었기 때문이다. 내가 본 네 가지 성공 요인이다. 우선은 양과 질적인 면에서 교육정책의 성공, 그리고 두 번째는 사회적인 토양인데, 해방 후 이승만 대통령이 단행한 토지개혁을 통하여 정부 정책에 대항할 만한 대지주나 재력가가 없었고 한국의 사회문화적 배경이 비교적 동질적이었다는 점을 들 수 있다. 이는 1950~1960년대까지 한국보다 앞서 있었던 필리핀에서 대지주인 지방 토호세력이 근대화와 발전의 장애가 되었던 사례를 보면 이해가 쉬울 것이다. 세 번째는 한국민들 특유의 기질이다. 사회적으로 성공에 최고의 가치를 부여한다. 이것은 발전에 대한 강한 의지의 표출이다. 자식뿐만 아니라 친척이나 지인들에게도 언제나 "성공해라!"라는 말로 격려해 주고, 실제로 성공할 경우 경제적 보상과 사회적 지위가 보장되었고 이를 인정하는 사회적 공감대가 확립되어 있었다. 마지막으로 지도자의 뛰어난 리더십이다. 이승만, 박정희 대통령의 선견과 혜안에 따른 강력한 리더십이 더해졌다.

해방 직후 1945년 78%였던 문맹률이 1960년에 와서 20%로 급감했다. 미국의 원조로 학교를 많이 지을 수 있었기 때문이다. 시카고대학의 비교교육센터 설립자였던 아놀드 앤더슨Arnold Anderson에 따르면 경제발전 분기점의 문자 해득률은 40% 이상이다. 초등학교 취학률도 13%에서 1960년 56%를 거쳐 1990년 92%까지 급성장했다. 중등학교 진학률도 마찬가지다. 이젠 성인 평균 수학 기간도 아시아 최고라는 싱가포르를 능가한다. 대학 진학률은 70%가 되어 과잉교육이라는 지적이 나올 정도이다. 교육은 노동력과 연결되어 있어 경제발전에 큰 영향을 미친다. 한국의 공교육 지출예산이나 학생과 교사 간 비율이 다른 개도국들보다 뒤처져 있었지만, 교사들의 보수 수준은 여타 개도국의 평균 1인당 국민소득의 4.5배 수준을 훨씬 능가하는 8.2배로서 개발 시대 당시 우수한 교사를 확보할 수 있었다.

박정희 대통령을 인터넷에서 검색하다 서중석 교수라는 사람의 '경제성장이 박정희 공로? 위험한 착각'이라는 글을 보게 되었다. 한국의 경제성장이 박 대통령이 아니라 당시 국내외적인 여러 요인에 의한 것이라는 주장이다. 세계경제 호황, 중동 특수라는 국제적 환경과 장면 정부의 경제 제일주의, 국민의 경제발전 열망 등이 주요 요인이라 했다. 심지어 박 대통령 때 건설장관이었던 김재규의 공이라고도 했다. 어처구니없는 주장이다. 세계경제나 중동 특수 같은 국제적 요인은 국민소득이 100불밖에 되지 않는 극빈국에게는 해당되지 않는다. 장면 정부도 불과 11개월밖에 존속하지 않았던 정부다. 내각제도 아닌 나라에서 건설부 장관에 의해 경제가 주도되었다는 주장도 현실성이 없다.

해외를 나가 보면 안다. 우리가 얼마나 잘 사는지, 가처분 소득을 보자면 우리가 독일이나 영국 같은 유럽의 메이저 나라보다 못하지 않다. 난 박정희 대통령의 서거 후 공직에 입문하였기에 그에게 임명장 하나 받지 못했지만, 36년 외교관 생활 내내 박정희 대통령을 존경하고, 눈물겹게 감사하는 마음으로 살았다. 아, 그립다, 그 시절이!

· Young-Iob, Chung(정영엽),
『South Korea in the Fast Lane: Economic Development and Capital Formation』
· Arnold Anderson, Mary Jean Bowman 지음,
『Education and Economic Development』

불멸의 공공성을 창조한 5.16 혁명

5.16 혁명이 일어난 지 60년이 되었다. 언론 어느 곳에서도 5.16 혁명 60주년에 대한 기사를 찾아볼 수 없다. 이걸 보니 박근혜 대통령의 석방이 물 건너간 게 아닌가 하는 생각마저 든다. 혹시라도 그의 운명이 모택동의 음모에 걸려든 유소기처럼 되는 건 아닌지 일말의 두려운 생각도 든다. 우리 현대사에서 가장 의미 있는 역사적 이벤트라면 나는 1948년 대한민국 독립정부 수립과 1961년 5.16 혁명을 주저 없이 꼽고 싶다. 송복 교수는 10년 전 《월간조선》에 기고한 5.16 혁명 제50주년 글에서 5.16 혁명이 없는 오늘날의 대한민국을 상상할 수 없다며 5.16 혁명을 대한민국 재조再造의 역사라 하였다. 5.16 혁명은 제2의 건국을 위한 출발점이었다.

중학교 때부터 모은 우표 중 내가 가장 아끼는 우표가 몇 있는데, 5.16 혁명 기념우표와 전쟁 중이었던 1951년 발행된 한국전쟁 참전 기념우표다. 5.16 혁명 기념우표는 우표와 국, 영문 시트 그리고 기념엽서 일체를 세트로 갖고 있고, 한국전쟁 참전 기념우표는 44장을 모두 갖고 있다. 5.16 군사혁명 발발 한 달 후인 1961년 6월 16일 발행된 우표에는 '5.16 군사혁명 기념'이라고 쓰여 있는데, 1년 후인 1962년 5월 16일 발행된 우표와 시트에는 '군사혁명'이 아니라 '5.16 혁명 제1주년 기념'이라고 되어 있다. 혁명 주체들이 자신들의 혁명을 군사혁명이 아니라 혁명으로 간주한 것이다.

당시 혁명 주체들이 자신들의 행위를 군사혁명, 즉 쿠데타가 아니라 혁명으로 간주한 것은 사실 모험이었지만 이후 반세기의 역사는 이 군사혁명을 혁명으로 승화시킴에 부족함이 없다. 한나 아렌트는 '혁명'이란 자유에 관한 것이고, 새로운 시작이 만들어졌을 때에만 말할 수 있다 했다. 여기서 자유란 단순한 빈곤과 공포로부터의 자유를 넘어서는, 공공성의 창조를 통해 자유롭게 '행위'할 수 있는 가능성을 말한다. 아렌트는 불멸의 공공성 창조를 혁명의 요소로 중시하였고, 그런 측면에서 빵을 위한 프랑스 혁명보다는 세계 최초로 왕 없는 삼권분립의 나라를 만들어 낸 미국의 독립혁명을 더 높게 평가하였다. 한국에서는 자유민주국가 창설로 수천 년 내려오던 왕조 정치를 단절시킨 이승만의 건국 혁명이 제1의 혁명이요, 5천 년 가난의 질곡을 끊고 한국 사회의 문명사적 변신으로 한국을 진정한 선진 시민사회의 대열에 합류케 한 '박정희 모델'의 시작점이었던 5.16 혁명이 제2의 혁명이었다.

내가 만난 함부르크 민속학 박물관의 주자네 크뇌델Susanne Knödel 박사는 한국이 조선 초기로부터 250년 만에 친인척 시스템을 완전히 바꾸었다면서 인류학적 관점에서 놀랄만한 일이었다고 했다. 고려 시대는 부계와 모계가 동등하게 중요시되는 친인척 관계가 지배적이었으나 유교가 도입되면서 가부장적 전형으로 변모했다는 것이다. 그런데 박정희 대통령은 조선 시대가 끝난 지 반세기 만에 한국

사회를 개혁하여 경제개발에 성공했다. 성공적인 경제혁명에는 의식혁명이 앞선다. 당시 유교문화의 한계를 감안할 때 기적 같은 일이었다.

박 대통령은 외형적인 산업화에만 주력한 건 아니었다. 국민교육헌장을 제정하였고 한국정신문화연구원(지금의 한국학중앙연구원)을 설립하여 일대 정신혁명을 주도하고, 가정의례준칙을 만들어 공직자들부터 솔선수범하면서 허례허식을 일소했다. 기술력을 키워 국제기능올림픽에 나갔고, 새마을운동을 일으켰다. 공장에서 일하는 여공들의 소원을 물어보니 남들처럼 교복을 입고 학교에서 공부해 보는 것이 꿈이라 해서 국내 최초로 야간학교를 만들었고, 「국민복지연금법」 제정으로 복지국가의 초석을 놓았다. 『신양반 사회』를 쓴 김은희 박사는 시골 여성들에게 진정한 생활 혁명이 새마을 운동을 통해서였으며, '먹고살기 편해진' 실생활에서의 혁명이야말로 사소한 역사가 아니라고 말한다.

이렇듯 5.16 혁명은 한국전쟁으로 피폐해진 나라를 일거에 일으켜 세워, 자유민주적 정치 시스템과 시장경제의 틀 위에서 한민족의 지속가능한 생존 패러다임을 만들어 내었고, 시민들의 정체성을 변화시켰다. 아렌트가 말한 새로운 공공성을 창조해 낸 것이다. 이영훈 교수는 박정희 모델을 단순한 정부주도형으로 치부해서는 곤란하다면서, 이것을 '국제환경과 한국의 사회, 문화적 전통에 조응하는 정부-기업-민간의 상호유인적 협력체제'로 정의하였다.

지도자는 과거와 미래 사이, 그리고 불변의 가치와 민중의 열망 사이라는 두 축의 교차로에서 생각하고 행동한다. 지도자는 자신이 속한 사회의 역사, 관습, 능력에 기초한 현실적인 평가를 기초로 과거와 미래 간의 균형을 맞추고 목표 설정과 전략 수립의 방향을 직감적으로 포착해야 한다. 박정희 대통령은 키신저가 설파한 바로 이 자질을 갖춘 지도자였다. 그리고 박정희 대통령이야말로 진정한 진보주의자였다.

· 한나 아렌트 지음, 홍원표 옮김, 『혁명론』
· 이영훈, 김광동, 남정욱, 김용삼, 전상인, 이승수, 황인희, 윤주진 지음, 『박정희 새로 보기』
· 송복, 김인영, 여명, 조우석, 유광호, 류석춘, 이지수, 최종부, 배진영, 왕혜숙 지음, 『박정희 바로 보기』
· 김은희 지음, 『신양반 사회』
· Henry Kissinger 지음, 『Leadership』

2020.11.2.

인천공항을 이승만-박정희 공항으로

지난 10월 31일 베를린 신공항이 완공되었다. 과거 동베를린 쪽 쉐네펠트에 건설된 이 공항은 연간 4천만 명의 승객 운송을 처리할 수 있는, 독일에선 프랑크푸르트, 뮌헨 공항 다음의 규모다(인천 공항 2019년 7천만 명 운송 처리). 1948년 베를린 봉쇄 사태 시 긴급히 건설되었던 서베를린 쪽의 테겔 공항은 이제 항공기 운항이 중지된다.

베를린은 통독 후 지난 20여 년 가까이 시내 전체가 공사 현장이나 다름없었지만, 특히 베를린 신공항 건설 공사에서 난맥상이 드러났다. 14년이란 예상치 못한 긴 공기가 소요되었고, 9년 전인 2011년 10월에는 개항식 초청장까지 발송해 놓고도 취소해야만 했다. 도합 6번이나 공기가 지연되었고 건설 경비도 당초 예상보다 3배나 많은 60억 유로가 소요되었다. 명성 높은 독일 엔지니어링의 부끄러운 역사인지라 베를린 신공항 당국은 이날 대규모 개항 행사를 포기했다. 내가 베를린 신공항 건설에 관심을 가졌던 건 베를린과 함부르크에서 일하면서 한국을 오갈 때 프랑크푸르트를 경유해야만 했던 불편 때문이었다. 더욱이 항공 경로가 베를린 인근 상공을 지났다. 그래서 베를린 상공을 지나갈 때면, 언제나 "여기서 내리면 되는데" 라는 아쉬움이 있었다.

마르쿠스 라인베르크Marcus Reinberg 함부르크 주재 몽골 명예영사는 인천공항을 격찬하면서 베를린 신공항 건설에 한국 엔지니어를 투입해야 한다는 유머 아닌 유머까지 곁들였다. 그는 이렇게 말했다.

> "한국에는 2년 전 딱 한 번 가 보았지만, 인천공항은 내게 매우 인상 깊은 기억으로 남아 있다. 공항에 도착하면서부터 나는 그 공항이 매우 효율적으로 움직이고 있음을 알아차렸다. 독일 공항들은 이에 비할 바가 못 된다. 베를린 신공항 건설에 한국인 엔지니어들을 고용했어야 했다! 이 공항 건설은 이제 감당할 수 없게 되어 버렸다."

오랫동안 도쿄에서 특파원 생활을 했던 독일 언론인도 베를린 신공항 건설이 난맥상을 보인 원인에 대하여 이야기했다. 그는 신공항 건설사 감독이사회에 보베라이트 베를린 시장, 브란덴부르크 주 총리 등 정치인이 너무 많이 참여하면서 일이 틀어졌고 분야마다 시공회사 간의 소통과 협업이 부족했다고 평가했다. 또한 독일 내에서 직업교육에 대한 관심이 떨어져 건설 인력이 줄어들었고 폴란드나 체코 같은 동구권 기술자들도 이제는 독일과의 임금 격차가 많이 줄어들어 웬만하면 가족이 있는 고향을 떠나려 하지 않아 외국인 기술자 투입에도 어려움이 있었다고 한다.

베를린 신공항 못지않게 난맥상을 보였던 사례가 2017년 1월 완공된 함부르크의 새 음악당 엘프필하모니다. 투입된 예산이 당초보다 10배 가까이 늘어나 세계에서 제일 비싼 음악당이 되었고, 공기도 두 배 가까이 연장되어 꼬박 10년이 걸렸다. 이에 정치인들의 속임수였다는 말까지 나오고 있다. 처음부터 소요될 예산을 정직하게 밝히면 그 큰 소요 예산에 동의할 사람도 없고, 선거에도 불리하기 때문이다. 인천공항은 내가 보아도 세계 제일이다. 나는 비행기에서 내려 입국 심사대를 거쳐 컨베이어 벨트에서 떨어지는 짐을 찾아서 세관을 통과하여 스크린 도어를 나오기까지 정말 10여 분 만에 통과한 적이 있다. 세계 어느 공항도 이런 곳은 없다. 실제 인천공항은 세계 공항 평가에서도 다년간 최정상을 차지했다. 더욱이 이 공항은 세계가 놀랄 정도로 신속하게 건설되었다. 바다를 매립한 후 5년 만에 완공하였다.

독일이나 미국 등 공항에는 국제민간항공기구_{ICAO}에 등재하는 정식 명칭 말고 통칭으로 붙이는 이름들이 있는데, 보통 위대한 정치인의 이름으로 명명한다. 베를린 신공항도 '베를린-브란덴부르크_{BER}'라는 ICAO 등재 이름이 있지만 빌리 브란트 공항으로 명명했다. 함부르크 공항은 헬무트 슈미트, 뮌헨 공항은 프란츠 슈트라우스, 쾰른-본 공항은 콘라드 아데나워의 이름을 붙였다. 뉴욕공항도 존 에프 케네디 공항이고 워싱턴 D.C. 공항도 로널드 레이건 공항이다. 선진한국의 관문인 인천공항도 이승만-박정희 공항으로 불릴 날이 오기를 기대해 본다.

Part 9.

'고객정치'는 망국병이다

사회

사회의 재봉건화 현상을 지적한 위르겐 하버마스Jürgen Habermas
사진 출처: 브리태니커 온라인

"옷깃만 스쳐도 인연"이라는 말이 있지만, 예를 들어 독일 사람들은 옷깃을 스치는 정도의 인연은 개의치 않는다. 그 정도로 일상생활에서 늘 일어나는 일들은 인연이 아니라는 생각에서다. 왜 우리에게만 그런 조그만 인연들이 소중할까.

_ 본문 중에서

유교 문화로 엮어진 조선이 서양문물을 받아들이면서 개인적 이성을 강조한 일본을 이기지 못한 것은 어찌 보면 당연하다. 한국의 유교는 사실 신유교라는 주자학이다. 리理와 기氣로 한국을 통찰하며, 한국인을 관통했다는 오구라 기조는 한국인과 한국을 "도덕적으로 살지 않는 도덕지향성 국가"라 하지 않았나.

_ 본문 중에서

'고객정치'가 우리 사회를 망친다

'자유주의적 조합주의liberal corporatism'는 독일식 경제 모델의 특징 중 하나다. 독일제국 당시 개인이나 기업은 자유로운 활동이 제약을 받자 상공회의소나 동종 기업 간 협회를 조직해서 자신들의 이익을 보호했다. 이들 조합은 당시 독일의 권위주의적 환경에서 생존을 위해 광범위하게 조직되었다는 측면에서 영미권의 자발적인 이익단체와는 발생 배경이 다르다. "독일에는 조직되지 않은 이익은 없다"라고 할 정도로 사회 각계각층의 모든 이익이 조직화, 활성화되어 있다. 그래서 독일식 경제모델을 조합주의 시장경제라고도 한다.

독일의 조합들은 '보충성의 원칙'에 따라 국가의 감독보다는 정관 등 자체적인 규칙을 통해 관리되기 때문에 당초 설립 취지나 목적 등을 준수하는 것이 전체 회원사들의 입장에서 매우 중요하다. 그래서 이 독일의 조합주의를 관통하는 으뜸가는 운영원리가 '고객정치client politics'를 배격하는 것이다. 고객정치란 다수의 일반 이익을 담보로 소수자의 이익을 도모하는 행위다. 공직자든 민간인이든, 자신과 친분이 있거나 어떤 형태로든 이해관계가 맞아떨어지는 다른 개인이나 소수 그룹을 위해 집단적 일반 이익을 희생시키는 행위가 발생한다면 이것이 고객정치다. 정확하게 위법이나 불법행위는 아닐 수 있지만, 탈법이나 편법에 가깝고 사회에 끼치는 부정적 영향

또한 지대하다. 부패나 정실주의에 가까운 행태로도 볼 수 있어 선진국과 후진국을 가르는 기준이 되기도 한다.

특히 한국 사회는 사적인 네트워킹이나 체면을 중시하는 사회로 고객정치가 만연할 수 있는 토양을 제공하고 있다. 어떤 기관이나 단체, 정관 등 당초 설립 목적에 따라서 최대한 공평무사하게 운영하겠다는 의지부터 약하다. 인사권자가 학연, 지연 등 정실에 따라 인사를 하는 사례도 있고, 종합병원 예약이나 귀성열차 차표처럼 공급은 제한되어 있고 수요는 많은 상황에서 아는 사람에게 우선권을 주기도 한다. 바로 고객정치를 하는 것인데, 고객정치는 그 성격상 외부로 잘 드러나지 않고, 드러난다 하더라도 이에 대한 대응수단이 마땅찮다.

지금 전 사회적 공분을 자아내고 있는 어느 공직자의 행태를 보면 '고객정치'야말로 우리 사회 최대의 적임을 실감한다. 그는 자신의 딸 부정 입학 의혹은 가짜 뉴스라며 대학 입학 과정에 '절차적 불법성'은 없었다고 했다는데, 자신에 대한 의혹 제기를 가짜 뉴스로 몰아붙이는 뻔뻔함이 놀랍기도 하지만, '불법이 아니라면 괜찮다'는 잘못된 인식이 더 문제다. 더욱이 법학자이며 대통령의 수석 법률 보좌관이라는 사람 아닌가. '절차적 불법성'이란 애매한 표현은 실체적 불법성은 인정한다는 말로 들리기도 한다. 여하튼 그가 강조하고 싶었던 것은 "불법이 아니다, 법을 어기지 않았다"는 것이리라. 설령 불법이 아니더라도 '고객정치'의 폐해는, 불법의 폐단을 능가하고도 남음이 있다. 주차 위반을 하면 불법이 되고 벌금을 문다. 그러나 훨씬 큰 문제를 야기하는 고객정치의 횡행은 어떤 벌금도 물지 않고 양심의 가책도 받지 않는다. 법을 어기지 않았다는 그릇된 자부심으로 오히려 당당하기까지 하다.

이번 사태로 드러난 386 교수들 간에 유행한다는 '스펙 계'라는 것도 입시 경쟁이 치열한 한국 사회에서 볼 수 있는 고객정치의 대표적 사례일 것이다. 교육자라는 사람들이 자녀들의 자기소개서 스펙 확보를 위해 교수 사회의 인맥을 활용하는 것인데, A 교수는 B 교수의 자녀를, B 교수는 A 교수의 자녀를 봐주는 것이다. 고교생이 단독이든 공저자로든 어려운 논문을 썼다는 많은 사례가 이런 경우에 해당한다고 한다. 이것은 자신들의 자녀와 동년배 학우인 대다수 학생의 이익을 자기 자녀만의 이익과 맞바꾸는 반사회적, 반교육적, 반윤리적인 파렴치한 행위다. 이런 고객정치의 폐해가 불법이라는 주차 위반의 폐해와 비교가 되겠는가? 이 공직자는 갑자기 자기 가족 소유의 사모펀드와 학교법인을 사회에 기부하겠다고 한다. 이 학교법인은 부채가 많아 순자산이 마이너스라는데 자신들의 부채를 사회에 떠넘기겠다는 것인지 이해하기 어렵지만, 여하튼 기부를 강조하려는 의도로 보인다. 하지만 민간경제에서 볼 수 있는 기부는 공개적인 부패로 간주되기도 한다. 특히 이 경우가 그렇다. 여러 가지 의혹으로 본인의 장관 청문 절차가 어려워지자 기부를 앞세워 이를 극복해 보겠다는 의도가 있다면, 이것은 기부란 이름으로 포장된 또 다른 부패다.

어떤 정치세력이 특정 지역이나 집단의 이익을 염두에 두고 경제, 재정정책에 관한 결정을 내린다면 그것 역시 전형적인 고객정치일 것이다. 어쩌면 한국 사회를 진정 망치고 있는 사람들은 재판정에 선 범법자들보다 고객정치를 자행하는 점잖은 지식인들일지 모른다. 법치국가는 법질서만을 규정할 뿐 사람들의 생활 방식까지 결정하지는 않는다. 법질서를 지키는 것은 민주 시민의 최소한의 도리일 뿐이다.

2019.9.7.

인적 '네트워킹'에 올인하는 한국 사회

지금 한국에서 볼 수 있는 사회 현상의 특징이라면 종교의 과열화와 함께 인적 네트워킹에의 몰두 현상이다. 내가 하면 네트워킹이고 남이 하면 유착이라지만, 한국 사회의 네트워킹은 모든 계층을 아우르는 전 사회적 인맥 엮기다. 이것은 공식적, 공개적, 제도적이기보다는 비공식적, 비공개적, 특정 개인 또는 그룹의 사유적 행태를 보인다. 그런 연유로 사회 공익적 관점에서 볼 때 긍정적이기보다는 오히려 그 반대다. 지역 향우회나 학교 동창회도 마찬가지다. 우리 사회를 뒤흔드는 대형 추문이 터질 때마다 그 배후에 숨어 있는 비정상적인 네트워킹과 반사회적인 고객정치의 검은 그림자를 볼 수 있다.

놀라울 정도로 새롭게 드러나고 있는 모 교수 부부의 스캔들에는 어김없이 친족과 동향, 동창 등 은밀한 네트워킹의 그림자가 어른거리고 있다. 지연이나 학연 등으로 엮어진 은밀한 네트워킹이 대학의 가치를 무너뜨리고 다수 학생의 이익을 침해하는 행위에 나섰던 것을 확인할 수 있다. 우리 사회에서 가족이나 자식에 대한 과도한 집착은 대체 어디서 오는 것일까? 우리 사회에 뿌리박고 있는 유교 문화를 지목해 보자면, 삼강오륜은 개인의 윤리보다는 집단 윤리를 가르치고 있음을 볼 수 있다. 왕조 체제 유지에 필요한 군신 간, 부자간, 부부간, 그리고 친구 간의 행동 규범을 제시하고 있지만, 우리가 각 개인으로서 가져야 할 인격의 고결함이나 정직, 자조 같은 정신적 덕목은 가르치지 않는다. 그러니 우리 사회에서는 가족, 친족, 동향 같은 게마인샤프트적 집단 윤리가 각 개인의 합리적 이성을 마비시키는 것이다. 유교 문화로 엮어진 조선이, 서양문물을 받아들이면서 개인적 이성을 강조한 일본을 이기지 못한 것은 어찌 보면 당연하다. 한국의 유교는 사실 신유교라는 주자학이다. 리理와 기氣로 한국을 통찰하며, 한국인을 관통했다는 오구라 기조가 한국인과 한국을 "도덕적으로 살지 않는 도덕지향성 국가"라 하지 않았나. 메이지 시대 당시 국민 계몽서였던 후쿠자와 유키치의 『학문의 권유』나 새뮤얼 스마일스Samuel Smiles가 쓴 『자조론Self-Help』 같은 인간의 이성을 강조한 책들이 백만 부씩 팔려 나갔다 한다. 후쿠자와는 유학이 지난 수천 년간 인간사의 발전에 전혀 기여한 바 없음을 간파한 선각자였다.

그런데 우리 사회에서는 게마인샤프트적 집단 간의 유대뿐 아니라 학교라는 게젤샤프트의 네트워킹으로 맺어진 동창 같은 '내內집단in-group'에서도 남다른 유대를 볼 수 있다는 점이 매우 흥미롭다. 모 교수 부부의 사건에서도 매우 다양한 유형의 '내집단'이 여기저기 형성되면서 '외外집단out-group'을 배척하고 있음을 볼 수 있었다. 특히 이 교수 부부를 옹호하는 정당이나 특정 사회세력 같은 공식적이거나 규모가 큰 '내집단'이 공공연하게 모습을 드러내고 있어 적잖은 충격으로 다가왔다.

강남 같은 부자 동네에서는 유럽 페스티벌 여행 모임에 터무니없이 비싼 참가비를 제시해도 예약이 밀린다 한다. 부자들 간의 네트워킹 때문일 것이다. 학교에서는 학부모들이 원래 목적의 사친회를 넘어서서 자식들의 스펙을 쌓아 주기 위해 품앗이 성격의 네트워킹을 한다. 대학에서 주관하는 무슨 '최고과정'이라는 것도 학습기회의 창출이라는 본질적 목적보다는 명사들의 네트워킹이라는 부수적 목적 때문에 비싼 참가비를 감수하는 것이고, 대학은 이를 이용해서 돈을 벌고 있다. 그래서 반년이나 1년 정도 '최고과정'이라는 것을 다니고 나면 동문회를 조직해서 그들만의 '내집단'을 지속하려는 경향을 볼 수 있다. 독일에서도 언론사가 지식산업으로 장사를 하지만, 양태가 다르다. 그들은 참가비를 받고 한 번의 강연 또는 하루나 이틀 정도의 강연회를 주관한다. 강연장에 들어갈 때 명찰을 주는 정도지 참가자들 간에 집단적인 네트워킹을 한다는 기미는 보이지 않는다. 우리는 심지어 아파트값을 담합하기 위해 동네

부녀회가 동원되기도 한다 하니 가히 네트워킹과 '내집단'의 종결자를 보는 듯하다.

헌법에서 보장하고 있는 결사의 자유를 비난하려는 의도는 결코 없지만, 우리 사회의 이 네트워킹 열풍은 도를 넘고 있다는 생각이다. 우리 사회가 투명하지 않고 법과 규칙대로 움직이지 않으니 사적인 네트워킹으로 자구책을 마련하려는 것일 수도 있겠다. "옷깃만 스쳐도 인연"이라는 말이 있지만, 예를 들어 독일 사람들은 옷깃을 스치는 정도의 인연은 개의치 않는다. 그 정도로 일상생활에서 늘 일어나는 일들은 인연이 아니라는 생각에서다. 왜 우리에게만 그런 조그만 인연들이 소중할까. 하긴, 친목회, 종친회, 동창회가 세계에서 제일 많은 나라가 한국이라 한다. 그리스 재정위기가 터지자 독일에서는 그리스 사회의 비효율성에 대한 엄청난 성토가 쏟아졌다. 개인 집을 짓는 데 건축허가라도 받을라치면 해당 관청 담당 직원과 점심이라도 해야지 그냥 서류만 내서는 안 된다는 것이었다. 우리 사회의 모습을 그리스에 비교한다면 지나친 것일까? 확실한 것은 개인적인 네트워킹에 의존하는 정도가 독일 사회보다 훨씬 크다는 점이다. 우리는 온갖 일에 개인적으로 신경을 쓰고 관리해야 한다. 매우 피곤한 일이고 사회적 비용도 크다. 우리 사회가 좀 더 투명하고 공적인 메커니즘에 따라 움직였으면 한다. "사람이 아니라 일이 네트워킹 한다"는 독일 사회를 돌아보자.

'기부'나 '후원'은 '부패'와 동의어다

　　　　　　　　문재인 대통령이 긴급재난지원금으로 받은 60만 원을 기부했다고 한다. 그러자 공무원, 정당, 공기업은 물론 일반인들의 긴급재난지원금 기부 소식이 꼬리를 물었다. 심지어 5살배기 소녀가 어려운 친구에게 도움을 주고 싶어 기부했다는 소식도 들렸다. 우리나라는 선진국에 비해 기부문화가 제대로 정착하지 못한 나라에 속한다. 그런데 이번 기부 열풍은 무슨 일일까, 가상한 일임은 틀림없지만 조금은 고개가 갸우뚱한다. 메리츠금융과 농협은 임원과 간부급 직원 수천 명이 재난지원금 기부에 동참한다고 발표했지만, 정작 당사자 개개인의 동의는 받지 않았다고 한다. 몇천 명씩 되는 조직에서 자발적인 기부 의사를 물어봤을 때 한 명도 빠짐없이 모두 기부를 하게 될 가능성은 과연 얼마나 될까? 이건 불가능하다는 게 정답이다. 그렇다면 메리츠금융이나 농협의 대표라는 사람은 불가능을 가능으로 만든 사람이다. 그것도 남의 돈을 걸고 말이다.

결국 재난지원금 기부란 게 국가 지원금을 다시 국가에 반납하겠다는 것인데, 재난지원금을 다시 돌려줄 정도의 여유 계층이라면 이 돈을 처음부터 받지 않는 게 합리적일 것이다. 그렇다면 재난지원금의 수령 대상을 처음부터 저소득층으로 한정하여 행정 비용과 번거로움을 덜어 주는 게 맞지 않나? 이렇게 본다면 이건 한낱 '소동'

이다. 왜 이런 소동을 벌일까? 반납을 하더라도 지원금이 지급되었다는 사실은 변치 않으므로 결국은 국가의 시혜를 생색 내려는 의도일 것이다. 포퓰리스트적 발상이다. 마르크스와 엥겔스가 『공산당 선언』의 첫 문장에서 유럽을 배회하고 있는 유령이 공산주의라 했지만 이제는 바로 포퓰리즘의 유령이 세계를 배회하고 있다.

민간경제에서 볼 수 있는 '기부'나 '후원'을 공개적인 부패로 보기도 한다. 경제적 동물인 인간이 아무런 대가도 바라지 않고 기부나 후원을 한다는 것은 있을 수 없기 때문이다. 단지 명칭이 달라서, 공공부문에서는 부패라고 하고 민간부문에서는 기부나 후원이라고 할 뿐이다. 관행이란 이름으로 포장된 스폰 문화도 마찬가지다. 예를 들어 정보통신 분야 같은 '돈이 될 만한' 학회가 개최되면, 기업들은 외국까지 따라다니며 후원을 한다. 후원을 받은 쪽은 언젠가는 보답을 한다. 관련 입법과정에서나 언론 기고 등에서 소비자의 이익 대신 스폰 기업 편을 드는 것이다. 물론 학설로 포장하는 것을 잊지 않는다. 이런 현상은 외국에 비해서 한국 소비자들이 비싼 통신비를 부담하는 현실과 무관치 않을 것이다.

2009년 바이에른의 재벌인 아우구스트 폰 핑크August von Finck 는 자신의 호텔 요식업체 뫼벤피크Moevenpick 를 통하여 110만 유로를 자민당에 후원하였는데 이후 자민당이 호텔업에 대한 부가세 인하를 주도하였다는 의혹을 사면서 스캔들로 번졌다. 이 스캔들로 자민당은 '뫼벤피크당'이란 불명예스러운 별명을 얻었다. 이 사건을 보자면 폰 핑크는 기부를 한 것이라지만 결국 자민당의 고객정치를 유발하였고, 기부가 결코 공짜가 아님을 환기시켰다. 성남 FC 후원금 사건도 전혀 다르지 않다. 기부는 부패의 다른 이름이다. 그래서인지 이번 긴급재난지원금의 기부와 관련한 여론을 묻는《조선일보》의 독자 참여 여론 조사에서 5월 9일 오후 현재 '관제 기부'라는 생각이 96.5%로 3.5%의 '자발적 기부'라는 생각보다 압도적으로 높게 나타나고 있다.

2020.10.12.

봉건 귀족화된 '민중민주' 세력

내가 만난 함부르크 대학의 직하르트 넥켈Sighard Neckel 교수는 금융사회학을 전공한다. 그가 하버마스의 이른바 '재봉건화'에 대해 이야기한 적이 있다. 현대 사회계층 간의 권력관계가 흡사 과거 봉건시대로 되돌아가고 있다는 것이다. 금융 분야에서 과거에 볼 수 없었던 부의 집중화가 발생하면서, 부가 정치에 대해 직접적인 영향을 미치기 시작했고, 구글이나 페이스북 같은 슈퍼 기업도 권력을 갖기 시작했다는 것이다. 이들은 마치 중세의 봉건 귀족들과 같이 선출되지 않았지만, 그들 못지않은 권력을 누린다. 페이스북의 저커버그는 마치 국가 원수처럼 대우받는다. 메르켈 독일 총리 또한 그를 크게 환영했다. 메르켈은 페이스북이 지닌 엄청난 정치적 영향력을 알고 있기 때문이다. 저커버그는 어느 누구에게도 표를 받지 않았지만 경제적, 정치적 권력을 소유하고 있다. 흡사 봉건 군주처럼 말이다.

최근 수년간 우리나라에서 목도되는 사회 현상들을 보노라면 소위 '민중민주' 세력이라는 현 정권 사람들로부터 우리 사회의 재봉건화가 진행되고 있다는 느낌을 받는다. 청와대나 여당의 핵심적인 인사들을 중심으로 한 과거 '민중민주' 세력과 그 가족들이 우리 사회의 새로운 봉건 권력 집단으로 부상했다. 지난 4.15 총선 이후 이들은 국회 의식을 독점하고 의회 정치를 실종시켰다. 한나 아렌트는 정치의 본질이 '복수성'에 있다고 했다. 여당과 함께 야당의 존재가 없으면 '정치'가 아니란 말인데, 여당이 거대 의석으로 입법과 국정을 일방적으로 밀어붙이면서 독주하고 있다. 이런 현상은 여론의 쌍방향 교감을 인정하는 현대 민주 사회에서가 아니라 일방적인 독선과 무오류성만 존재하는 과거 봉건사회에서나 볼 수 있는 것이다.

조국이나 추미애가 자신들의 잘못을 인정하지 않는 것도, 우리 해수부 어로지도원을 북한이 사살했음에도 대통령과 정부가 진술한 사과 대신 종전선언 주장을 되풀이하는 것도, 이들이 이미 스스로를 민주 사회가 아닌 봉건 사회의 권력자로 생각하기 때문이다. 생각해 보라, 조선 시대에 왕에게 상소를 할 때는 목숨을 걸겠다는 의미로 지부상소를 하기도 했다. 일본의 막부 시대에도 마찬가지였다. 영주에게 직소하는 것은 곧 죽음을 뜻했다. 흉년에도 도저히 감당할 수 없는 세금을 부과한 영주의 폭정을 쇼군에게 직소한 사쿠라 소고로는 그의 네 자녀와 함께 책형에 처해졌다. 이것이 봉건 사회다. 국민 앞에서 27번이나 거짓을 말한 당사자가 처벌되기는커녕, 지원 장교 등 추 장관 측에 불리한 진술을 한 것으로 알려진 2명의 현역 군인만이 군검찰에 송치되었다. 우리 사회가 어느덧 지배층의 일방적인 무오류성만 존재하는 신봉건 사회로 접어든 것이 아닌가 의심스럽다.

최근 연세대 수시모집에서 '민주화 운동 관련자' 18명이 합격한 특혜 입학 시비를 보노라면 이런 신봉건 세력들이 대물림하는 현상이 실제로 확산되고 있음을 볼 수 있다. 기존의 '5.18 유공자' 자녀 가산점 제도에 더하여 '민주화 운동' 자녀에게 취업, 의료, 금융 혜택을 주자는 법안도 발의되었다. 하긴 대물림이 아니라면 진정한 봉건 세력이라고 할 수도 없을 것이다. 조선 시대 왕족과 양반들의 특권도 세습되지 않았는가. 더욱이 지난 10일 대법원은 '5.18 민주화' 유공자들의 명단 비공개가 정당하다고 판결했다. 상 받은 사람들이 스스로를 감추려고 한다는 건 누가 봐도 비상식적이다. 상식을 우회하는 법은 진정한 법이 아니다. 조선 시대에도 이러진 않았다. 적어도 누가 귀족 양반이고 그 자녀들인지는 알 수 있지 않았나. 대대손손 특권을 누리는 암울한 봉건 사회의 모습이 완벽하게 재현된 듯하다.

봉건제 앞에는 보통 '전제적'이란 수식어가 붙는데, 봉건제는 필연적으로 전제성을 가지기 때문이다. 그래서 보통은 전제적 봉건제라고 하는데 이 말이 지금 우리에게 딱 들어맞는 말이 되었다. 지금 대한민국은 바로 이 수백 년 전의 전제적 봉건제로 돌아가 있는 듯하다. 여러 말보다는 지난 10월 3일 개천절과 10월 9일 한글날 광화문 광장을 떠올리면 될 듯하다. 오죽하면 한 외신기자가 평양보다 더하고 했을까. 평양이 순수한 공산주의도 아닌 3대 세습 전제군주제임을 볼 때 이제 서울의 모습이 세습 군주제를 하는 평양보다도 못하다는 말인가? 이 정권 사람들의 입에서 "엄단하겠다", "책임을 묻겠다"는 말도 이젠 일상처럼 쏟아지고 있다.

언젠가부터 경찰에게서 정서적 거리감이 느껴지기 시작했다. 민중의 지팡이라는 이들에게 수십 년간 느껴 왔던 친근한 마음이 점점 엷어지기 시작하면서, 이젠 좀 두려운 마음마저 든다. 지은 죄도 없는데 말이다. 나만의 생각일까. 공원같이 사람이 조금이라도 모이는 곳에 이전엔 볼 수 없었던 순찰이 빈번해지고 있음을 본다. 노란 조끼를 입은 사람들이 짝지어 다니면서 마스크를 쓰라고 압박하기도 한다. 공기 좋은 한적한 야외에서조차 마스크를 쓰라는 획일성을 외치는 비상식을 곳곳에서 목도한다. 우리 사회에서 시민을 감시하는 전제적 체제가 작동되고 있음을 피부로 느끼며 내심 놀라곤 한다.

법치주의의 핵심은 법을 만들고 집행하는 지배자들부터 법을 지키고 법에 구속되어야 한다는 것인데, 우리 사회에서 이제 새로운 봉건귀족의 반열에 오른 사람들에게는 법이 없어졌음을 알게 되었다. 중동의 왕정국가인 카타르에서는 적색 신호등을 위반한 차량에 부과하는 벌금이 가혹하리만큼 높다. 그런데도 페라리 같은 비싼 차들이 적색 신호를 위반하는 경우가 종종 있어 놀라곤 했다. 나중에 알게 되었지만 카타르에서는 수천 명 규모의 왕족인 알타니 가문은 교통법규의 적용을 받지 않는다. 이들은 왕정국가의 합법적인 봉건 귀족들이다. 그렇다면 우리나라에 새롭게 출몰한 불법적인 봉건 귀족들은 누구인지 하버마스에게 물어보고 싶다.

2021.5.21.

교통사고 후진국 유감

하루가 멀다고 치명적인 교통사고 뉴스를 접한다. 우리나라는 교통사고 후진국이다. WHO에서 발표하는 인구 10만 명당 교통사고 사망률을 보면 1위에서 30위에 속하는 국가는 대부분 아프리카 국가들이다. 아프리카에서 제일 위험한 건 풍토병이 아니라 교통사고라 한다. 아프리카에 이어 위험한 곳이 중동이다. 실제로 사우디아라비아는 10만 명당 사망자가 거의 35명으로서 아프리카 국가들보다 나을 게 없다. 한, 일, 중을 비교해 보면 일본은 10만 명당 사망자가 2.37명으로 세계에서 2번째로 안전한 나라이고, 한국은 그에 3배가 넘는 7.98명, 중국은 7.5배가 많은 17.73명이다.

OECD 국가끼리 비교해 보면 일본이나 서유럽 국가들이 제일 안전한 나라들이고 한국은 멕시코, 터키, 그리스, 루마니아, 폴란드와 같은 나라들과 함께 OECD 내 교통사고 후진국 그룹에 속해 있다. 국민소득에 따른 선, 후진국 구분이 교통 사고에도 그대로 적용되고 있음을 알 수 있다. 예외가 있다면 바로 중동 졸부 국가들과 우리나라다. 이처럼 우리나라는 상대적으로 높은 국민소득에 비해 교통사고는 여전히 후진국이다. 왜 그럴까? 우리도 졸부라서 그런가? 내가 수년 전 오랫동안의 해외 생활 후 국내에 돌아와서 느낀 것 중 하나는, 시민들이 예전보다 교통 규칙을 더 안 지킨다는 것이었다. 횡단보도를 건너려는 보행자에게 차를 들이대는 건 예사다. 카메라가 없는 곳에서는 빨강 신호등을 무시하고 달리는 차들도 많아졌다. 여기에 많은 배달 오토바이나 전동 킥보드까지 합세하여 교통질서가 더욱 문란해졌다. 20년 전 내가 캐나다 고속도로를 달리다 보게 된 '운전은 가장 높은 주의력을 필요로 한다'는 전광판의 경구는 지금껏 나의 운전 지침이 되고 있다.

왜 우리는 교통사고 후진국일까. '빨리빨리' 문화 때문일까, 사실 서울과 같은 대도시 생활에서는 지하철을 타지 않는 한, 도로 위 교통사정이 수시로 바뀌기에 정확한 교통 소요시간을 예상하기는 쉽지 않다. 그러니 우선적으로 약간의 느긋한 마음이 필요할 터이고, 약속시간을 지키기 위해선 예상보다 훨씬 일찍 출발하라는 것이다. 내가 카타르에서 근무할 때 일본 대사로부터 한 가지 배운 것이 있는데, 그것은 바로 약속시간보다 훨씬 먼저 나타나는 것이었다. 나도 시간을 잘 지키는 편이지만 일본 대사는 늘 나보다 먼저 와 있었다. 행사장에도 미리 가면 사실 많은 장점이 있다. 특정한 사람과 여러 번 약속을 해보면 늘 늦게 나타나는 사람이 있다. 이 사람은 필시 이기적인 사람이다. 상대방의 시간을 까먹더라도 자신의 시간은 희생하지 않겠다는 것이다. 독일 사람의 약속시간 기준은 우리와 다르다. 예를 들어 운동장에 모여서 축구를 하기로 했다면 독일 사람은 약속시간 전에 운동장에 나와서 옷과 신발을 갖춘 후, 그 약속시간에 공을 찰 수 있어야 한다.

나는 교통사고 기사에 적극적으로 백자평이나 댓글을 단다. 교통사고가 후진국 병이란 걸 절감하기 때문이다. 지금 우리나라의 도로 사정이나 교통안전 설비의 수준은 나무랄 데 없다. 음주운전이나 부주의에 의한 사고가 대부분이다. 문제는 운전자의 안전 의식이다. 독일에서 면허를 딸 때, 예를 들어 도로주행 시험을 보면 감독관이 옆에 동승을 한다. 지정된 코스를 제대로 운전하고도 마지막 하차할 때 좌측 사이드미러를 보지 않고 내리면 불합격된다. 차문을 열면서 다가오는 자전거를 칠 수 있기 때문이다. 일본 사람들은 '경차 왕국'답게 많은 사람이 작은 차를 타면서도 매우 조심스럽게 운전한다. 건물 주차장에서 도로로 나오는 차들은 답답할 정도로 천천히 나오는데, 이들이 얼마나 조심해서 운전하는지를 알 수 있다. 우리는 일본에 비해 더 큰 차를 타지만, 매우 거칠게 운전하다 보니 치명적인 사고가 빈발한다. 일본의 버스 기사는 마이크로 안내까지 해 가며 부드럽게 차를 몬다. 예술이다. 우리 고속도로에서는 추월 규칙을 무시하는 일이 다반사다. 황색등은 정지하라는 경고 신호다. 결코 더 빨리 달리라는 신호가 아니다. 한국 운전자들의 운전대만 잡으면 거칠어지는 버릇은 대체 언제쯤 고쳐질까.

2021.12.29.

백신 패스제는 위헌이다

- K-방역의 허실

독일연방 헌법재판소가 '트리아지Triage'에 관한 결정을 내렸다. '트리아지'란 병상 부족 시 누가 먼저 치료받아야 하는지를 결정해야 하는 상황을 말한다. 결정 요지는 생명의 가치는 누구나 동등한 것이며 따라서 팬데믹 상황에서 장애나 기저 질환 또는 나이 등의 이유로 불이익을 받아서는 안 된다는 것이다. 이제 연방의회는 이 결정에 따라서 중환자 병실 배정이나 산소 호흡기 제공 등 치료의 우선순위를 결정함에 있어서 의료진의 관행적인 판단을 대체할 수 있는 입법 조치를 취해야 한다. 이번 헌법 소원은 장애인과 기저 질환자 9명이 제소한 것으로, 이 결정으로 인해 그간 의료 당국의 관행에 급제동이 걸렸다. 향후 코로나 사태 외에도 장기 이식 순서나 간병 우선순위 결정 등에도 적용할 것으로 보인다.

환자는 2명인데 산소 호흡기가 제공되는 중환자 병실이 하나뿐인 상황을 생각해 보자. 이때 1명은 코로나만 아니라면 매우 건강하며 4인 가족의 가장이다. 또 다른 1명은 정신적, 신체적 장애인으로 홀어머니에게 의존해서 살고 있다. 이런 상황에서 보통의 의사라면 아마도 전자의 환자에게 중환자실을 배정할 가능성이 크고, 또 우리 사회의 관행이 그런 판단을 부추기고 있다. 최근 우리나라 중앙재난안전대책본부의 조치에서도 그러한 관행이 확인되고 있다. 요양 시설 확진자는 증상에 관계없이 전담 요양병원으로 이송토록 하고, 코호트 요양 시설 확진자에게는 재택 치료를 하도록 하는 중대본의 조치가 바로 그런 사례라 하겠다. 이렇게 되면 기저 질환이 있는 노령 환자는 결국 코로나 병상을 배정받지 못한다. 사회적으로는 평균적인 이익의 차원에서 지지될 수 있는 관행일지는 모르겠으나 해당 환자 개인에게 이러한 평균적인 이익 개념은 의미가 없다.

우리도 이번 독일연방 헌재의 결정을 계기로 이런 상황에 적용할 수 있는 명확한 법적인 기준을 제정할 필요가 있다. 정부가 발표한 청소년 방역 패스에 관한 문제도 학부모들의 항의 데모와 국가를 상대로 하는 소송전으로 비화하고 있다. 청소년들이 출입하는 학원이나 도서관에 비접종자를 배제하는 조치는 청소년 수험생들의 학습권을 침해하는 치명적인 조치일 것이다. 지금 시행되고 있는 백신 비접종자에 대한 방역 지침도 마찬가지다. 백신 비접종자는 자신의 가족과도 식당이나 카페를 갈 수 없다(독일은 가족과는 허용). 결국 백신 비접종자를 사회에서 격리시키는 이런 조치는 헌법상 보장되는 인간의 존엄권을 침해한다.

국가의 보건권 보호 의무(헌법 제36조 제3항)에 의거하여 국가가 보건행정에 관하여 필요한 조치를 할 수 있다는 근거는 있다. 그러나 이런 논리로 백신 의무화 같은 기본권 침해 소지가 있는 조치를 시행하려면 상당한 정황적 상황이 전제되어야 하며 아울러 그 조치가 최종적인지, 직접적인지, 비례의 원칙이 지켜지고 있는지를 원용하여 신중히 판단하여야 한다. 독일은 기본권 침해 소지가 있는 의료 명령은 반드시 준입법 조치 형태로 독일 상원의 승인을 받도록 하고 있다. 현재 우리나라 방역 패스제에 대한 법적 근거인「감염병예방법」제49조 제1항은 일반적인 백신 접종 의무화를 강제하는 직접적인 근거로 보기에는 부족하다. 그렇기 때문에 이 법 조항에 근거한 백신 패스제는 위헌의 소지가 있다.

지금도 독일에서는 도시마다 수천 명에서 수만 명에 이르는 코로나 항의 집회가 이어지고 있다. 볼프강 쿠비키Wolfgang Kubicki 연방하원 부의장도 백신 접종 의무화에 반대하는 사람이다. 그는 의회 내 30여 명의 백신 접종 의무 반대 청원 그룹을 이끌고 있다. 그는 그것이 온전한 인간상에 반한다고 본다. 백신 접종자도 감염이 되고, 또 남을 감염시킨다는 사실이 명확해진 마당에 어떻게 백신 접종 의무화를 강제할 수 있느냐는 주장이다. 그는 기본적으로 1G를 지지한다. 1G란 어느 곳이든지 필요시에는 검사만으로 출입을 허용하는 것이다. 지금 독일연방의원들이 의회 건물 출입 시 매일 검사를 받듯이 필요하면 검사로 충분하다는 것이다.

지난주 중국의 1,300만 명의 대도시 시안시가 69명의 코로나 확진자 발생으로 록다운에 들어갔다. 제로 코로나 정책에 따른 것이라는데, 경악할 만한 사건이다. 북경 동계올림픽은 어차피 외국인 관중은 없을 것이며 중국인도 초청자에 한해서만, 백신 접종과 검사를 전제로 관람이 허용될 것이라 한다. 쿠비키 의원은 중국이 모범이 되어서는 안 된다면서 자코뱅적인 대처에 반대한다. 오늘 독일의 신임 외교장관인 아나레나 베어복은 북경 올림픽에 가지 않겠다고 선언함으로써 미국과 영국의 외교적 보이콧에 동참하였다. 독일은 백신 접종을 통제하기 위한 국가적 차원에서의 그 어떤 등록제에 대하여도 반대하는 입장이다. 새 야당 대표로 선출된 기민당의 프리드리히 메르츠_{Fridrich Merz}도 백신 의무화에 유보적인 입장이다. 시민들의 사회적, 문화적 삶의 참여에 대한 최소한의 보장이 생존권에 속한다는 믿음에서다. 백신 접종률은 높아지는데 확진자가 오히려 늘어나고 있다면 어차피 백신에 대한 신뢰는 낮아질 수밖에 없다.

세계보건기구가 세계적인 팬데믹을 선언한 경우는 이번 코로나 사태를 포함해서 3번째다. 이전의 2번은 1968년 홍콩 독감 사태 와 2009년 H1N1 돼지 인플루엔자 사태였다. 이 팬데믹 사태들은 백신에 의해서가 아니라 자연적인 바이러스 소멸로 종료되었다. 2002년 사스 사태도 마찬가지였다. 이번 코로나 사태로 사망자가 전 세계적으로 5백만 명이라지만, 총 사망자 개념에서 보면 큰 변화는 없다. 사람들이 '코로나 때문에 죽는 게 아니라 코로나를 가지고 죽는다_{not die from Corona, but die with Corona}'는 것인데, 코로나로 위장된 사망이 많다는 의미다.

2022. 11. 2.
강력한 경찰력은 시민의식과 함께

또 대형 사고가 났다. 잊을 만하면 터지는 대형 사고, 인간이 살아가는 한 이 악순환을 완전히 종식시키지는 못하겠지만, 그럼에도 유독 우리나라는 대형 사고의 빈도가 잦다. 이번 이태원 사고는 과거의 성수대교나 삼풍백화점 붕괴, 또는 세월호 침몰 같은 사고와는 성격이 다르다. 스탬피드_{stampede}라 불리기도 하는 압사 사고는 선, 후진국을 막론하고 일어난다. 인도나 중동국가 같은 후진국에서 빈번하지만 그렇다고 미국이나 영국 같은 선진국을 피해 가지도 않는다.

그런데 길거리 불법 건축물들이 병목현상을 일으켜 화를 키웠다 한다. 사고 장소의 인근 17개 건축물 중 14개가 불법건축물이라는데, 해밀턴 호텔도 그중 하나다. 가벽 설치로 4m 골목 폭이 3.2m로 줄어들었고, 결국 150여 명의 희생을 치른 대참사를 부르는 한 원인이 되고 말았다. 그런데 지붕이 없어 불법건축물이 아니란다. 강제철거도 못 하고 백만 원 남짓한 이행강제금만 부과할 수밖에 없다고 하는데, 이건 이해하기 어렵다. 우리가 법이 아니라 법규정만 쳐

다보고 있는 건 아닌지.

언젠가부터 우리 길거리가 혼잡해졌다. 길거리 건물이나 교통시설물은 현대화되고 좋아졌지만 길거리 안전은 그렇지 않다. 횡단보도를 건너는 보행자에 들이대는 자동차, 배달 오토바이들의 제멋대로 질주에다 사람이 다녀야 할 인도에는 불법 주차한 자동차와 노점상 그리고 이번 사고에서 드러난 대로 불법 증·개축 시설물들이 빼곡하다. 여기에 농성 천막들까지 가세한다. 인도의 주인인 보행자들은 이런 것들을 피해서 곡예 하듯 다녀야 한다. 경제가 발전하여 하드웨어는 좋아졌지만, 이걸 운용하는 마인드는 퇴보한 셈이다. 그동안 여러 정권을 거치면서 공권력 행사가 많이 느슨해졌고 그 결과의 일부가 오늘날 혼란해진 길거리 풍경이다. 심한 경우, 인도 전부를 차지한 포장마차 때문에 보행자가 인도에서 차도로 내려와 다시 인도로 올라가야 하는 곳도 있다. 경찰이나 구청에서 제대로 단속하는 것 같지도 않다. 그렇다면 이것이 경찰과 구청만의 문제일까, 아니면 이런 현상을 고의로 수수방관한 포퓰리스트 정권의 문제일까? 그 이면에는 이런 현상을 용납하는 우리 시민 사회도 문제라고 보여진다. 포장마차가 차지한 인도는 '공공적인 것'이다. 공공적이라는 건 "우리 모두가 공유하는 세계"임을 생각할 때 관이나, 민이나 함부로 점유해서도 안 되고 또 방관해서도 안 될 것이다.

나는 자유민주주의자이지만 사실은 독일의 사회민주주의를 더 좋아한다. 인간답게 살고자 하면, 정부의 개입과 규제가 꼭 필요하기 때문이다. 독일의 경찰행정은 세계적이다. 여기서 경찰행정이란 경찰서에서 하는 행정만은 아니다. 환경 당국이나 보건, 사회관청에서 행하는 경찰행정도 포괄한다. 함부르크에서는 새가 알을 낳아 부화하는 초봄부터 본격적인 여름이 시작되기 전까지, 그러니까 대략 2월 말부터 6월 중순경까지는 새들의 부화 장소가 될 만한 수풀이나 주택의 생울타리_{hedge}를 건드려선 안 된다. 자기 집안 정원의 나무라도 시 당국의 허가를 받고 베어야 하고, 한 그루를 베면 두 그루를 심어야 한다. 집 마당에서 현관으로 이어지는 포석이나 테라스의 사이사이로 잡풀이 올라오지만, 이걸 제거한다고 당국의 허락 없이 제초제를 뿌려서도 안 된다. 보건사회 행정이 강력하다는 베를린에서는 아기를 돌볼 주거 환경으로 부적합하다 판단될 경우, 사회관청에서 아기를 데려가기도 한다. 집안에서 이루어지는 일이니 누가 알랴 싶지만 바로 이웃이 신고자다. 독일 시민들의 고발 정신은 세계적이다. 독일처럼 시민이 나서서 고발까지 하지는 않더라도 최소한의 시민 의식이 따라오지 않는 한 강력한 경찰력은 발휘할 수 없다. 더욱이 우리 사회에서는 지금 공권력 경시 또는 무시 현상이 만연하고 있지 않나.

· 야마와키 나오시 지음, 성현창 옮김, 『공공철학이란 무엇인가』

2022.11.7.

1834년 예루살렘 성묘교회와
2022년 이태원

　　　　　　　지난 10월 말 이태원 압사 사고는 '군중'
이란 무엇인가에 대하여 다시 한번 생각하게 한다. 1981년 노벨문
학상 수상자인 엘리아스 카네티_{Elias Canetti}는 필생의 역작,『군중과 권
력』으로 세계적인 군중 전문가로 이름을 올렸다. 그는 스포츠 관중
에서 정치집회까지, 부시면족에서 메카 순례까지, 원시 부족의 신
화에서부터 세계종교들의 경전과 동서고금의 권력자들의 전기 등
방대한 자료를 분석하여 군중 현상과 권력의 상관관계를 밝혔다.
이태원 사고 후 이 책에서 내가 새삼 주목한 것은 1834년 영국인 로
버트 커존_{Robert Curzon}이 예루살렘의 성묘교회 대참사를 목격하고 남
긴 체험기다.

"부활절 전야에 동료들과 함께 기독교인들의 성화행사를 구경하
러 그곳에 갔다. 아침이 되자 터키의 예루살렘 총독인 이브라힘
파샤가 임석하였고 군중들은 점점 광포한 기운을 보이기 시작했
다. 밤새도록 혼잡함 속에 서서 기다리면서 지쳐 있던 순례자들
은 성화가 나타날 시간이 임박해 오자 마음속에서 끓어오르는 희
열을 억제하지 못했다. 대주교가 행렬을 선도하여 성묘 안으로 들
어가자 순례자들의 동요는 극에 달했다. 성화에 불이 붙여지고 대
주교가 돈을 가장 많이 낸 사람에게 성화를 첫 번째로 넘기자 너

도나도 이 성화를 옮겨 받기 위해 아귀다툼이 일어났다. 그런 다음 모든 순례자가 자신이 가져온 양초에 불을 붙여, 촛불의 바다를 이루었다. 곧 교회 안은 연기로 가득 차 뿌옇게 되었고 매연 냄새는 지독했다. 17세 미국 소녀가 열기와 갈증, 피로로 앉은 자리에서 숨을 거두었다. 이후 이브라힘 파샤 총독이 자리에서 일어서자 그 많은 군중의 움직임으로 인파가 출렁거렸고 사람들이 넘어지고 깔리기 시작하면서 이내 질식사한 사람들의 시체더미가 생겨나기 시작했다. 이 참사를 목격한 커존은 물론, 총독조차도 사방에서 밀어붙이는 군중들 속에 갇혀 히미터면 목숨을 잃을 뻔하였다. 총독은 경호원들이 앞장서서 마구 칼을 휘두르며 혼신의 힘을 다해 인파로부터 간신히 빠져나올 수 있었다. 커존이 목격한 바로는 아직 숨이 붙어 있는 사람을 포함하여 400여 명의 사람들이 도처에 쌓여 있었다."

이 관찰기의 주인공인 로버트 커존이 지목한 이 참사의 원인은 정치적으로나 종교적으로 대립 관계에 있었던 두 세력의 밀고 당김이었다. 당시 예루살렘은 오스만 터키의 지배를 받았다. 교회 안의 기독교도들은 질서를 유지하기 위하여 동원된 비기독교 터키 병사들을 마땅히 몰아내야 했다. 믿음이 없는 그들이 교회 안에 있는 한 성화는 제 빛을 발할 수 없었다. 터키 병사들은 자진하여 출구 쪽으로 물러났지만 순례자들은 계속해서 이들을 밀어붙였고, 교회 안은 돌연 소란에 휩싸였다. 무서운 결과를 빚어낸 이 참사는 의식에 내재된 분쟁 요인에서 비롯된 것이었다. 밀폐된 공간에서 불로 인한 대혼란의 위험성도 크지만, 정작 혼란이 가중된 것은 교회 안에 서로 대립되는 두 집단, 즉 하느님을 믿지 않는 터키 병사들과 이들을 몰아내려는 순례자들이 있었기 때문이다.

카네티가 지적한 군중의 특징은 정체와 율동이다. 군중은 스스로 움직일 수 없을 정도로 빽빽하게 압축된 정체 상태를 만들며, 수를 불리기 위해 흥분 상태 속에서 율동적 군중으로 변모한다. 축제에 모인 군중은 축제 자체가 목적이며, 달리 설정한 목표는 없다. 밀도는 매우 높지만 방종과 향락의 평등을 즐기면서, 일정한 방향으로 나아가지 않고 제멋대로 뒤섞여 있다. 그런데 여기에 '추적군중_{Hetzmasse}'이 나타난다. 추적군중이란 인류가 알고 있는 가장 원시적인 형태의 사냥무리에서 파생되어 나온, 살생을 위하여 출현한 군중이다. 그들은 죽이고자 하는 대상을 이미 알고 있으며 확고한 결의를 가지고 목표를 향해 간다. 카네티가 분석해 낸 축제군중과 추적군중, 그리고 군중의 특징인 정체와 율동이 묘하게도 이태원 사고를 오버랩시키는 건 웬일일까.

우리 사회는 남의 공간에 대한 존중이 많이 부족하다. 내가 도서관에 앉아 책을 보고 있는데 웬 젊은이가 내 코앞에 있는 콘센트에 갑자기 자신의 핸드폰 충전기를 꽂는 게 아닌가. 내가 놀라서 움찔한 정도였지만 그는 아무 말이 없었다. 콘센트가 내 것은 아니지만, 나의 공간에 들어와 있는 것이다. 당연하지만 "실례합니다" 정도의 말은 하고 충전기를 들이대야 했다. 아파트 계단에 자전거를 붙들어

매놓는가 하면 현관 앞 공용공간에 잡동사니를 상시적으로 내놓은 사람들도 있다. 독일어의 angreifen이란 동사는 이중적인 의미를 가진다. '만지다'라는 중립적 의미와 '공격하다'라는 부정적 의미가 그것이다. 즉, 무해한 접촉이 위험한 공격이란 의미로까지 확장된 것이다. 낯선 것에 의한 접촉보다 인간이 더 두려워하는 것은 없으며, 인간이 주변 공간에 거리를 두는 것은 이 접촉에 대한 공포 탓이다. 다만, 인간이 접촉의 공포로부터 해방될 수 있는 유일한 경우는 군중 속에 있을 때다. 이때는 두려움이 오히려 정반대의 감정으로 변한다.

접촉 공포의 전도順倒, 이것이 군중의 본질이며 군중이 밀집되어 몸과 몸이 밀착되면 될수록 그 안도감은 커진다. 당시 이태원 현장에 있었던 사람들은 그 좁고 비탈진 골목길에서 내려오려는 군중과 올라가려는 군중이 뒤엉켜 움직일 수 없었던 상황에서 "밀어"라는 구호마저 난무했다고 증언했다. 어떤 형태로든 밀고 당기기가 있었다면 '정체'에 '율동'이 더해졌을 테고, 이 두 박자가 갖추어진 상태로 사고가 발생한 건 아닐까? 이태원의 핼러윈 축제는 지난 수년간 비슷한 형태로 열렸지만, 작년까지는 아무런 사고가 없었다. '정체'는 있었지만 '율동'은 없었던 것이다. 만약에 추적 군중이 잠입하여 율동을 시도했다면 사고는 필연적이었다. 경찰의 힘만으로는 역부족이다.

· 엘리아스 카네티 지음, 강두식, 박병덕 옮김, 『군중과 권력』

세속화는 성공모델이다

　　　　　　　　　독일에서는 정교분리는 물론 종교적 중
립성이 지배적이다. 특히 신교지역에서는 정교분리를 통한 종교의
퇴조현상이 대두되어 오늘날까지 이어지는 세속정치의 원형을 마
련하게 되었다. 프로이센의 전통을 물려받은 베를린이나 함부르크,
브레멘 같은 도시공화국을 포함한 북부독일이 더욱 그렇다. 내가
만난 루터파 교회의 북독일 수장인 키르스텐 페어스Kirsten Fehrs 주교
는 개신교 내의 다양성에 관해 언급하면서 그 절제성과 민주주의적
요소를 강조했다.

　　　개신교와 관련해서는 가장 먼저 다원성을 말하고 싶다. 독일에는
　　　각기 다른 고유의 목적과 구조를 갖고 있는 20개의 개신교 주州교
　　　회가 있다. 모든 주교회가 각자의 교리confession를 갖는다. 루터교
　　　가 있고 츠빙글리와 칼뱅을 지향하는 개혁교회가 있고, 그리고 이
　　　둘이 조합된 교회도 있다. 이들 모두가 각각 자신들의 공동체 문
　　　화에서 유래된 고유한 제도를 갖고 있다. 예를 들어 스위스 교회
　　　들은 의식ritual에서 매우 절제되어 있다. 농담이지만 "독일에서는
　　　교회에서 촛불을 밝히는 것이 아직까지는 죄가 아니다"(스위스의
　　　칼뱅파 교회에 비하여 독일 루터파 교회가 상대적으로 장식이 많
　　　다는 의미)라고 말한다. 두 번째 특징은 우리의 장로적 구조synod
　　　structure다. 우리 교파에는 위에서 교회를 지배하는 주교가 없다.
　　　교회의 지도자는 이러한 점에서 권위자가 아니다. 마지막으로 우

리 교회에서는 원칙적으로 누구나 성찬식을 개최할 수 있다. 목사들은 '해석의 권한'을 갖고 있지 않다.

가톨릭이라는 이름 자체가 그들의 대의, 즉 누구라도 받아들일 여지가 있다는 보편성의 의미를 갖고 있다. 그러나 어떤 국가도 가톨릭만큼 군중으로부터 스스로를 방어하기 위해 많은 대비책을 강구해 놓은 국가는 일찍이 이 세상에 없었다. 가톨릭에 비하면 인류 역사의 모든 통치자들은 통치 능력 면에서 유치한 아마추어의 수준에 머물러 있는 듯 보인다. 이렇듯 가톨릭은 신도들을 극도로 경계하는 민감한 정치적 조직이다. 신도는 다른 어느 신도에게도 설교하지 못할뿐더러 그가 지은 죄까지도 사제에게 고해해야 한다. 다른 신도에게 털어놓아 봤자 그 죄를 사赦함을 받을 수 없다. 영성체를 행할 때도 함께 성체를 영하는 신도들이 그 자리에서 일체감을 느끼지 못하도록 만든다. 영성체는 신도를 눈에 보이지 않는 거대한 교회와 연결하지만, 그 자리에 있는 신도들로부터는 그를 밀어낸다. 어떤 신도도 신부나 주교와 동일시되지 않는다. 사제들은 항상 신도들과는 구별되며 그보다 높은 사람들로 인식된다. 이토록 권위주의적인 가톨릭이 정치화되기까지 했다면 500백 년 전 마르틴 루터의 종교개혁이 한 번 더 일어날 만도 하지 않겠나. 정의구현사제단에서 보듯이 일부 한국 가톨릭의 비이성적인 좌경화 현상은 매우 우려스럽다.

독일 사람들은 유럽에서도 교회를 가장 가지 않는 사람들이다. 독일 개신교회는 국가교회Landeskirche이기 때문에 교회를 설립하는 것도, 목사가 되는 것도 국가교회에서 단일하게 관리한다. 여기서도 조합주의의 단면을 볼 수 있다. 각 교파는 일종의 종교조합으로서 교회 설립이나 목사의 자격 관리 같은 사안을 적정하게 관리한다. 목사는 학사 이상의 교육을 받아야 하는데 대개 종교학을 전공한 사람들이다. 이곳 사람들은 종교를 일상생활에서는 조금 떨어뜨려 놓는 지혜를 보여 준다. 종교의 세속화라 할까. 최소한 종교에 열광하는 사람은 없다고 보아야 한다. 이들에게 지나친 종교활동 관습은 이해하기 어려울 것이다. 자연히 우리처럼 교회의 난립 현상은 없다. 아마 우리나라처럼 종교 분야에서 신자유주의적 사고가 지배하는 나라도 드물 것이다. 그런데 여기에 종교인에 대한 면세까지 해 준다. 이해되지 않는 측면이다. 손봉호 교수는 "합리적 근거가 없는 종교인 면세는 도덕적으로 탈세다"라고 강하게 비판한다.

최근 독일에서 종교세를 내지 않는 사람들이 늘어나고 있다. 교회든 성당이든 기독교를 떠난다는 이야기다. 그런 가운데 불교 신자들이 늘어나는 추세를 보이고 있는 건 매우 흥미롭다. 독일의 종교세는 소득에 부과되는 소득세의 8~9%로서 그 부담이 작지는 않다. 연 소득이 5만 유로일 경우 소득세가 20%로서 1만 유로가 되며 종교세는 이것의 8~9%이므로 연 800~900유로 선이 된다. 태어나면서 세례를 받으면 신교든 구교든 교인으로 간주되고 나중에 직장에 다니면서 보수를 받을 때 종교세를 내게 된다. 보수에서 아예 종교세가 공제되어 나오는데 기독교 신앙을 갖지 않는다고 서면으로 밝혀야 종교세를 떼지 않는다. 최근 독일의 기독교 신자는 신, 구교를 막론하고 매년 10만 명 이상 줄어들고 있다. 다시 페어스 주교의 이야기다.

한국의 한 교회에서 8만 명이나 수용할 수 있다니, 믿을 수 없다. 우리 교구 내 교파의 신도는 총 100만 명 정도다. 슬프게도 독일 전역에서 개신교는 가톨릭교회와 마찬가지로 매년 10만여 명의 신도들을 잃고 있다. 어떤 곳에서는 경제적인 이유로 신앙 공동체가 합쳐져야 할 정도로 신도 수가 줄고 있다. 신도들이 다니던 동네 교회가 닫게 되었을 때 어떤 신도들은 그것을 계기로 아예 교회를 떠나 버리기도 한다. 이것은 유감스럽게도 하향적 소용돌이라 할 수 있다. 오늘날 사람들은 전반적으로 어떤 기관에든 엮이는 것을 좋아하지 않는다. 젊은이들은 다른 방식으로 영성_{spirituality}을 찾는다. 가령 숲이나 해변에서 말이다.

·엘리아스 카네티Elias Canetti 지음, 강두식, 박병덕 옮김, 『군중과 권력』
·장시정 지음, 『한국 외교관이 만난 독일모델』

동물학대는 국가의 품격을 떨어뜨린다

독일인들의 동물 사랑은 유별나다. 독일 언론에서도, 특히 최대 대중지인《다스빌트》에는 동물에 대한 기사가 거의 매일 다루어진다. 잃어버린 개를 극적으로 찾은 이야기, 물에 빠진 개를 119 소방대원들이 구조한 이야기, 동물원 사자가 새끼를 가졌다는 이야기, 뤼네부르크 황야지대에 늑대들의 개체가 늘어나고 있다는 이야기, 시내 모처에 바이오 사료가게가 생겼다는 이야기 등 개, 고양이 같은 동물에 대한 이야기가 끊임없이 이어진다. 여기에는 동물이 우리 인간생활의 한 부분이라는 전제가 있다. 동물들의 이야기가 곧 인간의 이야기라는 것인데, 그만큼 동물보호에 대한 관심이 높다.

BBC 월드서비스에서 매년 시행하는 국가선호도 조사에서 한국에 대한 독일 사람들의 선호도가 유독 떨어지는 것을 볼 수 있는데 아마도 동물에 대한 생각이나 이들을 다루는 데 대한 입장의 차이도 큰 이유일 것이라 생각한다. 유럽 주재 우리 공관에는 한국의 애완동물 취급에 대한 항의서한이 끊이지 않는다. 이 사람들 입장에서는 한국 사람들이 개고기를 먹는다는 것 자체가 혐오스럽지만 비둘기도 먹는 서양 사람들 입장에서 식용 자체를 갖고 비난할 수는 없다고 생각해서인지 주로 도살방법이나 동물 학대에 대해서 집중적으로 성토한다. 모란시장에서 조그만 철장에 떼로 포개어져서 고통스러워하는 개들의 사진이 인터넷을 통해 세계로 확산되고 있다. 이 문제는 우리가 생각하는 것 이상으로 심각하다. 이들은 실제로 동물학대를 이유로 한국상품 불매운동을 벌이고 있다. 무역의존도 세계 1위인 우리나라로서는 심각한 문제가 아닐 수 없을뿐더러 국가의 품격에 관한 문제이기도 하다.

2014~2016년간 함부르크 총영사관에 보내진 수백 통의 항의 서한에 대해 나는 아래와 같이 총영사 명의로 직접 대응했다. 나 자신도 동물보호에 관심이 크기 때문이기도 하다. 나는 지난 3곳의 해외 임지를 줄곧 따라다닌 15살 노령견(장수)과 최근 데리고 온 유기견(한스) 한 마리를 키우고 있다.

귀하께서 보내신 서한을 잘 받아 보았습니다. 우리나라에서 일어나는 일들에 대한 귀하의 관심과 노고에 존경을 표합니다. 소셜미디어에서 확산되고 있는 고양이와 개의 잔인한 사진들은 저도 알고 있습니다. 한국에는 상업적 목적만으로 죽어 가는 이 다정한 생명에 대해 관심을 두지 않는 사람들이 있습니다. 제가 이 동물학대 사진을 봤을 때 귀하와 마찬가지로 혐오감과 슬픔을 느꼈습니다. 저도 개를 키우고 있습니다. 제 직업의 특성상 많은 어려움이 있지만, 그럼에도 저는 제 개가 충실한 동반자로서 항상 제 곁에 있기를 바랍니다. 그렇기에 제게 있어 이 연약한 동물에 대한 학살을 인정하는 것은 생각하지도 못했던 일입니다. 하지만 한국의 국민들 전체가 이 만행에 대해 비난받는 것은 부당하다고 생각합니다.

물론 개고기 문화는 서양에서 과거의 산물이고, 현지 사회의 대다수가 이를 거부하고 있지만, 여기 중앙유럽에서도 100여 년 전까지 개고기를 먹었고 이는 드문 일이 아니었다는 사실은 잊힌 것 같습니다. 미식문화의 트렌드에 불과한 경우도 있었지만, 지역 전통 차원에서 개고기 식용이 이루어지고 있는 경우도 있었습니다. 또한 한국과 마찬가지로 전쟁으로 인한 극심한 식량난을 해결하기 위해 개고기 소비가 이루어졌던 공통된 역사적 배경도 있습니다. 오늘날 독일에서 개들이 애완동물로서 갖는 위치에는 의심의 여지가 없습니다. 우리가 고도로 발달된, 부유한 국가에 살고 있다는 징표입니다. 이는 제가 볼 때 우리가 추구할 만한 모범적 사례이며, 아직도 개를 하등한 생물로 바라보는 일부 한국인들에게 의식의 전환점이 되기를 기대합니다.

그러나 식용동물을 어떻게 대해야 하는가의 문제와 어떤 동물이 식용동물인가를 정의 내리는 문제는 확실하게 구분 지어야 할 것입니다. 이미 말씀드렸다시피 제 경우에는 제가 아는 대부분의 한국인들과 마찬가지로 개와 감정적 교감을 나누고 있습니다. 개고기 식문화를 근본적으로 정당화할 수 있는가 하는 문제는 객관적으로 봤을 때 종교나 취향에 대한 논란과 마찬가지입니다. 개고기 식문화를 완전히 포기할 수 없다면, 규정을 엄수하는 것이 더욱 중요하다고 생각합니다. 이러한 관점에서 동물을 잔인하게 살해하는 것을 금지하는 「동물보호법」이 1991년 도입된 것은 의미 있는 첫걸음이라 생각합니다.

개고기 문제는 문화상대성의 일례이지만, 그럼에도 저는 한국이 올바른 사육방법과 식용동물의 정의라는 두 가지 관점에서 기준을 점차 독일과 동등한 수준으로 맞춰 갈 것이라고 확신합니다.

이제 한국인 대다수에게 개고기 문화는 금기시되고 있을 뿐 아니라 동물의 권익에 대한 움직임이 점차 커지고 있습니다. 지난날 우리가 겪었던 식량난이 미래지향적인 우리 사회에 대한 도덕적 잣대가 되어서는 안 될 것입니다. 그러나 때때로 과거를 되돌아보는 것은 우리의 가치들이 얼마나 상대적이고, 시간의 변화에 얼마나 많은 영향을 받고 있는지 깨닫게 해 줄 것입니다.

· 장시정 지음, 『한국 외교관이 만난 독일모델』

Part 10

마르크스가 욕한 자본주의는
더 이상 이 세상에 없다

경제

사진 출처: thefederalistpapers.org

마르크스가 프롤레타리아 세상을 만들기 위해 주창했던 '공산당선언 10대 강령' 중 1번 강령(토지의 국가 귀속) 정도만을 제외하고 지금은 모두 실현되었다. 의무교육이나 어린이 노동 금지는 말할 것도 없고 누진세, 상속세, 독점금지 같은 제도가 이미 자본주의 경제에서 지나칠 정도로 잘 시행되고 있다. 그런데도 마르크스가 욕한 자본주의와 오늘날의 자본주의를 동일시한다는 게 얼마나 어처구니없는 일인가.

_ 본문 중에서

"우리는 천재가 아니고, 우리 팀에 세계에서 가장 똑똑한 사람들이 모여 있는 것도 아니다. 우리는 한 분야에 초점을 두고 이 사업을 세계화시켰다. 이런 것은 해 볼 만하지 않을까?"(헤르만 지몬Herrmann Simon) 자, 우리 기업들의 롤모델은 과연 누구인가? GAFA와 같은 오픈챔피언인가, 아니면 히든챔피언인가?

_ 본문 중에서

히든챔피언과 가파GAFA

히든챔피언은, 이 개념을 만들어 낸 헤르만 지몬Herrmann Simon 회장에 따르면, 세계시장 톱 3에 들어가면서 낮은 인지도를 갖는, 연 매출 30억 유로를 넘지 않는 기업이다. 한마디로 몸집이 크지 않고 잘 알려지진 않았지만, 실력이 좋은 기업이다. 그런데 여기서 '실력이 좋다'는 데는 중요한 조건이 붙는다. 바로 '한 분야에서'라는 것이다. 여기저기 다재다능한 슈퍼 기업이 아니라 무엇을 하든 오직 한 분야에서 실력 좋은 기업이다. 2014년 기준으로 전 세계적으로 2,734개의 히든챔피언 기업이 있다. 이 중 55.1%에 해당하는 1,506개사가 독일어권 기업이다. 실제 히든챔피언 기업의 평균 매출액이 3억 유로가 넘는 점을 고려할 때 중소기업이라기보다는 중견기업이나 미텔슈탄트Mittelstand의 개념에 가깝다. 단일시장의 지배자인 히든챔피언은 군살 없이 날씬하고 기능적인 조직으로 사업을 꾸려 나가는 경영 스타일을 갖고 있다. 좁은 시장, 큰 기회라는 말대로 선택과 집중 전략은 히든챔피언의 특성 중 하나다. 독일에서 히든챔피언이 몰려 있는 바덴-뷔르템베르크 지역의 "매일 조금씩 더 낫게Jeden Tag a bissler besser"란 말은 히든챔피언 또는 독일 미텔슈탄트의 성공 원리를 단적으로 나타낸다. 바로 장기간에 걸쳐 꾸준히 한 우물을 파는 것이다.

나는 2015년 12월 본Bonn에 있는 '지몬-쿠허 앤 파트너스Simon-Kucher &

_{Partners}'에서 지몬 회장과 두어 시간 대화를 나누었는데, 그는 디지털화와 함께 나타난 거대 혁신기업인 가파_{GAFA}(구글, 애플, 페이스북, 아마존) 같은 '빅/오픈챔피언'보다는 '히든챔피언'으로부터 더 많은 것을 배울 수 있다고 했다. 그의 말이다.

"나는 빅챔피언에 반대하는 것이 아니라, 대규모 시장에만 대규모 기업이 필요하다는 것이다. 통신 시장이나 제약 시장에 진입하고자 한다거나, 상용항공기나 자동차를 생산하고자 한다면 일단 회사의 규모를 키워야 한다. 이와 마찬가지로 매우 많은 소규모 시장도 존재한다. 세상에 얼마나 많은 시장이 있다고 보는가? 아무도 모른다. 임의로 1만 개라고 가정해 보자. 이 중 대규모 시장은 얼마나 될까? 아마 100개 또는 많아야 200개 정도일 것이다. 다시 말해 98%는 소규모 시장이라는 것을 의미하고, 그 규모의 총합은 2%를 차지하는 대규모 시장과 최소한 동일한 수준의 규모다.

내가 말하고자 하는 것은, 바로 애플이나 구글과 같은 세기의 회사들, 또는 기적의 회사들로부터 우리가 교훈을 얻기는 힘들다는 것이다. 이러한 회사에서는 스티브 잡스_{Steve Jobs} 같은 사람 단 한 명이 독창적 아이디어를 내고, 불과 몇 년 안에 최고의 기업이 된다. 하지만 이런 회사가 우리의 롤모델은 아니다. 아인슈타인 같은 사람이 되겠다고 쉽게 결심할 수 없는 것과 마찬가지 이치다. 일반적인 사업가들이라면 중소기업에서 더 많은 것을 배울 수 있다. 그들은 소소하지만 많은 일을 제대로 해내고 있다. 이것이 바로 내가 전하고 싶은 메시지다. 끈기와 장기적 목표를 갖추고 노력한다면 자신의 분야에서 시장을 선도하는 역할을 할 수 있다. 우리 회사의 예에서 볼 수 있듯이, 우리는 천재가 아니고, 우리 팀에 세계에서 가장 똑똑한 사람들이 모여 있는 것도 아니다. 우리는 한 분야에 초점을 두고 이 사업을 세계화시켰다. 이런 것은 해볼 만하지 않을까?"

자, 우리 기업늘의 롤모델은 과연 누구인가? GAFA와 같은 오픈챔피언인가, 아니면 히든챔피언인가.

· 헤르만 지몬 지음, 배진아 옮김, 유필화 감수, 『히든 챔피언 글로벌 원정대』

박물관에 있는 밀레 자동차

우리나라에도 잘 알려져 있는 세계적인 주방가전업체인 밀레는 1899년 밀레Miele와 친칸Zinkann, 두 사람이 동업해서 창업한 기업이다. 이 기업은 지금도 창업주의 후손들이 경영 일선에서 기업을 운영하고 있고 또 이 기업을 100% 소유하고 있는, 어느 모로 보나 가장 전형적인 가족기업이다. 연 매출이 40억 유로에 달하는 약 2만 명의 고용규모와 세계 48개국에 현지 법인을 갖고 있는 기업임에도 회사의 설립 형태는 사주가 무한 또는 유한

책임을 지는 합명회사다. 독일에서 가장 보편적인 기업의 법적 형태는 유한책임회사인 '게엠베하GmbH'로서 약 50만 개 사에 이른다. 밀레와 같은 유, 무한책임을 지는 사주를 의무적으로 포함하는 합명 인적회사KG가 약 14만 개 정도이고 우리에게 익숙한 주식회사AG는 약 8천 개 사 정도만이 등록되어 있다.

주식회사는 남의 돈을 갖고 사업을 하고, 합자회사나 합명회사는 자기 돈을 갖고 한다. 독일에서 주식회사가 크게 발전하지 않은 것은 바로 자신의 돈으로 사업하겠다는 전형적인 독일 기업인들의 마인드가 반영된 결과다. 주식회사는 영미형 회사 형태로 히든챔피언과 같이 가족기업이 대부분인 독일의 전통적 기업형태와는 어울리지 않는다. 오히려 이민사회인 미국이 주식회사에 적합한 토양을 제공한다.

밀레와 같은 '인적회사'는 사주가 무한책임을 지는 만큼 '자본회사'와는 달리 경영공시 의무도 없고 공동결정권도 인정치 않는다. 망하든 흥하든 전적으로 사주가 알아서 하는 구조니 사주가 혼신의 힘을 다할 수밖에 없다. '밀레'는 밀레와 친칸이 창업한 이래 지금까지 100년 이상을 그들의 직계후손들이 경영 일선에 나서고 있다. 기업 지분은 밀레와 친칸이 51 대 49로 거의 동등하게 갖고 있으나 마케팅상의 이유로 상호를 '밀레'로만 정했다. 이들은 시작부터 함께했고 회사 정관을 처음부터 명확하고 자세하게 만들었다. 예를 들어 수익은 어디에 쓰여야 하는가부터 다음 세대로의 상속은 어떻게 이루어져야 하는가까지, 시작부터 결정되어 있는 구조로서 사주 가족 간 분쟁을 방지하는 데 기여하고 있다. 회사 경영기구로는 밀레와 친칸 두 가족의 후손들로만 이루어진 80여 명 규모의 '소유주 총회'와 친칸과 밀레 일가에서 각각 3명씩 총 6명의 대표자로 구성된 감독위원회, 그리고 양 가문의 직계후손 2명을 포함한 5명의 경영진을 두고 있다.

밀레는 귀터슬로Guetersloh가 위치한 농촌지역에서 농경제 분야의 기업으로 출발했다. 소젖으로 버터를 민드는 기계를 제작한 깃이 시초였다. 버터 기계에 이어 밀레가 유럽 시장에 가져온 혁명은 식기세척기였다. 밀레는 주식시장 붕괴 직후인 1929년에 유럽 시장에 처음 식기세척기를 소개했다. 당시 식기세척기는 가사 도우미 연봉의 세 배에 달하는 고가로 인해 인기상품은 아니었다. 이후 세탁기도 만들었고, 자전거, 스쿠터 그리고 자동차까지 만들었지만 개인 기업으로서의 한계를 인식하고 가정용품에만 다시 집중하게 되었다고 한다. 조순 교수는 확장에 대한 강한 선호를 한국 재벌의 분명하고도 지속적인 성향으로 보았지만, 밀레는 대다수의 히든챔피언들과 같이 다각화보다는 전문화의 길을 택했다. 밀레가 만든 자동차를 거리가 아닌 이 회사 박물관에서 볼 수 있는 이유다.

독일 내의 많은 가족기업이 그러하듯이 밀레사가 중요하게 생각하는 성공 요소는 지속성과 장기적 관점에서의 사고다. 이 점에서 분기별 매출액을 최우선으로 생각하거나 사장이 계속해서 바뀌는 주식회사 같은 기업 구조와 차별된다. 가족기업은 설립자 가족들이 보통은 평생을 지속적으로 기업활동에 참여하기 때문에 보다 안정적이다. 밀레의 경영으로부터 배울 수 있는 독일 가족기업상의 특장점을 몇 가지 제시해 보겠다.

우선 기업역사 100년이 넘는 기간 동안 차입 없는 건전 경영을 실천하면서 사세를 감당할 수 있는 분야로 한정하여 전문화의 길을 걸어왔다. 두 번째는 밀레 집안과 친칸 집안이 창사 이래 백 년이 넘도록 순조로운 동업관계를 유지하고 있는데 그 비결은 동업 조건이 포함된 회사 정관을 구체적으로 맺어 모호한 규정으로 인한 분쟁을 방지하고 이를 지키려는 노력으로 신뢰를 쌓아 왔다. 세 번째는 현재 사주가 80명의 양쪽 가문 출신인 친인척들로 구성되어 있어 어느 한두 명의 특정 사주에게 권한이 쏠리지 않게 한 것이 오히려 성공 요인이 되었다.

우리나라의 경우 대개 재벌 집안의 후계자가 전문경영인으로서의 자질 여부를 떠나서 1인 오너로 전체 기업군을 좌지우지하는 것이 보통이고 주총을 통한 경영 간여는 형식에 그친다. 그에 비하면 독일의 가족회사는 수명에서 수십 명에 이르는 가족 주인들이 직접 경영을 책임지는 형태로 안정성과 효율성을 공히 발휘할 수 있는 잠재력이 더 크다. 실제로 2016년 5월《한델스블라트》의 조사에 따르면 비상장기업, 즉 합명회사KG 형태의 가족기업이 주식회사보다 높은 이윤을 창출한 것으로 나타났다.

네 번째로는 평화롭고 협력적인 노사관계를 위해 기업에서 많은 배려와 투자를 하고 있다는 점이다. 사회적 평화를 존중하는 기업문화 전통을 유지해 오고 있어, 설립자뿐만 아니라 노동자들도 밀레에서 이미 4~6대째 내려오는 사람들이 많다고 한다. 매력적인 기업 복지를 제공하여 직원들이 지속적으로 함께 일할 수 있도록 하고 있는데, 1909년 독일에서 자체 의료보험을 도입한 최초의 기업이다.

내가 2016년 12월 밀레를 방문했을 때 칭업 가족 경영자인 라인하르트 친칸Reinhard Zinkann 사장이 직접 기업 현황을 설명해 주었다. 밀레 공장 방문을 마치고 나오는데 검문 절차가 있었다. 방문 차량에 혹시 공장의 세탁기나 물건의 부품 같은 것이라도 실려 있는지를 검사하기 위한 것이었다. 회사 간부가 직접 모는 차였지만 검사원인 여직원이 나와서 트렁크를 열고 직접 확인을 했다. 위계질서에 아랑곳하지 않고 말단까지 자신의 역할에 충실한 직업문화를 새삼 확인할 수 있었다.

· 조순 지음, 『한국경제 개조론』

최저임금이 복지가 되려면

우리나라가 최저임금제를 도입한 것은 오래전의 일이다. 1986년 12월에 「최저임금법」이 제정되어 1988년 1월부터 시행되었다. 그런데도 2017년 급격한 최저임금 인상으로 세간이 떠들썩해질 때까지 많은 사람이 우리나라가 「최저임금법」을 시행하고 있다는 사실조차 잘 몰랐다. 사회국가를 자처한다는 독일은 2015년이 되어서야 「최저임금법」을 도입했다. 그 배경에는 단체임금협약이 있다. 임금 결정에 대한 노사의 자치권을 존중한다는 차원과 현실적으로 단체임금협약을 통해 최저임금제 이상의 효과를 갖는 임금 카르텔을 만들었기 때문이다. 그러다가 슈뢰더 정부 당시 시행된 노동개혁으로 약 600~700만 명까지 늘어난 '저임금(월 450유로 이하) 노동자_{Mini Job}'를 보호하기 위하여 최저임금제가 뒤늦게 도입되었다. 〈어젠다 2010〉으로 노동의 유연화를 강화하면서 나타난 부작용을 보완하기 위한 정책이다.

이러한 사정은 최저임금제가 없는 북구 4국에서도 볼 수 있다. 이들은 단체임금협약 적용률이 80~90%에 육박하므로 별도의 최저임금제 도입이 굳이 필요치 않다. 단체임금협약이나 최저임금제는 자유경쟁을 원리로 하는 시장경제의 예외적인 제도다. 전자는 임금 카르텔이며 후자는 법정임금이기 때문이다. 그렇다고 최저임금제 그 자체가 반시장적이라는 이야기를 하고 싶지는 않다. 문제는 합리적인 운영에 있다.

우리나라는 현 정부가 들어선 후 2017년 6,470원이던 최저임금을 2018년부터 7,530원으로 16.4%를, 2019년부터는 다시 8,350원으로 10.9%를 인상했다. 이태 동안 인상률이 29%였다. 같은 기간 독일의 최저임금은 2017년 8.84유로에서 2019년 9.19유로가 되어 약 4% 인상되었다. 우리가 독일보다 무려 7배가 넘게 올랐다. 이렇듯 인상률의 차이도 차이이지만, 내용적으로 우리나라에서는 영세 자영업자의 비중이 압도적으로 높다는 점에서 더욱 문제가 크다. 한계기업이나 영세기업이 많을수록 최저임금제는 저소득층 내부에서 일어나는 재분배에 지나지 않기 때문이다. 그렇다면 우리나라에서 최저임금을 정하는 기준은 무엇인가? 「최저임금법」을 보면 근로자의 생계비, 유사 근로자의 임금, 노동생산성 및 소득분배율 등을 고려하여 정하도록 되어 있다. 한마디로 기준이 복잡하다. 그 기준 간의 반영 비중이나 어떤 분석 과정을 거치는지도 잘 알 수가 없다.

독일은 2년마다 최저임금 인상률을 산정하여, 해마다 인상률을 산정하는 우리보다 시장의 예측 가능성을 높여 준다. 독일은 2년간 700개 이상의 단체임금협약 인상률을 근거로 연방통계청이 계산한 임금지수를 그대로 반영한다. 이렇듯이 독일의 최저임금 인상률은 거의 자동 계산이 될 정도로 투명성이 높고, 그만큼 자의적인 결정을 방지할 수 있다. 다만, 예외적으로 경제성장의 심각한 약세나 실업자 증가 시에는 다르게 반영할 수 있다고 되어 있는데, 이것은 저성장이나 고실업 시에는 인상률을 통계청의 임금지수보다 더 낮게 책정할 수 있도록 보완한 것이다. 그런데 우리나라는 저성장, 고실업을 겪고 있는 예외적인 시기에 오히려 과도한 인상률을 적용했다.

최저임금의 과도한 인상률도 문제이지만, 인상률 외에도 숙고해야할 것들이 있다. 바로 최저임금제가 적용되지 않는 예외 범위의 설정이다. 독일은 2015년 법정 최저임금제를 도입하면서 노동시장에 가져올 충격을 최대한 줄이기 위하여 최저임금 적용 예외대상을 정하고 있는데, 직업훈련생이나 인턴, 계절노동자 등 노동생산성이 떨어지는 부류의 취업활동을 도와주기 위한 배려임을 알 수 있다. 그런데 우리나라에서 최저임금 미적용 분야는 가사노동자와 선원뿐이다. 그런 만큼 노동시장의 충격은 클 수밖에 없다. 예를 들어 독서실 알바생은 공부하면서 조금의 생계비를 보태려는 것이니, 독일에서와 같이 직업훈련생이나 학생 인턴에게 최저임금을 적용하지 않는 취지를 살려 취업 경직성을 완화할 필요가 있다.

경영계에서 지역별/직종별로 차등적인 최저임금제의 실시를 주장하지만, 지역별 차등제는 우리나라의 실정에는 맞지 않아 보인다. 이것은 미국이나 캐나다 같은 원심적 연방제를 하고 있는 나라나 인도네시아, 필리핀같이 섬이 많아 고립된 지역이 많은 개도국에서 채용하고 있지만, 구심적 연방제를 하고 있는 독일이나 24시간 생활권역인 우리나라에는 잘 맞지 않는 제도다. 아울러 직종별 최저임금제는 독일의 신문배달부처럼 최저임금보다 낮은 임금을 줄 수 있는 예외를 마련하자는 의도로 보이지만, 제한적인 예외 분야가 아닌 일반적인 차등적 최저임금제는 오히려 최저임금 수준을 추가로 인상하는 역효과를 초래할 수 있다.

내가 만난 함부르크경제연구소의 헤닝 푀펠Henning Voepel 소장의 아래 언급은 결국 최저임금제 자체보다는 그 합리적인 운용이 관건임을 보여 준다. 노동생산성에 동떨어진 최저 임금은 결국 시장에 충격으로 다가올 수밖에 없다. 최저임금이 복지를 자동으로 보장하지 않는다는 건 자명하다.

> "같은 최저임금을 놓고, 한쪽에서는 고용을 축소할 것이라 말하고, 다른 쪽에서는 구매력을 확대할 것이라 한다. 실제 비중이 어느 쪽으로 쏠리는지는 불명확하다. 연구결과에서는 양쪽 의견을 모두 입증하는 사실이 확인되고 있다."

2019.3.30.

주인의식 저해하는 스튜어드십 코드

조양호 한진그룹 회장이 핵심 계열사인 대한항공의 경영권을 잃게 됐다. 대한항공은 주주총회를 열어 조양호 회장의 사내이사 재선임을 상정했으나 부결되었다. 이사 선임에 필요한 2/3에 조금 못 미치는 64.1%의 지지를 받았다 한다. 대한항공은 최대주주인 한진칼이 29.96%의 지분을 보유하고 있지만, 11.56%의 지분을 보유한 2대 지주인 국민연금이 캐나다연금 등 일부 외국인 주주 등과 함께 반대편에 서서 선임안을 부결시켰다. 그동안 땅콩회항 사건 등 한진 조양호 회장 일가의 행동은 많은 비판을 불러일으켰다. 아마도 이러한 세간의 부정적 인식이 국민연금으로 하여금 작년에 채택한 스튜어드십 코드(의결권 행사지침)를 발동하여 조 회장의 선임을 반대하게 했는지도 모르겠다. 그렇다고 최대 주주를 경영에서 배제하는 것이 최선의 대안일까? 그런 현상이 시장 경제에서 갖는 의미는 무엇일까?

2015년 4월 폴크스바겐사에서 페르디난트 피에히_{Ferdinand Piech} 회장을 감독이사회에서 몰아낸 사건이 떠올랐다. 폴크스바겐사는 창립자인 포르쉐가의 가족기업으로 출발했고, 포르쉐가의 외가 쪽인 피에히 회장이 감독이사회의 의장으로 20여 년간 회사를 운영해 왔지만, 4대 주주인 니더작센주와 당시 폴크스바겐사의 마르틴 빈터코른 사장의 반대에 떠밀려 경영에서 손을 떼게 되었다. 굴러온 돌이 박힌 돌을 빼낸 셈이다. 이후 불거진 폴크스바겐사의 디젤 스캔들도 이들 경영진의 불화로부터 촉발된 것이라 한다. 세계 어느 곳이라도 기업을 하는 곳에서 주인을 내쫓는 일은 흔치 않겠으나, 특히 독일에서는 기업의 구조상 그럴 일이 없다. 독일의 대표적 회사 형태가, 약 50만 개 사가 등록한 게엠베하_{GmbH}라고 하는 유한책임회사나 약 14만 개인 합명회사이기 때문이다. 이들은 개인 회사나 가족기업들로서 대부분 비상장 기업인 만큼 폴크스바겐의 피에히 사태나 금번 대한항공과 같은 주총을 통한 최대주주의 경영 배제 같은 사태는 원천적으로 가능하지 않다.

독일 경제의 중추인 가족기업의 강점은 주인이 직접 경영을 책임진다는 데 있다. 흥하든 망하든 오로지 자신들의 책임이니 이들이 경영에 임하는 자세는, RJR Nabisco 사례에서 보듯이 모럴 헤저드에 빠진 대리인이 경영하는 주식회사와는 본질적인 차이가 있을 것이나. 이렇듯 바로 이 '주인의식'이 강력한 경쟁력의 원천임을 볼 때 그 주인을 경영에서 배제하는 것은 결코 바람직하지 않아 보인다. 그리고 특히 주식회사에서 전문가에게 경영을 맡기는 추세를 인정한다 하더라도 자본주의의 원리상 자본을 투자한 최대주주를 그 의사에 반하여 경영으로부터 배제하는 것이 합당한 것인지는 의구심이 든다.

원래 대한항공은 공기업이었지만 1969년 민영화 이후 지난 50년간 급속도로 성장한 것은 주지의 사실이다. 물론 민영화가 꼭 좋은 것은 아니다. 예를 들면 인천공항의 민영화는 바람직하지 않다. 결국 민영화의 한계 문제인데, 그 기준은 국민의 생명과 자유 그리고 그것을 확보하는 데 긴요한 수단인지의 여부일 것이다. 국민의 생명과 자유를 보호하는 일은 예나 지금이나 국가의 몫이다. 군대와 경찰을 민영화할 수 있을까? 그렇지 않을 것이다. 항공사는 민영화해도 항공 교통은 국가의 통제하에 있어야 한다. 이제 대한항공은 사실상 다시 공기업의 길로 들어선 건 아닐까. 어떤 형태든 국민연금에서 확대된 영향력을 끼칠 수 있기 때문이다. 미국이나 독일의 항공사는 모두 민영화의 길을 걸어왔다. 국민연금이 5% 이상의 지분을 가진 기업이 299개라 한다. 그렇다면 국민연금은 앞으로 대한항공뿐만 아니라 이 수백 개 기업의 경영에도 간여할 작정인가? 그렇게 적극적으로 주주행동주의를 강조하겠다면 이제 국민연금의 본업이 바뀔 판이다. 굳이 '연금사회주의'를 들먹거리지 않더라도 왠지 첫 단추가 잘못 끼워졌다는 느낌이 든다.

2019.4.8.
독일 가족기업의 기업가 정신과 공익재단

독일 기업의 특색은 대기업이든 중소기업이든, 상장기업이든 비상장기업이든 대부분 사주 또는 그 가족들이 경영에 참여하고 있다는 점이다. 바로 독일 경제의 중추인 '미텔슈탄트'다. 수적으로 95%, 고용 측면에서 60%, 독일 수출의 68%를 차지한다. 사장은 전문 경영인을 선임하는 경우가 많지만, 제2의 경영기구인 감독이사회에는 사주나 그 가족들이 포진하여 기업 전략이라든가 사장의 선임 등의 주요 결정을 주도한다. 벤츠나 베아에스에프BASF가 예외적으로 가족의 소유를 완전히 떠난 대표적 기업이다.

2015년 폴크스바겐 사태 시 피에히 가족이나 포르쉐 가족 등 폴크스바겐사의 경영에 참여하고 있는 창업주 후손들이 언론에 다시 부각되었다. 하지만 일반적으로는 가족기업들의 사주나 그 가족들이 사회적 물의를 빚어 언론에 오르내리는 일은 거의 없다. 내가 독일에 있었던 2014년 초부터 2017년 말까지 언론을 장식한 사주의 스캔들은 2014년 징역형을 받고 1년 반을 복역했던 울리 회네스 Uli Hoeness 바이에른 축구 구단주의 탈세 사건이 거의 유일했다. 혼자서 먹는 점심 한 끼에 1,500유로가 넘는 돈을 쓰고, 회삿돈으로 전세기를 타 구설에 오른 카르슈타트 백화점의 회장 토마스 미델호프 Thomas Middelhoff 는 전문 경영인이었다. 그는 2015년 배임죄로 3년 징역형을 받았다.

대부분의 가족기업주가 다양한 형태로 사회공헌 활동을 하고 있다. 내가 만난 세계 3대 지게차 제조사인 융하인리히사의 한스-게오르크 프라이 Hans-Georg Frey 사장은 독일의 기업가 정신 중 사회적 책임을 강조했다. 그의 말이다.

"독일의 가족경영 기업에서는 몇 가지 특징이 나타난다. 우선 고도로 혁신적이다. 내가 있었던 슈투트가르트 지역에서는 수많은 특허가 출원된다. 그리고 기업인들은 직원들에 대해 큰 책임의식을 가지고 가족처럼 대하며 다음 세대까지 생각하는 지속가능하고 장기적인 사고방식을 갖고 있다. 기업의 사회적 책임도 적극 실천한다. 대부분의 기업인은 자신이 속한 도시, 지역, 환경을 위해 무언가를 해야 한다고 느낀다. 내가 아는 많은 독일 기업에서 직원과 환경에 대한 이러한 책임의식이 매우 특징적으로 나타난다."

함부르크는 도시공화국의 전통을 가진 도시로, 도시 상류층들은 자신들이 이 도시를 이끌어 나간다는 자부심과 책임감이 강하다. 인색하다고까지 느껴지는 그들이지만 사회공헌 활동에는 매우 적극적이다. 쾨르버, 오토, 퀴네, 렘츠마 가족 등 함부르크에는 사회공헌으로 유명한 기업들이 수없이 많다. 함부르크의 쾨르버 재단은 소위 '재단기업'이다. 즉, 기업이 재단을 소유하고 있는 보통의 사례와는 반대로 재단이 기업을 소유하고 있다. 설립자인 쿠르트 쾨르버 Kurt Koerber는 지금은 함부르크 시로 편입된 베르게도르프에서 기계제작 사업으로 돈을 번 사업가였다. 그는 사회적으로 활발하게 활동했고, 1955년에 쾨르버 재단을 설립하여 기업의 주식을 포함한 모든 재산을 재단에 기부하고 세상을 떠났다. 이 쾨르버 재단의 연간 예산은 약 2천만 유로이며 60명의 직원을 고용하고 있다.

함부르크에는 유명 주간신문 《디차이트》를 창간한 언론재벌 부체리우스 Gerd Bucerius가 그의 부인 에블린 Ebelin과 함께 만든 공익재단도 있다. 나는 이 부체리우스 재단에서 설립한 부체리우스 로스쿨에서 2016년 1월 '독일경제 모델과 한국'을 주제로 강연하였다. 부체리우스 로스쿨은 독일에서 처음으로 미국식 로스쿨을 도입해 성공한 사립학교로서 약 80%의 학생들이 학부 4년 만에 국가시험에 합격하는 우수한 법대로 알려져 있다.

재단 설립을 통한 탈세는 독일에서는 상상하기 어렵다. 기업이 재단에 돈을 출연하면 이 재단이 그 기업의 소유주가 되어 기업이 벌어들이는 이윤을 공익을 위해 사용해야 하기 때문이다. 그러니 기업 활동을 포기하기 전에는 세금 혜택만을 목적으로 재단을 만드는 것이 가능하지 않다. 그럼에도 많은 기업가가 죽은 후 자신의 재산이 유지되기를 원할 경우 재단을 설립한다. 이렇게 하면 후손들의 소유 기업으로 존속하는 것은 아니지만 재단으로서 더 오랫동안 존속될 가능성이 크기 때문이다. 만약 상속권이 있는 자녀들이 많다면 그 기업이 단기간에 무너질 위험성도 크다.

현재 독일에는 이런 공익 재단이 2만 개가 넘는다. 내가 만난 독일 재단협회 회장을 맡고 있는, 차이트 재단의 미하엘 괴링Michael Goering 이사장의 이야기다. 혁신적이며 지속가능한 사고와 행동을 하며 사회적 책임을 적극 실천하는 독일 가족기업의 전통이 우리 기업가들에게도 귀감이 되면 좋겠다.

"독일에는 모두 2만 1,300개의 재단이 있고, 이들 재단은 총 1천억 유로 상당의 재산을 소유하고 있다. 그들은 민간 차원에서 사회 공헌활동에 현저히 기여하고 있다. 부체리우스는 자신이 부자로 죽을 것을 알고 있었다. 그는 50년 동안 국가가 평화와 시장경제를 통해 그로 하여금 부를 쌓아 올 수 있도록 해 주었다고 생각했다. 그리고 그 감사의 표시로 무언가를 하고자 했고 그래서 재단 설립을 통해 국가가 베풀어 준 은혜를 사회에 돌려주고자 했다."

2019.4.25.

국제 물류 운송력은 국력의 척도

대한항공의 경영 승계에 빨간 불이 켜졌다. 아시아나항공도 경영 부실로 위기를 맞고 있다. 나는 함부르크에서 2016년 가을부터 시작된 한진해운의 파산 과정을 지켜봐야 했다. 그리고 그 과정을 통하여 우리 국적 해운사나 항공사의 국제 물류 경쟁력 보전은 해외의존도가 높은 우리 경제에 필수적이라는 사실을 깨달았다. 한진해운의 상실은 그저 1개 기업의 상실이 아니었다. 그것이 우리 경제에 얼마나 유해한지는 "세계 6대 해운 강국이었던 한국의 위상은 이제 백 년이 지나도 회복하기 어렵게 되었다"라는 한 물류 전문가의 말이 그것을 말해 준다. 파산한 이유는 분명하지만 해운시장의 특성상 떠나고 나면 다시는 돌아오지 못하기 때문이다.

우리나라의 민간 항공력은 세계적이다. 2017년 세계은행의 통계를 보니 승객 운송은 세계 12위, 화물 항공은 세계 5위다. 2017년에 세계의 총 39억 8천만 명의 승객 중 우리 항공사는 8천 4백만 명을 운송해 승객 운송 분담률이 2.1%였고, 화물 운송은 총 2,136억 톤의 세계 항공 물동량 중 110억 톤을 수송해서 5.1%의 화물 수송 분담률을 보였다. 그래서 우리나라는 GDP 기준 경제력과 항공 운송력을 근거로 산출하는 세계민간항공기구ICAO의 기여금 납부 순위가 우리 경제력보다 큰 10위안에 들어간다. 하지만 당장 대한항공이 경영 승계 문제에 직면해 있고 여기에 아시아나항공까지 경영 부실로 위기에 처해 있다. 크게 보면 수년 전 파산했던 한진해운의 문제와 본질적으로 다르지 않다.

함부르크는 중세 한자동맹 시절부터 해상무역을 통해 상업적 번영을 구가해 온 도시 국가다. 그래서 함부르크는 지금도 독일에서 1인당 국민소득이 가장 높은 부자 도시다. 인구가 180만 명으로 베를린의 반 정도이지만 총 국민소득은 비슷하다. 함부르크 시민들이 베를린 시민들보다 평균적으로 2배는 잘산다는 말이다. 백만장자가 5만 명이라는 이야기도 있는데, 이 부자들은 대부분 무역, 해운업자들이다. 그런데 이 함부르크의 해운업자들이 지난 수년간 이어진 세계 해운업의 불황으로 직격탄을 맞았고 선박을 구입해 올 때 돈을 빌려주었던 은행들도 덩달아 위기에 빠지게 되었다. 당시 해운업 불황은 아직 사용 연한이 많이 남아 있는 멀쩡한 선박들까지 해체하여 고물로 팔아야 했을 정도로 심각한 것이었다.

함부르크에는 2016년 10월 철수 전까지 한진해운 유럽 본부가 소재해 있었다. 해운업계의 불황으로 위기가 닥쳐오자 이곳 함부르크의 하팍-로이드Hapag-Lloyd사에도 비상이 걸렸다. 하팍-로이드사는 2014년 내가 함부르크에 막 부임하자마자 남미 해운업체인 CSAV사와의 합병을 통해 몸집을 불렸다. 해운업이야말로 '규모의 경제'가 매우 중요한 업종이다. 하팍-로이드는 해운업이 한창 호황일 때 비싸게 계약했던 용선료 인하 협상에도 공격적으로 임했다. 하지만 한진해운은 위기관리에 실패했고 불운을 피해 가지 못했다. 이른 아침 힘찬 뱃고동을 울리며 엘베 강을 거슬러 올라오던 한진 컨테이너선을 이제 더 이상 볼 수 없다. 현대상선도 다른 이유이기는 하지만 2017년 말 내가 함부르크를 떠날 즈음 함부르크 항 출입을 멈추었다. 당시 느꼈던 진한 아쉬움은 지금도 남아 있다. 나의 오랜 해외 근무에서 느낀 점은 우리 기업들의 해외 경쟁력과 관련하여 지역학적 측면에서 기초체력이 좀 더 필요해 보인다는 것이다. 우리 기업은 지역 사정에도 어둡고 현지 언어를 구사하는 인력 풀도 빈약하다. 결국 이런 것도 분기별 성과에 집착하는 우리 기업 문화 때문일 것이다.

내가 만난 금융학자인 브레멘 대학의 루돌프 히켈Rudolf Hickel 교수는 자신이 정책 결정자라면 한진해운을 구제했을 것이라고 했다. 물론 여기에는 당사자들이 먼저 돈을 내놓는 자구책인 '베일-인bail-in'이 은행의 '베일-아웃bail-out'에 선행되어야 한다고 했다. 세계적인 해운업 불황은 함부르크와 슐레스비히-홀슈타인 주, 그리고 브레멘주의 국영은행도 어려움에 빠뜨렸다. 부실 선박대출과 해운업에 과도하게 편중된 포트폴리오 때문이다. 부실기업에 대한 구제 금융 문제는 유럽에서나 한국에서나 똑같은 고민거리다. 함부르크 정부와 의회는 경쟁력을 잃은 기업에 대해 보조금을 지급하는 것을 오랫동안 거부해 왔다. 한때 부를 가져왔던 양조, 의류, 제당 산업에 대해서도 그렇게 했고, 이런 흐름 속에 이들 산업은 시대의 조류를 따라 스러져 갔다.

함부르크는 오랜 상업 전통으로 민간 기업에 대한 국가 지원이 기본적으로 유효하지 않다는 것을 일찍부터 알고 실천해 왔다. 지금은 더욱이 유럽연합$_{EU}$의 경쟁법으로 정부 차원의 직접 개입은 가능하지 않다. 하지만 함부르크는 정부 소유 공기업의 부실기업 지분 인수 등의 방법으로 자신들의 경제에 필수적인 기업들을 간접 지원한다. 하팍-로이드사에 대한 지원이 그것이다. 내가 만난 페터 첸쳐 함부르크$_{Peter\ Tschentscher}$ 재무장관의 말이다.

“함부르크의 부실기업에 대한 지원은 공기업을 통해 조달한다. 이 공기업들은 부채를 만들어도 되는데, 단 이 부채를 스스로 상환할 능력이 있을 때만 외부 기업에 대한 지원이 가능하다. 다른 유럽 나라들에는 이런 것이 없다. 함부르크는 하팍-로이드사가 외국에 팔리는 것을 막기 위해 하팍-로이드사의 TUI 지분을 인수했다. 당시 지원의 근거는 산업입지$_{Standort}$의 강화였다. 함부르크 공기업인 함부르크 자산관리공사$_{HGV}$를 포함한 컨소시엄을 설립해서 하팍-로이드에 투자하는, 개인 소유주와 같은 방식으로 진행되었다.”

이제 우리 국적 항공사들은 그 사령탑을 모두 교체하게 된다. 전환기에 처한 국적 항공사들의 지속적인 경쟁력 보전으로 한국의 국제 민간 항공력 위상이 지속되기 바란다. 나의 36년 외교관 생활에도 날개를 달아 준 우리 국적 항공사들의 분투를 기대한다.

2019.10.30.

'사회적 시장경제'는
사회적 경제가 아니라 시장경제다

독일모델을 설명할 때 빠질 수 없는 것이 '사회적 시장경제'다. 그런데 이 사회적 시장경제를 이야기할 때 저지르는 흔한 오류는 이것이 매우 '사회적'일 것으로 생각하는 것이다. 실제로 독일 전문가라는 사람들도 그런 관점에서 독일의 사회적 시장경제를 평가하는 경우를 종종 본다. 그러나 결론부터 말하자면 '사회적 시장경제'는 어디까지나 온전한 시장경제, 즉 자본주의 경제일 뿐이다. 독일보다 더 사회적이라는 북구의 사회적 시장경제 시스템도 독일과 마찬가지다. 현실에 존재하는 사회민주주의의 모범국가라는 스웨덴도 재벌기업인 발렌베리가 나라를 좌지우지한다. 재벌에의 경제 집중도가 우리나라 못지않다. 국왕과 총리의 정기적인 회동에 재벌기업인 발렌베리가 참석할 정도다. 대규모 토지를 소유한 귀족들도 있다. 유럽연합의 헌법이라는 〈리스본 조약〉도 '고도로 경쟁적인 사회적 시장경제에 기초하여 지속가능한 발전을 도모한다'라고는 규정하고 있듯이 결국 그 본질은 자유경쟁 시장으로서 자본주의 경제의 범주를 벗어나지 않는다.

독일 사회적 시장경제의 특징적 요소 중 대표적인 것이 '공동결정제'다. 이것은 노사가 조화로운 협조를 통해 기업을 공동 운영하는 사회적 시장경제의 철학이 녹아 있는 제도로, 영미권에서는 볼 수 없는 제도지만 그렇다고 이 제도가 시장경제의 본질을 훼손한다고 볼 수는 없다. 이 밖에도 사회적 시장경제는 카르텔 방지, 소득에 따른 차등 과세, 경기 대책이나 최저 임금세 같은 여러 특성적인 요소를 갖고 있지만 이런 제도적 장치도 독일의 사회적 시장경제에서만 볼 수 있는 것은 아니며 영미권 시장경제에도 광범위하게 도입되어 있다.

사회적 시장경제의 사상적 기초로 '질서적 자유주의'를 주장한 사람은 발터 오이켄Walter Eucken 교수다. 그는 프리드리히 폰 하이에크나 칼 뵘과 같은 자유시장경제의 신봉자로서 전후 계획경제를 몰아내고 루트비히 에르하르트Ludwig Erhard와 알프레드 뮐러-아르막Alfred Mueller-Armack에게 개혁의 단서를 제공했다. 쾰른대학교수였던 뮐러-아르막은 1946년 『경제지도와 시장경제』란 기념비적 저서를 통해 사회적 시장경제라는 개념을 처음으로 세상에 알렸고, 에르하르트 경제장관과 함께 경제차관으로서 전후 독일 경제에 라인강의 기적을 일으켰다.

사회적 시장경제의 핵심 개념은 시장의 자유경쟁 질서를 더욱 완벽하게 확보하기 위하여 국가의 시장 개입을 허용한다는 것이다. 그런데 20세기에 들어서부터 시장에 개입하지 않는 자본주의 국가는 없다. 즉 순수한 자본주의 경제는 지금 현실 세계에서 더 이상 존재하지 않으며 지구상의 모든 자본주의 국가가 독일의 사회적 시장경제와 같은 수정 자본주의의 길을 걷고 있다. 정도의 차이나 양태가 다를지언정 어떤 형태로든 모든 국가가 시장에 개입하고 있다. 오히려 시장의 자유경쟁을 더욱 완벽하게 실현하기 위해서 국가가 시장에 개입하는 만큼 그 어떤 형태의 시장경제보다 더욱 경쟁적이고 자본주의적이다.

사회적 시장경제를 독일에서 처음 채택한 정치 세력이 우파 정당인 기민당이라는 것도 사회적 시장경제의 본질을 알고 보면 당연한 것이다. 전후 신생 정당이었던 기민당은 '사회적 시장경제'를 선점함으로써 오랜 역사를 가진 기성 정당인 사민당을 누르고 1949년 첫 연방 총선에서 승리하였고 이후 지금까지 70년 동안 5명의 총리를 배출하여 3명의 총리를 배출한 사민당을 리드해 왔다. 집권 기간도 기민당의 2배에 이를 만큼 정치적 우위를 지켜 왔다.

독일 기본법 제2조, 9조, 11조, 12조, 14조 및 15조는 영업권의 자유, 단체와 회사 설립의 자유, 이전의 자유, 직업의 자유, 재산권, 상속권에 관해 규정함으로써 자유주의적 질서를 바탕으로 하는 경제를 상정하고 있어 사회주의 경제나 계획경제를 명확히 부정하고 있다.

이런 자유주의적 경제질서의 바탕 위에서 개별 입법으로 사회적 시장경제를 구현하고 있는데, 노동법 분야의 단체협약법, 공동결정법, 노동자평의회법 같은 것들이나 소비자보호법, 임차인보호법 등이 대표적이다. 즉 사회적 시장경제를 구현하는 독일의 개별법들은 기본법상의 자유주의적 질서를 토대로 시장경제나 자본주의의 본질을 훼손하지 않는 범위 내에서 규정되고 있다. 생각건대 독일의 사회적 시장경제는 비록 '사회'란 말이 들어가 있지만 본질적으로는 자본주의나 시장경제에 다름없다. 오해하지 말자.

다만, 신자유주의의 교황이라는 프리드리히 폰 하이에크 Friedlich von Hayek 는 '사회'란 말을 눈엣가시처럼 여긴다. 그는 그 '사회'가 본질적으로 무엇을 말하는지 아무도 알지 못하며, '사회'란 말이 그것에 붙어 있는 다른 단어의 내용을 훔쳐간다고 했다. 그래서 '사회적 정의'가 정의가 아니며 '사회적 민주주의'가 민주주의가 아니듯 '사회적 시장경제'도 시장경제가 아니라는 매우 엄격한 입장을 취한다.

우리나라 헌법으로 돌아와 보자. 우리 헌법 제119조 제2항은 '국가는 균형 있는 국민경제의 성장 및 안정과 적정한 소득의 분배를 유지하고, 시장의 지배와 경제력의 남용을 방지하며, 경제주체 간의 조화를 통한 경제의 민주화를 위하여 경제에 관한 규제와 조정을 할 수 있다'고 규정하고 있다. 이것은 사회적 시장경제를 한다는 독일 기본법에서도 찾아볼 수 없는 '경제민주화'에 관한 강력한 규정이다. 현행 헌법의 이 조항은 1988년 2월부터 시행된 것이며 그 이

전 헌법의 '국민경제의 발전을 위하여 필요한 범위 안에서'라는 제한 규정을 삭제하고 '경제의 민주화를 위하여'를 추가한 것이다. 그런데 현행 헌법 개정 전의 헌법상 우리나라의 경제질서를 이미 사회적 시장경제질서로 보았다. 그렇기 때문에 현행 헌법상의 경제체제는 '사회적 시장경제'보다 한 걸음 더 좌로 나간 진보적인 경제체제를 의미한다고 볼 수 있다. '경제민주화'는 좌파 정당인 사민당이 1959년 고데스베르크 강령으로 사회적 시장경제를 수용하기 전 유지했던 경제정책이다. 즉, 우리는 독일의 사회적 시장경제를 넘어서는 진보적인 '경제민주화' 체제를 헌법상 허용함으로써 자본주의 중에서 가장 진보적인 체제를 이미 수용하고 있다.

그런데 2018년 3월 〈문재인 대통령 헌법개정안〉을 보면 현행 헌법에서 더 나아가 협동조합의 육성 등 '사회적 경제'의 진흥과 '토지 공개념'에 관한 조항을 신설하였다. 토지 공개념은 자본주의의 핵심적인 사유재산권의 기초를 허무는 것으로 자본주의 사회가 결코 양보할 수 없는 마지노선이다. '사회적 경제'란 협동조합이나 사회적 기업을 통해 이윤추구보다는 일자리와 복지 서비스 제공에 집중한다. 사실 '사회적 경제'는 사회적 시장경제와도 판이하며, 자본주의의 본질인 시장과 이윤 극대화보다는 사회의 가치를 우위에 두는 경제체제로서 자본주의보다는 사회주의에 가깝다. 그렇기 때문에 이 헌법 개정안은 혁명이 아니면 이룰 수 없는 헌법 개정의 한계에 해당한다.

사회적 경제를 실천하는 대표적인 곳이 캐나다 퀘벡이다. 2013년부터 사회적 경제 기본법을 시행하고 있고 7천 개가 넘는 사회적 기업, 단체로부터 나오는 연 매출이 150억 달러 정도로 전체 퀘벡 주의 국내총생산의 8% 정도를 차지한다. 내가 1990년대 중반 몬트리올에서 근무할 때도 퀘벡 주의 세금이 너무 비싸서 일은 퀘벡에서 하더라도 온타리오 쪽으로 넘어가서 사는 사람들이 있었다. 의사들에 대한 보수가 너무 낮아 많은 의사가 미국으로 가 버렸고, 이로 인해 동네 병원에만 가려 해도 몇 달씩 기다려야 한다. 돈 있는 유대인들이 모두 온타리오로 넘어가서 토론토가 몬트리올을 제치고 캐나다 제1의 도시가 되었다.

'사회'라는 말을 강조할수록 부담이 더 커진다. 헌법 개정안에 사회적 경제 진흥 노력 의무를 추가하는 것은 시장 경제의 본질을 변경하는 심각한 문제다. 국토의 효율적 이용 차원이 아니라 사회적 불평등 해소의 일환으로 토지 공개념 조항을 신설하자는 것도 마찬가지다. 이것은 사회적 시장경제를 한다는 독일과도 비교할 수 없을 만큼 현저하게 사회주의 경제로 가자는 것으로 시장 경제와 결코 양립할 수 없는 내용이다. 민주주의의 진실은 인간이 평등할 수 없다는 것을 인정하는 데서부터 출발한다. 다만, 평등과 기회에 접근하는 일만은 거의 평등에 가깝게 만들 수 있다는 확신일 것이다.

· 토마스 비초렉Thomas Wieczorek 지음, 『Die Verbloedete Republik멍청한 공화국』
· 청와대 지음, 『문재인 대통령 헌법개정안』

· 권영성 지음, 『헌법학원론(上)』
· 윌 듀런트, 아리엘 듀런트 지음, 안인희 옮김, 『윌 듀런트의 역사의 교훈』

2020.3.30.

코로나 바이러스 사태와 세계화의 반전

세계화가 긍정적인 것인가, 부정적인 것인가에 대한 판단은 참으로 쉽지 않다. 아마존으로 인해서 영세 책방이 거의 문을 닫고 있다는 소식이나 골목 가게들이 상권을 위협받고 있다는 소식을 종종 듣는다. 이렇듯 많은 영세 공급자들이 생존을 위협받는다는 것은 아마도 세계화의 영향이 아닐까. 과거 아마존이 없었을 때, 오랜만에 책방에 들러서 이 책 저 책을 집어들어 보고, 또 한두 권의 책을 사는 그런 재미를 느꼈던 우리는 지금 진행되고 있는 세계화의 희생자일까. 물론 세계화에 비판적 측면이 없지는 않지만, 최소한 지구상의 최빈곤층에게는 긍정적 효과를 가져다준다. 또한 OECD 통계로도 세계화의 긍정적 효과를 확인할 수 있다. 모든 면에서 긍정적인 것은 아니지만 대체적으로 긍정적이다. 무역자유화는 세계화의 일부에 불과하다. 나는 무역자유화는 찬성하지만 자유화 움직임을 완전히 찬성하는 것은 아니며, 예를 들어 금융이나 주민 이주는 통제할 필요가 있다고 본다.

세계화란 세계 여러 나라를 이해하고 받아들여 폐쇄적 상태에서 벗어나는 것으로 전 세계의 사람, 기업, 정부 간의 상호 작용과 통합의 과정이다. 우리는 우리가 살고 있는 도시의 시민이자 한국민이지만, 동시에 세계 시민이기도 하다. 우리는 세계화의 가장 큰 수혜자다. 한 세대 만에 개도국에서 선진국의 반열에 오른 거의 유일한 국가다. 하지만 세계화와 자유무역이 없었다면 결코 성취하지 못했을 것이다. 인류 역사의 발전이 곧 세계화의 역사라 해도 과언은 아닐 것이다. 과거 13세기, 유럽대륙에서 나타났던 한자동맹은 무역을 바탕으로 국경이나 종교적 대립을 초월하였던 공동체로서 오늘날 유럽연합의 맹아로 볼 수 있다. 한자동맹이나 유럽연합은 모두 세계화의 소산이다. 2차 세계대진이 아직 끝나지 않았던 1944년 출발한 브레턴우즈 체제로부터 GATT를 거쳐 WTO 체제에 이르기까지 국제통화체제나 다자무역주의의 발전 과정도 결국 세계화에 다름 아니다. 선진국뿐만 아니라 개도국도 참여하는 G20에도 지구상의 국가들이 세계화란 용광로 속에 들어가 있음을 볼 수 있다. G20 회의가 열리는 곳에 어김없이 격렬한 반세계화 시위가 수반되는 것만 보아도 G20가 세계화의 추동력이란 걸 알 수 있다.

이럭저럭 순탄해 보였던 세계화 추세는 2016년 6월 브렉시트와 2017년 1월 트럼프 대통령의 등장으로 반전을 가져왔다. 트럼프 대통령은 취임하자마자 〈범대서양무역투자동반자협정TTIP〉 협상을 중단하고 〈환태평양경제동반자협정TPP〉을 탈퇴했다. 이미 그의 전임자부터 빈사 상태였던 도하라운드는 아예 명맥이 끊어졌다. 다보스 포럼에서는 미국이 아니라 중국의 시진핑이 세계 자유무역의 수호자인 듯 새로운 조명을 받았다. 시진핑은 세계화가 경제성장을 가

저왔다며 세계화를 옹호한 반면, 트럼프는 "우리 제품을 만들고, 우리 기술을 훔치고, 우리 일자리를 파괴하는 나라들로부터 우리의 국경을 보호해야 한다"며 세계화의 비전을 거부했다. 세계화 무대에 뒤늦게 진입한 중국이 세계화를 옹호하고 세계화의 거인 미국이 세계화를 거부하는 듯한 진풍경이 연출된 것이다. 그해 6월 초 미국은 〈파리기후변화협약〉을 탈퇴했고, 7월 함부르크 G20 정상회의에서 미국과 유럽의 입장 차는 다시 한번 확연해졌다. 함부르크 G20 정상회의는 반세계화 세력의 과격한 집회로 큰 후유증을 남겼다.

물론 중국이 진정한 세계화의 주창자라고 보기에는 무리가 있다. 시진핑이 세계화의 기수임을 자처하고 나섰으나 국제현안 해결에 대한 중국의 기여도, 중국 내부의 사회적, 경제적 통제, 제반 사회문제를 야기하고 있는 중국식 발전모델의 한계를 감안해야 한다. 중국은 경제 개방성을 평가하는 OECD 조사에서 가장 폐쇄적인 산업 국가로 분류되고 있을 뿐 아니라 차이나게이트에서 보듯이 외국 기술의 탈취, 대중 여론의 조작 등 세계화에 필수적인 신뢰를 결여한 국가로 낙인 찍혔다. 이번 코로나 사태 시에도 초기 발발을 은폐함으로써 세계적인 팬데믹으로 확산되는 단초를 제공한 중국의 기만적 행태는 중국이 세계화의 최대 수혜자로서의 자격을 더 이상 누릴 수 없다는 점을 잘 보여 주고 있다.

그렇다면 세계화의 관점에서 과연 이번 코로나 바이러스 사태는 어떤 파장을 가져올까? 우선 감염 확산에 대한 공포로 세계 각국이 거의 모두 자신의 국경을 닫았다. 이로 인하여 무역이 멈추다시피 되었다. 유럽연합도 단일시장으로 운영되고, 체약국 간 자유로운 국경 통과를 보장하는 〈쉥겐협정〉도 있지만 바이러스 감염 사태가 확산되자 모두 국경의 빗장을 닫아걸었다. 지금 전 세계적으로 일어나고 있는 사재기 현상도 국제무역이 제대로 작동되지 않아 생필품 공급이 위축될 수 있다는 우려가 현실화된 것으로 보인다.

이번 코로나 바이러스 사태는 우리에게 많은 것을 시사하고 있다. 그중에서도 세계화의 반전 현상은 우리가 주목할 만한 것이다. 중국에 대한 높은 의존도는 이제 오히려 탈중국이란 긴급한 과제로 세계인들에게 다가오고 있다. 지난 20~30년간 보다 싼 노동력과 생산비만을 찾아서 중국을 세계의 공장으로 만들었지만 이제 이러한 비대칭적인 글로벌 공급망의 부정적 단면이 확연히 드러난 이상, 치명적일 만큼 부풀려진 중국에의 의존도를 줄이거나, 벗어나기 위한 필사적인 노력이 펼쳐질 것으로 예상된다.

지리적 관점에서 세계화의 한계도 있다. 국경을 사이에 두고 얼마 떨어지지 않은 지역에서 살아가는 사람의 삶에도 엄청난 격차가 존재한다. 남한의 파주에서 태어난 아이와 여기서 불과 25km 떨어진 북한의 개성에서 태어난 아이의 운명은 완전히 다르다. 미국과 멕시코 간에 담벼락 하나로 갈라진 노갈레스Nogales시도 정치와 경제 제도에 따라서 빈부가 결정되는 대표적 사례다. 이것은 『세계는 평평하다The World is Flat』를 쓴 〈뉴욕타임스〉의 토머스 프리드먼Thomas

Friedman이 주장한 세계화의 지나친 일반화에 대항하여 공간적, 제도적 다양성과 그 격차에 따른 한계를 보여준다.

더 이상 우리 앞에 세계화로 향하는 공동의 길은 존재하지 않을 것이다. 물론 그렇다고 전 지구적 차원에서 무조건적으로 세계화가 부정되진 않겠지만 말이다. 다 같이 몰려갈 수 있는 공통적인 세계화의 길은 더 이상 없을 것이지만 우리는 서로 다른 역동성을 가진 서로 다른 지역들이 주도하는 세계화의 질적 변화를 보게 될 것이다. 이것은 다자주의라기보다는 오히려 새로운 양자주의라 하겠다. 즉, 좀 더 권역화된 국가 그룹 간에 서로 다른 형태의 세계화가 지속되는 양상이다. 경제보다는 이데올로기를, 이데올로기보다는 개별적인 신뢰를 앞세운 국가 간 재편이 일어나면서 그룹별로 세계화가 계속 진전될 것이다. 어쩌면 이것은 '역사의 종말'이 아니라 '역사로의 회귀'일 것이다.

자유무역의 이점보다는 자유로운 국가 주권을 택한 영국의 브렉시트로 던져진 반세계화의 물결이 트럼프 대통령의 미국제일주의를 거쳐 이번 중국 바이러스 사태로 변곡점을 맞게 되었다. 더욱이 이러한 반세계화가 디지털화로 인해 세계 무역의 역동성이 감소하는 구조적인 전환기에 우리를 덮쳐 오고 있다는 사실은 예사롭지 않다.

· 알렉산더 머피Alexander Murphy 지음, 김이재 옮김, 『지리학이 중요하다』

2021.2.23.

마르크스가 욕한 자본주의는
더 이상 이 세상에 없다

"지금 9살 난 윌리엄 우드는 그가 7살 10개월이 되던 해에 노동을 시작했다. 그는 주중 매일 아침 6시에 일하기 시작하여 오후 9시에 일을 마쳤다. 7살 난 아이가 매일 15시간의 노동량이라니. 메리 앤 위클리는 한 방에 30명씩 일하는 다른 60명의 소녀들과 더불어 쉬지 않고 한꺼번에 26시간 30분을 일했다. 케이라는 의사가 뒤늦게 불려 와 검시 배심원 앞에서 증언하기를 그 소녀는 너무 밀집된 방에서 장시간 노동하였기 때문에 죽었다고 하였다."

마르크스의 『자본론』에 나오는 이야기다. 그가 『자본론』을 쓰던 1863년에 영국 노동자들이 놓여 있던 상황이 바로 그랬다. 『자본론』은 1867년 함부르크에서 초판이 발간되었다. 마르크스가 여기서 주장한 것은 자본주의의 경쟁으로 부가 늘어남과 함께 노동자들의 비참함도 증가됨으로써(제1단계), 사회혁명이 유발되고(제2단계), 자본주의는 멸망하고 종국적으로 사회주의 세상이 실현된다(제3단계)는 것이다. 이 중 제1단계를 좀 더 부연 설명해 보자면, 자본주의 경쟁으로 인하여 가능한 저렴한 상품을 생산하여야 하는데,

다른 조건이 일정하다면 노동생산성이 높아야 하고 생산규모가 커야 한다. 그래서 보다 전문화된 기계를 더 많이 사용하고 대량생산하게 된다. 이런 경쟁 과정에서 자본 축적이 일어나며 결국 소자본가는 몰락하여 부의 집중이 일어난다. 자본가 계급에 계속 부가 집적되는 동시에 자본가의 수는 감소하게 되어, 결국 소수의 대자본가에게 부가 집중하는 현상이 발생하게 되는 것이다. 이러한 자본 축적의 경쟁에서 자본가에 대한 경제적 압박은 계속되는데, 그가 거꾸러지지 않으려면 그 경제적 압박을 노동자들에게 떠넘기지 않을 수 없다. 그렇기 때문에 노동자들과 타협할 수 없다. 이렇게 부의 증가와 함께 노동자들의 비참함이 필연적으로 일어나면, 결국 사회혁명이 일어나게 된다.

마르크스는 19세기 중반 그가 살던 영국에서 일어나는 이러한 비참한 실태를 목도하면서, 그의 마음속에 자리 잡고 있었던 인도적 충동을 일깨웠다. 경제적 사실만이 '실재'하며 사회적, 법적 체제는 그저 단순한 상부 구조에 지나지 않는다면서, 실질적 자유가 확보되지 않은 형식적 자유는 무의미하다고 보았다. 이런 맥락에서 존 롤스의 『공정으로서의 정의론』도 마르크스의 영향을 받았다. 칼 포퍼는 그의 『열린사회와 그 적들』에서 마르크스의 진정한 휴머니즘적 사상을 인정하면서 이렇게 말했다.

> "그는 인간의 사회적 문제 가운데 가장 절박한 문제에 합리적 방법을 적용하려는 정직한 노력을 기울였다. 과학은 시행착오에 의

하여 진보한다. 마르크스는 그런 시행착오를 시도해 보았다. 우리는 마르크스의 성실성을 인정하지 않고서 그에 대한 공정한 평가를 내릴 수 없다."

그러나 마르크스가 자본주의 사회의 미래에 대해 예견했던 모든 것은 오류로 드러났다. 종국적인 사회주의 세상을 예언한 마르크시즘은 이제까지 있었던 역사주의 가운데 가장 순수하며 가장 발전된 형태라 한다. 역사가 일정한 역사 법칙이나 진화 법칙에 의해서 지배된다는 역사주의는 일찍이 헤시오도스나 헤리클레이토스, 플라톤으로부터 출발하여 헤겔을 거쳐 마르크스까지 내려오는 계보를 갖고 있다. 하지만 이것은 과학적 예측이라기보다는 거의 미신에 가까운 역사적 예언에 불과하다.

오늘날의 자본주의는 마르크스가 『자본론』에서 설정한 자본주의와는 판이하게 다르다. 세기 반 전에 그가 보았던 제어되지 않은, 방만한 자본주의는 프롤레타리아의 급진 혁명이 아니라 현대 민주주의의 능동적 개입을 통하여 근본적으로 변화되었다. 물론 그 내적인 모순으로 멸망하지는 않았다. 마르크스가 프롤레타리아 세상을 만들기 위해 주장했던 〈공산당선언 10대 강령〉은, 1번 강령(토지의 국가 귀속) 정도만을 제외하고 지금은 모두 실현되고 있는데, 의무 교육이나 어린이 노동 금지는 말할 것도 없고 누진세, 상속세, 독점 금지법 같은 제도는 지나칠 정도로 확립, 시행되고 있다. 이것은 마르크스가 자본주의라고 이름 붙인 체제와 오늘날 자본주의 국가의 경제체제를 동일시하는 게 얼마나 어처구니없는 일인가를 잘 나타내 준다.

단적으로 말하면 마르크스가 꿈꾸었던 노동자들의 세계와 사회주의는 이미 우리나라와 세계 곳곳의 자본주의 국가들에서 실현되고 있다. 오히려 북한과 중국이 한다는 사회주의에 대하여는, 만약 마르크스가 살아있다면 "이건 가짜야!" 하면서 손사래를 칠 것이다. 사정이 이러함에도 오늘날 우리 사회에서 마르크시즘을 빌린 세기 반 전의 투쟁이 아직도 일어나고 있다는 게 얼마나 시대착오적인가. 우리 헌법상의 경제질서만 보더라도, 우리는 이미 독일의 '사회적 시장경제' 개념보다 더 진보적인 경제체제를 갖고 있다. 하물며 마르크스가 생각했던 그 시대의 자본주의와는 아예 비교할 수도 없을 것이다. 더 이상 '경제 민주화'란 미명하에 나라를 혼란에 빠뜨리는 일이 없어야 한다. 마르크시스트들이여, 노동 귀족들이여, 너희들이 누리는 특권과 호사가 얼마나 큰지 궁금하다면, 영국에 있는 마르크스의 무덤을 열고 물어봐라. 그가 뻔뻔한 너희들의 얼굴에 침을 뱉을 것이다.

다음은 미국의 문명사학자인 윌 듀런트William Durant 부부의 자본주의와 사회주의의 힘겨루기에 대한 흥미로운 진단이다.

> "산업혁명을 정正으로, 자본주의와 사회주의의 대립을 반反으로 놓고 보면, 세 번째 단계는 자본주의와 사회주의의 합이 될 것이

다… 자본주의에 대한 두려움 때문에 사회주의는 자유를 늘리고, 사회주의에 대한 두려움 때문에 자본주의는 평등을 증가시킨다. 동방은 서방이 되고, 서방은 동방이 되고 있으니, 머지않아 둘은 서로 만날 것이다."

· 칼 포퍼 지음, 이한구 옮김, 『열린사회와 그 적들 1』
· 칼 포퍼 지음, 이명현 옮김, 『열린사회와 그 적들 2』
· 로베르트 짐머Robert Zimmer 지음, 이동희 옮김, 『한 권으로 읽는 철학의 고전』
· 윌 듀런트, 아리엘 듀런트 지음, 안인희 옮김, 『윌 듀런트의 역사의 교훈』

2021.8.29.

기본소득제는 과연 세계적 추세인가?

우리나라에서도 '기본소득' 도입에 관한 논쟁이 본격화하고 있다. 전형적인 기본소득의 정의는 국가가 모든 시민에게 아무런 조건 없이 매월 현금을 지급하는 것이다. 권리로서 간주되며 자유권과 같은 다른 기본권과 마찬가지로 박탈당하지 않는다. 그런 점에서 적격 심사를 거쳐 선별된 사회적 약자에게만 제공되는 사회부조나 사회보장과는 구별된다. 기본소득은 시민소득이나 사회배당 또는 국가 보너스로도 불린다.

일각에서 기본소득이 세계적 추세라고 주장하지만 이 주장은 아직까지는 근거가 미약하다. 핀란드 등 여러 나라에서 파일럿 실험을 하고 스위스에서는 주민투표도 했지만 결과는 부정적이다. 즉, 이 실험들이 기본소득제 도입 필요성에 대한 확신을 주지 못하였으며, 실제로 기본소득제를 국가 단위에서 시행하고 있는 나라는 아직까지 없다. 이런 가운데 세계적인 코로나 팬데믹 사태가 자영업자 등 많은 사람의 기본적인 생계를 위협하면서 기본소득 논의가 새로운 국면을 맞고 있다. 유엔은 저개발국 주민들에게 매일 5.5달러의 글로벌 기본소득을 제안하였고, 독일에서는 18만 명의 시민이 연방의회에 '팬데믹 기본소득'을 청원하였다. 독일 베를린경제연구소DIW의 마르셀 프라츠셔Marcel Fratzscher 소장은 코로나 팬데믹이 우리에게 새롭게 생각할 수 있는 기회를 주고 있다며 한계에 부딪힌 기존 사회보장제의 근본적 개혁 필요성을 제기하고, 올 초부터 122명의 장기 실업자들에게 월 1,200유로의 기본소득을 3년간 지급하는 새로운 실험을 시작하였다.

내가 만난 함부르크 대학의 토마스 슈트라움하르Thomas Straubhaar 교수는 연령이나 소득에 무관하게 지급하는 '무조건적 기본소득제'를 찬성하는 입장이다. 수령자는 심리적으로 좀 더 떳떳해지고 행정적인 번거로움에서 벗어나며 국가는 행정비용을 절감할 수 있다. 그래서 건강 보험이나 개인 보험 정도만 남기고 여타의 사회보장은 평생 기본소득제로 대체하자는 것인데, 어차피 로봇이 일하고 3D 프린터가 집까지 찍어 내는 시대에 우리 삶의 방정식도 빨리 적응해야 한다는 것이다. 기본소득 지지자들이 주장하는 핵심적인 근거는 기본소득이 무엇보다도 인간의 자아실현과 개인적 자유를 위한 전제 조건을 만들어 낸다는 것이다. 존 롤스가 정의론에서 말하는 '차등 원칙'상 가장 불리한 사람들의 지위를 개선하므로 정의롭기도 하다는 주장이다. 기본소득의 구조는 단순하게 말하자면, 누군가가 돈을 벌고, 국가가 이것을 모든 사람들에게 나누어 줌으로써 결국은 부자들의 돈이 빈자에게로 옮겨 가는 것이다. 기본소득의 무차별, 무조건적인 성격은 '사람 중심'의 측면을 더욱 강조한다. 여기서 문제는 이런 무조건적인 재정이전의 근거가 무엇인가 하는 것이다. 국가가 무슨 권리로 기본소득이란 제도를 만들어 추가적인 부담을 강요할 수 있는가이나.

이 같은 철학적 빈곤 외에도 기본소득이 노동시장 효과가 없다는 치명적 약점이 드러났다. 핀란드에서 실시한 파일럿 프로젝트의 결과, 연간 6일을 더 일한 것으로 나타났을 뿐이다. 특히 허드렛일을 하는 저임금 노동자의 경우, 그 일을 더 이상 하지 않으려는 경향으로 임금 인상과 인플레이션을 초래하고, 외국인 노동자의 유입을 더욱 촉진했다. 기본소득이 있는 한 최저임금을 올려도 그 효과는 미미할 것이다. 그러나 가장 문제시되는 것은 재정 여력이다. 즉, 현실적으로 기본소득제를 지속가능한 방식으로 감당할 수 있는가이다. 연방재무장관인 올라프 숄츠는 설령 기본소득을 "공정하고 옳은 것"이라고 인정한다 하더라도 재정적인 감당을 할 수 없다고 선을 그었다. 그는 기본소득제가 지금까지 집적해 온 사회보장제의 성과도 위험에 빠뜨릴 것이라 했다. 차라리 가능한 범위에서 최저임금의 인상을 선호한다. 독일에서 성인에게 월 1,000유로, 미성년자에게 월 500유로의 기본소득 지급에 필요한 재원은 매년 9천억 유로다. 그런데 2019년 독일의 전체 세수는 8,000억 유로였다. 기본소득제는 개념적으로나 실제적으로나 불가능한 것이다.

독일 내 각 정당이나 경제, 노동계도 기본소득에 대하여 대체로 부정적인 입장이다. 메르켈 총리는, "어려움이 있을 때, 사회가 연대적으로 도와준다"는 사회국가의 원칙에서 벗어난다고 했다. 슈타인마이어 대통령은 '근로 정지에 대한 휴업 프리미엄'으로, 가족기업협회는 "다른 사람의 비용으로 살아가는 혁신 적대적인 연금 멘탈리테트"로 비판한다. 녹색당과 좌파당Linke은 기본소득을 지지하는 입장이다.

1797년 토머스 페인Thomas Paine은 50세 이상의 노령층에 대한 기본소득을 정기적으로 지급하고, 21세로 성년이 되는 청년들에게 1회 한의 일정 금액을 지급하되, 그 재원은 토지의 기초지대로부터 확보하고자 하였다. 그는 토지 자체는 원래 사회의 공동재산이며, 그것에 추가적으로 투입된 부가 가치만을 개인의 소유로 보았기 때문에 토지의 원 가치로부터 나오는 기초지대는 사회에 환원해야 한다고 보았다. 페인의 이러한 입장이 오늘날 '토지공개념'의 이론을 제공한 것으로 보인다. 이것은 소유권의 기초를 노동에서 찾고 개인의 노동이 투입된 토지는 전부가 그 개인의 배타적 소유물이 된다는 존 로크의 자연법적 소유권 주장과 대비된다.

오늘날 걸프 연안의 사우디아라비아나 카타르 같은 국가들에서 기본소득의 맹아를 볼 수 있다. 이 나라 국민들은 세금을 내지 않는다. 오히려 그들은 '게으름'에 대한 대가로 국가로부터 넉넉한 돈을 받는다. 노동은 외국인들의 몫이다. 관건은 석유나 가스에서 나오는 수입금이다. 그들의 석유나 가스를 사서 쓰고 있는 우리 국민들도 그들의 기본소득을 금전적으로 받쳐 주는 셈이다. 하지만 우리가 기본소득제를 한다면 누가 돈을 댈 것인가? 더욱이 우리나라의 재정적 환경도 크게 열악해지고 있다. 국가부채의 급증으로 국제 신용 평가기관의 *성고(成告)*까지 받았다. 세계 어떤 나라도 시행하지 않는 생소한 제도를 어느 날 갑자기 선택할 수는 없다. 기본소득제가 나름 매력적이기는 하지만, 이것은 첫째 충분한 국민 공감대를 모아야 하며, 둘째 설득력 있는 파일럿 실험에 의한 검증을 거쳐야 하고, 셋째 기존의 사회보장제를 점차로 대체해 나가는 방향에서 진행되어야 하며, 마지막으로 우리의 재정적 여력이 비축된 다음에나 그 도입 여부를 판단해 볼 수 있을 것이다.

· 가이 스탠딩Guy Standing 지음, 안효상 옮김, 『기본소득』

2021.12.19.

노동이사제는 한국에서 성공할 수 없다

대선 후보 간 토론에서 노동이사제가 주

제로 등장하자 더불어민주당에서 이를 받아 입법화하자면서 패스트 트랙에 태울 의향을 밝혔다. 우선은 공공부문에서 도입한다지만, 민간 기업으로의 확대 가능성을 내포하고 있다. 노동이사제란 이사회, 즉 경영진에 의결권을 가진 노동자 대표를 참여시켜 노동자의 목소리를 경영에 반영한다는 것이다. 이러한 노동이사제의 도입에 관한 논의는 독일, 프랑스, 덴마크, 스웨덴 등 유럽의 사회적 시장경제 국가들이 시행하고 있는 공동결정제로부터 나온 것으로 보인다.

공동결정제는 노사가 사회연대자로서 기업의 경영에 같이 참여하는 것으로, 노사 쌍방 간에 조화로운 협조를 통해 기업을 운영한다는 사회적 시장경제의 철학이 녹아 있는 제도다. 2차 대전 직후 루르 지방의 석탄, 철강업체에서 연합국이 선임한 경영진에 노동자를 합류시켜 장기적 압류를 막아 보고자 한 시도로부터 출발했고, 이후 슈미트 총리 당시인 1976년에 법 제정으로 공식화되었다. 이 제도는 기업 현장에 도입된 지 70여 년이 지난 지금까지도 독일에서 대체로 긍정적인 평가를 받고 있다.

하지만 이 제도가 한국에서 성공하리라는 보장은 없다. 우선은 기업 형태나 경영 환경을 포함한 경제모델 측면에서 독일과 한국이 상이하다는 점을 고려해야 한다. 독일은 한국이 속한 영미식의 '자유적 시장경제Liberal Market Economy'와는 다른 유형인 '조정적 시장경제Coordinated Market Economy'에 속한다. 조합주의와 사회적 시장경제를 특색으로 하는 독일모델을 라인식 자본주의라고도 하며 독일 기업들의 공동결정제나 이중이사회dual board도 이런 배경으로부터 발생했다. 즉, 독일의 공동결정제에서 노동자들의 경영 참여는 한국 기업의 이사회 같은 일차적 경영기구가 아니라 이차적 경영기구인 감독이사회를 통해서다. 그래서 기업 경영에 직접적으로 참여한다기보다는 중장기적인 방향에서 기업 정책에 간접적인 영향력을 행사한다.

두 번째는 독일의 공동결정세가 독일 기업 운영의 전형적인 형태인 것처럼 알려졌지만, 실상은 매우 소수의 기업만이 이를 시행하고 있다는 점이다. 2016년 말 당시 수십만 개의 기업 중 공동결정제를 수용하는 기업은 641개에 불과했다. 주로 2천 명 이상의 고용 규모를 가지는 자본회사인 주식회사AG나 유한회사GmbH에서 주로 설치하는데, 숫자상으로 볼 때 99%에 해당하는 중소기업이나 규모가 크더라도 인적회사에서는 거의 볼 수 없다. 예를 들어 주방용품 전문 업체인 밀레Miele는 고용 규모가 약 2만 명 규모임에도 인적회사이므로 감독이사회가 설치되어 있지 않고 공동결정제도 볼 수 없다. 2000년대에 들어서면서 EU 차원의 '유럽회사Societas Europaea'가 도입되었다. 그래서 앞으로는 '유럽회사' 형태로 등록하는 신규 기업을 포함하여 기존의 주식회사들도 노사 합의가 있을 때는, 공동결정권이 적용되는 이중적 경영구조 대신 영미식 단일적 경영구조를 선택할 수 있도록 했고, 이에 따라 공동결정권제가 향후 약화될 수 있다는 전망이 나온다.

그리고 마지막으로는 문화적 토양의 차이다. 독일에서 공동결정제가 기업 경쟁력을 강화시키는 성공적인 제도로 자리 잡게 된 것은 제도 자체보다는 그 제도를 받치고 있는 문화적 배경과 인적 요소라 하겠다. 노동자들이 사주의 핵심적 이익을 침해하지 않을 정도의 한계선에서 움직이면서, 기업 전체의 경영 이익과 함께 그들의 이익을 균형적으로 달성하는 노사 간 '이익의 균형' 기제가 주도면밀하게 작동하고 있음을 볼 수 있다. 반면에 협력적 노사관계가 자리 잡지 못하고 있는 우리 현실에서 노동이사제가 경영 효율성을 높이고, 기업의 발전을 위한 순기능적 촉매제가 될 가능성은 그리 크지 않다.

더욱이 한국의 노동조합이나 노동단체는 이념에 편향되어 있으며 매우 정치적이다. 실제로도 이들은 정치 현장에서 막대한 영향력을 행사한다. 문재인 정권에서는 민노총이 정권의 한 축을 담당했다는 말이 있을 정도다. 때로는 탈법적이고 폭력적이기까지 하다. 독일의 노조는 정치와는 거리를 두고 있다. 물론 많은 노조원이 사민당이나 녹색당, 좌파당 같은 좌파 스펙트럼에 위치한 정당원이라 하여도 이들의 노조 활동은 정당과는 무관하게 이루어진다. 산업별로 임금을 결정하는 임금협약이 결정되는 과정만 보더라도 노사 당사자를 제외한 일체의 정치 세력이 개입할 여지는 없다. 이런 분위기를 보면 공동결정제가 오직 기업과 노동자의 경제적 이익 제고라는 목적에만 기여하리라는 것을 미루어 짐작할 수 있겠다. 그들은 기업 경영이 어려워지면 임금 삭감을 자청하는 노동자들이다. 이렇듯 한국과 독일은 경제모델부터 노조의 체질까지 많이 다르다. 그렇기 때문에 독일적 환경에서 발생한 노동이사제가 한국이라는 생소한 토양에서 생존할 가능성은 크지 않다 할 것이다.

· Peter A. Hall, David Soskice 지음, 『Varieties of Capitalism』

Part 11

균형재정은 신성한 암소다

재정

균형재정의 대명사 독일 재무장관 볼프강 쇼이블레
사진 출처: 《Luzerner Zeitung》

저성장으로 인한 세수 기반 축소와 고령화에 따른 재정 부담 능력의 약화로 재정 건전성
이 가파르게 악화되고 있는 데다 확장적 재정 정책이 남용되고 있는 현실을 감안해 볼
때 균형재정의 자율적 달성은 도무지 어려워 보인다. 그렇기에 독일인의 지혜를 빌려
균형재정을 목표로 하는 헌법 조항의 신설을 제안한다.
_ 본문 중에서

그들은 신규 부채로 무엇을 하든 장래에 남는 것은 결국 부채뿐이라는 인식을 가지고 있
다. 케인스식 처방과는 거리가 멀다. 더욱이 지금 우리가 신규 차입 예산으로 투자하는
용처가 주로 현금 복지 지원용으로, 재정 운용 기조에서 독일과는 큰 차이를 보인다는
것을 알 수 있다.
_ 본문 중에서

균형재정은 신성한 암소다

　　　　　　　　독일은 재정 운영의 모범국이다. 2014년
부터 재정 흑자를 시현하고 있으며 GDP 대비 국가채무율도 2010
년 84.5%였던 것이 2019년에는 59.5%까지 축소되었다. 독일은 바
이마르공화국 때인 1923년 물건을 사려고 줄을 서 있는 동안에도
물건값이 오르는 초인플레이션을 경험한 나라다. 이런 경험에서인
지 독일의 재정 건전성과 물가 안정에 대한 집착은 여느 나라와는
다르다. 독일 역사상 초유의 재정 흑자 시대를 연 2014년 당시는
마이너스 금리 시대였고 그래서 적자재정을 편성해서 돈을 끌어다
노후된 독일의 사회기반시설을 개보수하고 확충해야 한다는 여론
이 비등했었다. 2016년 함부르크 신년 강연회에 왔던 베를린경제
연구소의 마르셀 프라츠셔_{Marcel Fratzscher} 소장도 "균형재정은 신성한
암소가 아니다"라며 쇼이블레 장관의 긴축적인 재정 운영을 비판했
다. 독일의 인프라 시설이 낡아서 위험할 정도가 되었는데도 균형
재정을 고집하느라 필요한 투자가 적기에 이루어지지 않고 있다는
것이었다.

그러나 쇼이블레 장관은 꿈쩍도 하지 않았다. 그의 고집스러움에
'쇼이블레적인_{schaeublehaft}'이란 말이 생겨날 정도였다. 독일은 2009
년 채무브레이크제를 도입해서 연방 기본법과 각 주의 헌법에 신
규 차입을 금지하는 재정준칙을 마련하였는데, 연방의 재정적자는

2016년부터 GDP의 0.35%를 넘어가서는 안 되며 각 주는 2020년까지는 균형재정을 달성해야 했다. 이렇듯 입법화로까지 이어진 독일인들의 균형재정에의 의지는 결실을 보기 시작했다. 연방 차원에서 2012년 재정적자가 0.03%로 축소되면서 목표 달성을 앞당겼고, 2014년부터는 흑자세를 시현하기 시작했다. 독일은 그동안 인구감소와 고령화로 재정 부담이 급격히 커졌으나, 1980년대 후반부터 의료보험 개혁, 연금 개혁 그리고 〈어젠다 2010〉과 하르츠 개혁 등으로 꾸준히 사회보장비용을 줄이는 자구책을 강구해 왔다. 이런 자구책이 쇼이블레 장관의 균형재정 정책과 맞물려 경제 활력을 회복하는 데 성공한 것이다. 유럽연합을 리드하는 경제대국 독일의 재정 건전화에 대한 입장은 우리에게 많은 것을 시사해 준다.

우리도 올해부터 절대 인구 감소라는 충격을 맞고 있다. 이것은 앞으로 재정 부담이 급격히 늘어난다는 의미이기도 하여 재정 건전화가 더욱 요구되는 상황이다. 한 푼이라도 아껴 써야 한다는 얘기다. 그런데 정부는 "경제활력 제고를 위해 가용한 모든 정책수단을 총동원하여 핵심과제를 속도감 있게 추진해 나가겠다"고 했고, 24조 원 규모의 23개 공공사업에 대한 예비타당성 조사도 면제한다고 한다. 돈을 과감하게 쓰겠다는 의도가 엿보이는 대목들이다. 우리나라의 국가채무는 지난 20년간 절대액으로 10배가 넘게 늘어 700조 원을 넘어섰고 GDP 대비율도 10% 남짓하던 것이 이제는 40%를 웃돈다. 이런 가파른 증가세와 함께 코앞에 닥친 인구 감소와 고령화는 향후 재정 건전성을 크게 위협하고 있다. 우리 정부의 예산은 가파르게 증가해 왔다. 전년 대비 2018년 7%, 2019년 9.5%로 금융 위기 직후인 2009년의 예산 증가율 10.6%에 육박하는 수준에 이르 렀다. 이러한 가파른 재정 확장 추세는 경제의 성장 규모를 넘어서 는 것으로 조세부담 가중과 재정 건전성 악화에 대한 우려를 자아 낸다.

재정 확장을 위해서는 국민들로부터 세금을 많이 걷어야 하는데, 경제가 성장하는 시기라면 몰라도 그렇지 않은 시기에 국민들의 세 금 부담을 가중시키는 것은 경제 활력을 저해한다. 중장기적으로는 재정 건전성이 악화되고 국가채무가 늘어나게 된다. 국가채무를 국 제적으로 비교할 때는 정부채무$_{D1}$에 비영리 공공기관의 채무를 합 한 '총정부채무$_{D2, general government debt}$'란 개념을 사용한다. 우리나라 의 경우 2017년 말 기준 총정부채무는 735.2조 원으로 GDP 대비 42.5%이고 여기에 공기업 채무가 378.5조 원이다. 결국 한 국가의 재정 건전성을 종합적으로 판단할 수 있는 공공부문 채무 규모$_{D3}$는 총 1,044.6조 원으로, GDP 대비 60%를 넘는다.

물론 국가채무(총정부채무)의 GDP 비율이 220%가 넘는 일본이 나 100%가 넘는 미국과 단순 비교했을 때 우리나라의 국가채무는 크지 않다. 하지만 국가채무 규모를 일본이나 미국과 비교하는 것 은 별 의미가 없다. 그들은 국제적으로 통용되는 경화를 가진 나라 다. 그러니 우리나라의 채무 규모는 차라리 우리와 화폐 신용도가 비슷한, 터키나 폴란드 같은 나라들과 비교하는 게 의미가 있겠다.

2017년 말 터키는 35%, 폴란드는 68%의 국가채무율을 보이고 있다. 2009년 금융위기 때 재정이 파탄 난 그리스나 포르투갈의 GDP 대비 국가채무율은 2017년 189%와 145%이며 금융위기가 발생했던 2008년과 2009년 당시 이들의 국가채무율은 그리스가 117%, 135%, 포르투갈이 83%, 96%였다. 지난 1997년 외환위기 시 우리나라의 국가채무 규모는 60조 원 정도로 GDP 대비 10% 남짓하였다. 그런데도 외환위기의 파고를 넘어서지 못했으니 국가채무율이라는 것도 위기 시에는 믿을 수 없다. 1997년 외환위기, 2003년 카드대란, 2008년 글로벌 금융위기를 겪는 동안 국가채무 절대액이 10배 이상으로 증가했고 GDP 대비율도 10% 미만에서 40%를 넘는 수준으로까지 올라섰다. 여기에 코앞에 닥친 인구 감소와 고령화로 인한 재정 부담의 가중 추세는 향후 국가채무 관리에 상당한 험로를 예견하고 있다. 한국의 쇼이블레가 나타날 것인가? 그를 기다려 본다.

2019.4.4.

신용(빚)이 자본주의의 본질인가?

　　　　　돈과 금융에 관하여 독일인들은 매우 보수적이다. 그들에게는 열심히 일해서 빚지지 않고 저축을 하고, 또 은퇴 후에는 연금을 받아 생활하는 것이 아직도 전통적 미덕이다. 국가 차원에서는 국가채무를 축소하여 다음 세대에 대한 조세 전가 부담을 줄이려고 전력을 다한다. 우선 2016년 12월에 만난 페터 첸처Peter Tschentscher 함부르크 재무장관의 말을 들어 보자.

"함부르크도, 연방정부도 더 이상 새 빚을 내서는 안 된다. 함부르크 헌법도 균형재정을 기본 의무로 규정하고 있다. 구체적으로는 2019/2020년부터는 새로운 부채를 질 수 없다. 이미 가지고 있는 국가채무가 너무 크기 때문에 이 헌법 규정은 매우 중요하다. 지난 수십 년간 국가가 부채를 내서 투자했다. 그러나 시간이 흐르면 투자는 가치를 잃고 채무는 그대로 남아 있기 마련이다. 그래서 이러한 악순환을 끝내려는 것이다."

2015년 9월에 만난 《슈피겔》의 아르민 말러Armin Mahler 경제부장은 다음과 같이 이야기했다.

"지난 수십 년간 독일의 채무는 급증했으며, 금융위기로 더욱 심각해졌다. 이제 균형재정을 달성했다는 것은 그저 새로운 부채가 없다는 뜻일 뿐이며 이전의 채무는 여전히 남아 있다. 금리 부담이 많이 줄어든 지금 균형재정을 달성한다는 것은 그리 대단한 일이 아니다. 유로화 위기에서 얻어 낸 이점 중 하나일 뿐이다. 10년 만기 국채조차도 이자가 전혀 붙지 않는다. 이전에는 한 번도 없었던 일이다. 경제가 이렇게 좋은 상황에서 균형재정을 달성하지 못한다면 언제 할 수 있겠는가?"

물론 여기에 반대하는 목소리도 있다. 내가 지난 2016년 어느 무더운 여름날 베를린의 노천 카페에서 만나 3시간 가까이 격정 토론을 벌였던 언론인 하랄트 슈만Harald Schumann이 바로 전통적인 독일인들의 생각에 반대하는 사람이다. 그는 세계화 반대론자다. 그의 저서 중 세계화를 비판하고 조망한『세계화의 덫』과『글로벌 카운트다운』은 우리나라에도 번역, 소개되어 있다. 그의 목소리를 들어 보자.

"독일에서는 오래전부터 빚을 지는 것을 나쁜 것이라고 생각해 왔다. 이것은 경제적 현실과는 거리가 멀다. 신용은 자본주의의 본질이다. 성공한 자본주의의 본질적인 메커니즘은 신용이다. 기민당은 '빚 없는 미래를 위해서'라는 슬로건으로 선거 운동을 한 적이 있었다. 나는 한 칼럼에서 '주의하십시오. 기민당은 자본주의를 폐지하려고 합니다!'라는 글을 게재했다. 빚이 없는 나라는 자본도 없다. 메르켈, 쇼이블레, 가브리엘이 유럽 전체에 긴축적인 경제정책을 강요함으로써 유럽통합을 방해하고 있다. 긴축정책은 완전히 파괴적이고 모든 경제적 이성에 반한다. 내가 이념적인 케인스주의자라서가 아니라, 이것이 실증적으로 증명됐기 때문이다. 2008년 금융위기 이후 유럽은 점점 더 경제 위기에 직면하고 있는 반면, 미국은 중앙은행과 연방정부의 협력으로 비교적 빨리 이를 극복했다. 지금 미국의 국내총생산은 2008년 금융위기 때보다 14% 높지만, 유로존은 이제야 2008년 수준에 도달했을 뿐이다."

결국 관건은 현실 경제에 있지 않나 싶다. 성장하는 경제라면 차입 자체를 금기시할 필요가 없고, 빚을 내서 투자할 수도 있다. 우리도 한국전쟁 후 미국과 서독의 자금이 들어왔고 〈한일기본조약〉 후 빌려 쓴 일본의 경제협력기금과 민간신용을 경제개발 자금으로 유용하게 활용하였다. 그러나 우리와 똑같이 외채를 도입한 많은 개도국이 실패했다.

그런데 지금 국가채무나 가계채무 그리고 기업채무까지 공히 천정부지로 늘어가는 마딩에 우리의 씀씀이를 보면 빚의 무서움을 너무 모른다. 가는 곳마다 공공기관의 사옥은 거의 신축 건물이다. 일부 지자체는 호화 청사라는 비판을 들을 정도다. 독일이나 일본의 공공기관 사옥이나 역사 같은 공공시설물들은 무척이나 허름하다. 돈 쓸 줄 몰라서가 아니다. 그들은 빚의 무서움을 잘 아는 것이다. 그리고 그것이 후대까지 부담을 지운다는 사실까지도.

2020.3.13.

균형재정을 위한
독일식 헌법 규정 신설을 제안한다

독일은 지금 세계 어느 나라보다 모범적인 재정 운영을 하고 있다. 연방 기본법에 GDP의 0.35% 적자를 한도로 균형재정을 강제하는 재정준칙을 두고 있고, 실제로 2014년부터 적자가 한 푼도 나지 않는 균형재정을 시현하고 있다. 연방과 별도로 각 주도 헌법상 동일한 취지의 규정을 두고 있다. 우리 헌법은 경제에 관한 별도 조항을 두고 있으나 정작 재정에 관한 조항은 없다. 「국가재정법」에 재정 건전성 확보를 위하여 최선을 다하여야 한다는 선언적 규정이 있지만 내용상으로는 제한 없는 적자 예산 편성을 허용하고 있다. 이런 가운데 저성장으로 인한 세수 기반 축소와 고령화에 따른 재정 부담 능력의 약화 등으로 재정 건전성이 가파르게 악화되고 있는 데다 정부의 확장적 재정 정책을 남용하는 현실을 감안해 볼 때 균형재정의 자율적 달성은 도무지 어려워 보인다. 그렇기에 독일인의 지혜를 빌려 균형재정을 목표로 하는 헌법 조항의 신설을 제안한다.

코로나 사태로 긴급 재정 지원이 필요한 지금 나라 곳간이 비었다 한다. 20조 원에 가까운 코로나 추가경정 예산을 편성한다는데 여력이 없다 보니 국채 발행으로 재원을 조달한다는 것이다. 작년에 미세먼지 대책 등의 용도로 약 6조 원에 달하는 추경을 편성했고, 올해는 512.3조 원에 달하는 슈퍼예산에 이미 60조 원을 국채로 조달하였는데 이제 다시 20조 원의 추경을 부채로 충당해야 한다. 결국 작년과 올해 상반기에 걸쳐 1년도 안 되어 무려 80조 원 가까운 신규 부채가 발생한 셈인데, 1997년 외환위기 당시 총정부채무[D2]가 60조 원 정도였음을 볼 때 이 신규 부채의 규모를 가늠할 수 있겠다.

우리나라의 정부채무는 올해 800조 원을 넘어선다. GDP와 대비한 정부채무율이 40% 남짓하여 100%가 넘는 미국이나 200%를 훌쩍 넘는 세계 1위의 채무국 일본에 비해 작은 건 사실이지만 기축통화나 태환화폐를 가진 미국이나 일본과 평면적으로 비교하는 것은 큰 의미가 없다. 더욱이 이들 나라는 최근 정부채무를 지속적으로 줄여 오고 있는 데 반해 우리나라의 정부채무는 오히려 그 증가 속도가 매우 빨라지고 있다. 2000~2016년간 우리나라의 GDP 대비 정부채무의 연평균 증가율은 11.6%로서 32개 OECD 국가 중 4번째로 높았는데, 1~3위 국가인 라트비아, 룩셈부르크, 에스도니아의 경제 규모 고려 시 사실상 우리나라가 OECD 국가 중 최고의 정부채무 증가율을 보인 것과 다름없다. 여기에 정부채무나 마찬가지인 공기업 부채가 급증하고 있어 공공채무D3도 함께 빠르게 늘고 있다. 급작스러운 원자력 정책의 변경으로 한전은 2018년 한 해에만 1조 3,566억 원의 영업 손실을 보았다. 이제 전기료 인상은 시간문제다. 2018년 말 기준 우리나라의 공공채무 규모는 1,078조 원이었다.

1970~2000년간 국가 부도국의 절반 이상이 정부채무 비율 60% 이하인 나라였고 그중 절반가량이 40% 이하였다는 IMF 자료 결과에 따르면, 우리나라의 정부채무율이 40%대라고 해서 방심할 수 없다는 건 자명하다. 정부채무의 증가 속도가 가파르고 공기업의 부실로 공공채무도 급증하고 있다. 2018년 말 기준 우리나라의 '국가부채'는 939.9조 원의 연금충당부채를 포함하여 총 1,682.7조 원이었다. 그리고 정부채무 통계에는 포함되지 않지만 사실상 정부의 지

출로 약정된 국민연금과 건강보험 등의 '암묵적 부채' 규모가 큰 것도 주목해야 한다. 2015~2050년간 암묵적 부채율은 159.74%로서 한국경제연구원의 조사 대상 42개국 평균인 77.4%의 2배를 상회하여 사실상 브라질에 이어 세계 2번째 큰 나라로 나타났다. 우리나라의 국가부채나 암묵적 부채의 이러한 현실은 장차 재정 운용이 어려워지고 미래 세대의 부담이 가중될 것이라는 메시지를 담고 있다.

가계나 민간기업 부채도 각각 1,600조 원대를 넘어섰다. 이제 정부(공기업, 연금충당부채 포함), 민간기업(금융기업 제외), 가계의 부채를 모두 합한 '국가총부채'는 5,000조 원을 넘는 것으로 보이며 —'국가총부채'에 관한 공식 통계는 없다— GDP의 약 250% 내외에 이르고 있다. 그러다 보니 정부, 기업, 가계 할 것 없이 모두 부채의 늪에 빠져 경제 활력을 상실하고 있다. 기재부는 국가총부채_{Total Debt} 개념을 인정하지 않고 있다. 2016년 4월에 《문화일보》가 당시 국가총부채가 5,171조 원에 이르고 있다는 보도를 하였는데 기재부는 보도자료를 통하여 채무의 부담 주체나 국민경제적 부담 경로가 상이하므로 국가, 기업, 가계의 부채는 합산 대상이 아니라는 입장을 표명하였다. 그러나 미국은 5~8년간의 단기적 국가총부채 사이클을 경기의 축소나 확장과 연결되는 선행 지표로 활용하고 있으며, 가계나 민간기업의 부채도 상황에 따라 정부가 책임을 져야 하는 공공부채로 전이될 가능성을 가지고 있다는 점에서 국가총부채는 경제를 살피는 유용한 지표라 하겠다.

독일의 고속도로나 운하, 역사 등 사회기반시설은 평균적으로 매우 노후되었다. 함부르크 철도 역사만 보더라도 건물과 시설이 낡고 협소하여 승객들이 많이 몰리는 시간대에는 위험하기까지 하다. 북해와 발트해를 잇는 운하도 수시로 갑문을 닫아야 할 정도로 노후되었다. 공공시설의 노후화는 일본도 사정이 다르지 않다. 그럼에도 독일은 신규 차입이 없는 범위 내에서만 기간시설에 투자한다는 원칙을 고수하고 있다. 그들은 신규 부채로 무엇을 하든 장래에 남는 것은 결국 부채뿐이라는 인식을 가지고 있다. 케인스식 처방과는 거리가 멀다. 더욱이 지금 우리가 신규 차입 예산으로 투자하는 용처가 사회기반시설의 확충이 아닌 주로 현금 복지 지원용으로, 재정 운용 기조에서 독일과는 큰 차이를 보인다는 것을 알 수 있다.

작금의 코로나 사태는 세계의 공장이라는 중국 경제를 정지시키고 세계 경제의 흐름을 둔화시킬 것이다. 코로나가 몰아친 2월 상반기 동안 중국 시장에서의 독일 자동차 판매는 무려 92%나 급감했다. 10대를 팔았던 자동차를 1대도 못 팔았다. 중국 주재 독일기업협의회 회장은 이제 곧 독일 제조업도 중국의 자재 공급 단절에 따른 심각한 생산 차질을 빚을 것이라 했다. 우리 경제라고 뾰족한 수는 없다. 소득주도 성장정책, 주 52시간 근로제, 급격한 최저임금의 인상 등으로 이미 부진한 경제가 코로나라는 직격탄을 맞았다. 한일 간 상호 맞대응으로 인한 파장이 어디까지 미칠지는 가늠조차 할 수 없다. 모건스탠리는 올해 한국 경제성장률을 0%로까지 예상하였다. 이런 비관적인 상황이라면 세수 축소에 따른 재정 적자는 계속

눈덩이처럼 불어날 것이다.

실제로 올해 우리나라의 GDP 대비 재정 적자율은 13%를 넘을 것으로 보인다. 유럽연합의 재정준칙상 적자 비율이 최대 3%이므로 우리나라의 적자율은 그 4배 이상인 셈이다. 사정이 이러함에도 작년 11월 청와대 대변인이라는 사람은 "곳간에 작물을 쌓아 두면 썩어 버린다"라며, 재정관리에 지극히 몰이해함을 드러내었다. 이것은 500조 원대 슈퍼 예산을 날치기로 통과시키고 일과성 일자리 만들기에 50조 원 이상의 예산을 쏟아붓는 포퓰리스트 정권이 뱉어 낸 역대급 망언이다. 이런 자세다 보니 정작 지금 코로나 사태 같은 비상시에 곳간이 비어 버려 또다시 빚을 내어야 하는 악순환에 내몰리고 있다. 그래서 제안해 본다. 자율적으로 못 할 것이라면 독일처럼 헌법에다 균형재정 의무를 신설하여, 강제하자는 것이다. 이것은 나라의 장래와 우리 젊은이들의 미래를 담보할 가장 중요한 '세대 간 계약'이 될 것이다.

2020.10.6.

채무 '엑셀제'를 도입한
'거꾸로' 한국형 재정준칙

어제 10월 5일 홍남기 부총리가 발표한 재정준칙은 그 재정 목표나 내용이 너무나 황당하여 과연 이것이

재경부 실무자들의 손을 거친 것인지 의심스럽다. 한마디로 채무 '브레이크제'가 아니라 채무 '엑셀제'의 도입이다. 학급에서 10등 하는 학생이 앞으로 5등 내로 들어가겠다고 결심을 하는 게 아니라 30등을 하겠다고 결심하는 격이다. 비상식적, 비이성적이다. 재정준칙은 지키려고 만드는 건데, 이렇게 시행 기간을 엿가락처럼 늘리고 빠져나갈 구멍도 숭숭 뚫어 놓은 준칙을 만든 의도가 무엇인지 의문스럽다. 재정 목표도 현행 「국가재정법」상 재정 건전성 확보에 최선을 다해야 한다는 입장은 포기하고 오히려 지금 국가채무의 1.5배 정도까지 나랏돈을 펑펑 쓸 수 있도록 면죄부를 주는 데 맞춰져 있다. 이런 재정준칙을 내놓은 홍남기 부총리는 도저히 양심 있는 공직자라고 볼 수 없을 정도다.

지금 문재인 정권은 복지를 늘리겠다면서 세금을 더욱 많이 거둬들이는 데 재정 운용의 초점을 맞추고 있다. 하다못해 시내 도로의 속도제한까지 비합리적일 정도로 낮추면서 교통범칙금도 최대한 많이 징수하려 한다. 과세의 확대는 사유재산의 박탈 효과를 가지며, 복지의 확대로 국가의 권력은 비대해지고 사람들은 점점 더 의존적인 존재가 되어 결국 자유와 존엄성을 잃게 되고 만다. 이번 한국형 재정준칙은 마치 이러한 사회주의 정책을 수용하기 위한 프레임으로 보인다. 코로나로 몇 차례 추경을 한 올해처럼 2025년까지 매년 돈을 풀겠다는 공언에 다름 아니다. 안 그래도 여느 국가보다 노령화와 채무 증가 속도가 빨라 '채무브레이크'가 필요한 상황에서 거꾸로 '채무엑셀'을 만들었다. 국가채무가 늘면 다음 세대의 부담이 늘어난다지만 이 정도 과속이면 다음 세대가 아니라 당장 우리 당대에 파산에 몰리게 될 것이다. 이 정권의 속내가 진정 망국의 길로 가겠다는 건가?

청년 이승만은 그의 『독립정신』에서 독립을 위한 6대 실천 강령 중 하나로 국권(주권) 존중의 정신을 강조했고 이를 위해 국가채무를 삼가야 함을 역설하였다. 개인으로 보더라도 남의 빚지기를 두려워하지 않는 자는 가산을 부지하지 못하며, 국가가 타국의 빚을 두려워할 줄 모른다면 국권을 보전할 수 없을 것이라 하였다. 채무 브레이크 대신 엑셀을 밟아 버린 홍 부총리는 150년 전 청년 이승만의 말에 귀 기울이기 바란다.

· 배리 골드워터 지음, 박종선 옮김, 『보수주의자의 양심』
· 이승만 지음, 박기봉 교정, 『독립정신』

2020.12.8.

난센스 광화문광장 공사와 국가부채

온 국민이 코로나로 몸살을 앓고 국가재정도 사상 초유의 4차 추경으로 올해만 70조 원이 넘는 생빚을 끌어다 쓰고 있는데, 800억 원이나 들어간다는 광화문 광장 개조 공사를 시작했다. 멀쩡한 광화문 광장을 엎어버린, SNS에 올라온 사진들은 순간적으로 나의 평정심을 잃게 했다. 이런 게 바로 테러가 아닌가 반문치 않을 수 없다. 서울시장도 공석이 아닌가, 서울시는 지난 4년간 시민들과 소통한 결과로 공사를 시작한다 하지만 몇몇 어용단체 불러 놓고 요식적인 의견 수렴으로 퉁 칠 일은 아니다. 수도 서울의 상징인 광화문 광장을 바꾸려면 좀 더 치열한 의사 결정 과정이 필요하다. '재구조화'한다지만 결국 양쪽 도로를 한쪽으로 몰고 나무를 심는 것 정도다. 이걸 하려고 안 그래도 빚잔치를 하는 나라에서 800억 원 생돈을 들인단 말인가. 대체 이 저돌성은 어디서 나오는 건가?

나라의 위기는 가난한 나라들에만 일어나는 현상은 아니다. 성공한 나라들도 걱정해야 한다. 상대적인 번영을 누리는 국가들에서도 국가의 기강이 해이해지고 분열의 국면으로 접어들면서 소위 '엔트로피' 현상이 나타난다. '엔트로피'란 무질서와 혼란으로 넘어가려는 상태를 나타내는 자연과학 용어다. 이런 엔트로피 현상의 원인은 출산율 하락과 외국 이민자 증가, 애국심 고갈, 늘어나는 나랏빚, 근로의지의 쇠퇴 등이다. 바로 우리나라에서 지금 일어나고 있는 현상들이다. 빚은 무섭다. 달콤한 독약이다. 시대가 바뀌어 "빚을 내어 돈을 버는 것이 진정한 자본주의다"라는 말도 하지만, 빚내서 돈 버는 사람들보다는 망하는 사람들이 훨씬 많은 게 현실이다. 빚에 의존하는 것도 어느 정도는 국민성이다. 이탈리아나 스페인, 프랑스 같은 라틴계 국가들이 독일에 비해서 국가채무 비율이 훨씬 높다. 독일에는 남의 돈으로 기업을 하는 주식회사보다는 자기 돈으로 기업을 하는 유한회사나 무한회사가 주류를 이룬다. 세계 최고 독일

'히든 챔피언' 기업 중에는 주식회사는 없다고 보면 된다. 자기 돈으로 기업을 운영하는 만큼 그들의 '주인의식'은 남다를 수밖에 없다.

우리나라는 올해 들어서만 4차의 추경으로 70조 원이 넘는 빚을 끌어다 썼다. 재정 수지나 국가채무가 악화일로에 있다. 채무 증가 속도도 실질적으로 세계 최고다. 그런 반면에 상환 능력의 바로미터인 출산율은 일본을 앞질러 세계 꼴찌가 되었다. 우리나라의 출산율은 1.1명으로 세계 최저다. 출산율이 '대체 출산율' 2.1명보다 낮아지면 절대 인구가 줄고, 노령 인구가 많아져서 부채 상환 능력이 고갈되어, 부채가 계속 늘어나게 된다. 국가채무가 240%에 육박하는 일본이 이 사례에 해당한다. 이제 우리가 그 전철을 밟을 차례다.

그런데 그 많은 빚을 지면서 코로나 백신도 확보하지 못했다 한다. 올해 추경만 70조 원인데, 예방률이 가장 좋다는 화이자나 모더나 백신을 5천만 전 국민에게 맞추는 데 1~2조 원이면 충분하지 않나 싶다. 영국에선 90세 할머니가 세계 최초로 이미 백신을 맞았고 많은 선진국이 늦어도 내년 초에는 백신 접종을 시작할 거라는데, 우리나라는 내후년에나 시작할 수 있을까? 나랏빚은 산처럼 쌓이는데, 대체 이 돈을 어디에 쓰는 건가?

햄릿의 연인 오필리아의 아버지 폴로니우스가 아들 레어티스에게 한 잔소리 중 가장 유명한 말이 "돈은 빌리지도 빌려주지도 말라"는 것이다. 아버지의 빚은 아버지의 죽음과 함께 사라진다. 자식은 그 부채를 거부할 권리가 있기 때문이다. 그러나 나랏빚은 미래 세대에게 고스란히 전가된다. 우리나라의 지금 젊은이들은 우리 세대와 비교해서 경제관념이 훨씬 강하다. 내가 젊었을 때 생각조차 못 했던 빚을 내서 집도 사고 주식 투자도 한다. 그런데 이들은 정작 자신들에게 돌아갈 나랏빚이 느는 것에는 무관심하다. 헛똑똑이들이다.

상황이 이럴진대 난센스 광화문 광장 공사를 강행하는 의도는 무엇일까? 이 공사는 빨라도 내년 말이 되어야 끝난다고 한다. 내가 보기엔 내후년 상반기 대통령 선거 전에는 끝나지 않을 것 같다. 광화문 집회는 이제 완전히 물 건너갔다. 이 정권이 그걸로 정치적 안정을 살 수 있다면 그들에게 돈 800억 원은 결코 크지 않은 돈이다.

· 토드 부크홀츠Todd Buchholz 지음, 박세연 옮김, 『다시, 국가를 생각하다』

2021.9.25.

상속세인가, 사망세인가?

요즘 재계의 화두는 단연 상속세다. 내가 2018년 가을 여의도에서 상장회사협의회 조찬 강연을 할 때, 독일의 상속세 제도를 꼭 다루어 달라는 요청을 받았을 정도다. 작년 10

월 타계한 이건희 회장의 소유 재산이 18조 원에 이르러 상속세만도 10조 원이 넘는다 한다. 2019년 4월 한진 조양호 회장의 타계 시 상속세가 약 2,000억 원 규모였는데, 삼성은 자그마치 그 50배로 우리나라의 3년 치 전체 상속세액 규모다. 이건희 회장은 2만여 점의 그림 등 소장품도 기증하였다. 국내외 거장들의 작품이 포함된 '세기의 기증'이었다. 시가로 1조 원 정도라 하니, 만약 이 소장품을 상속하려 했다면 상속세 납부를 위한 현금 확보가 쉽지 않았을 것이다. 물론 이 '세기의 기증'은 이건희 회장이 생전에 밝힌 사재 출연을 통한 사회 환원 약속에 따른 것이다.

그런데 이렇게 재벌이나 소수 부유층에게만 해당되는 줄 알았던 상속세가 이제는 집 한 채 달랑 가진 일반 서민들에게도 현실적인 문제로 다가왔다. 서울의 30평 이하 아파트의 실거래 평균 가격만도 13억 원을 넘어섰기 때문이다. 이 경우 자녀가 상속받으려면 상속세는 대략 1억 원대를 훌쩍 넘게 된다. 그렇다면 자산 대부분을 부동산에 쏟는 우리 가계의 실정을 감안할 때 이 상속세를 마련하려면, 경우에 따라서는 그 집을 팔아야 한다. 그러니 원래 사람이 죽어서 발생하는 세금이라는 의미에서 상속세를 사망세로 부르기도 하지만, 기업이든 가계든 상속 대상 물건을 처분해야 한다면 이 경우 사망세는 상속세 부과 대상 물건의 사망이라는 중의적인 의미를 가진다 하겠다.

현행 「상속세 및 증여세법」상 상속세의 과세표준이 30억 원을 넘으면 최고 세율 50%가 적용되는데, 여기에 최대주주 할증이 적용되면 최고 65%까지 올라가서 우리나라의 실질 상속세율은 세계 최고 세율 55%인 일본보다 높다. 이런 상황에서 우리나라 기업들도 이제 창업한 지 한두 세대가 지나면서 본격적인 상속 러시에 직면하고 있는데, 과중한 상속세 때문에 기업을 상속하기보다는 매각하거나 해외로 이전한다는 뉴스를 적잖이 접하곤 한다. 매년 상속세 부담 때문에 매물로 나오는 기업이 300~400곳에 이르며, 한때 높은 경쟁력을 자랑하던 중견기업들도 예외가 아니라 하니, 이런 현상은 분명 기업의 발전과 더 나아가 우리 경제에 역행하는 현상임이 틀림없다.

상속세에 관한 상반된 입장은 우리나라나 독일이나 마찬가지다. 상속세를 유지해야 한다고 주장하는 쪽은 일반 국민과의 형평성을 강조하고, 이것을 반대하는 쪽은 높은 상속세가 기업의 경쟁력을 약화시킨다고 주장한다. 독일의 상속세제는 임금의 총합이나 실제 생산활동에 사용되는 영업자산이 일정 한도를 넘는 경우 상속재산의 85%까지 면세가 되고 심지어 특별한 경우 100% 면세를 부여한다. 독일 경제의 중추인 가족기업, 미텔슈탄트의 대를 이은 경쟁력은 바로 여기서 나온다.

2014년 12월 연방헌법재판소는 가족기업에 대한 상속세의 감면 범위나 정도가 해당 기업에 지나치게 혜택을 주어 형평에 어긋난다는 위헌 판결을 내렸다. 이에 따라 2016년 6월 「상속 및 증여세법」이 개정되었는데, 이 개정안은 더 복잡해졌을 뿐 가족기업의 특권적 상속제의 골격을 그대로 유지하고 있다. 당초 개정 필요성을 제기한 헌법소원의 취지를 충분히 반영치 못했다는 비판을 받고 있고, 후일 추가적인 헌법 소원의 여지가 있다고도 하지만 독일 미텔슈탄트의 대를 이은 기업 경쟁력 유지는 그만큼 독일 국가 경제에 사활적인 이슈기도 하다.

나는 2015년 5월 함부르크 경제이사회에서 주관한 상속세 공제 개선에 관한 공청회에 가 보았는데, 연사로 나온 KPMG의 프랑크 그루베Frank Grube 세무사는 헌재 판결에서 상속세가 독일 기본법상 사회국가 원칙이나 사회적 정의에 합치하지 않는다는 의견이 소수의 견이었다는 점과 상속세가 전체 국가 세입에서 차지하는 비중이 2%도 안 된다는 점을 들어 가족기업에 허용되고 있는 기존의 면세 규정이 최대한 존치되어야 한다고 주장했다.

《디차이트》에 따르면 2015년부터 2018년까지 기본 상속세율 30%가 적용되는 2,600만 유로 이상의 고액 상속에 대하여 평균 2.9%의 상속세가 과세된 반면, 11%가 적용되는 10만 유로에서 20만 유로까지의 소액 상속에 대하여는 평균 14.3%의 상속세가 부과되었다 한다. 누진적으로 설계되어 있는 상속세가 현실에서는 역진적으로 과세되었다는 비판이지만, 그만큼 기업에 대한 감면제도가 활성화되고 있다는 의미다. 만약 상속되는 기업이 30%의 상속세를 내려면 그 정도의 고용 감소를 감수해야 한다. 그래서 독일 사민당의 랄

프 슈테그너는, 기업의 상속에 따른 세액만큼의 지분을 국가에 넘기고 국가는 이 지분을 갖고만 있다가 후일 해당 기업에 이 지분을 되파는 방법으로 상속세 현금 납부 부담을 덜어 주자고 제안하였다.

우리도 기업에 대한 상속세 감면 제도가 있지만 그 활용도가 미미하다. 무엇보다도 연 매출 3천억 원 이하의 기업에만 해당되어, 대기업은 물론 웬만한 중견기업도 이 감면 제도를 활용할 수 없으며, 최대 감면 한도노 500억 원에 불과하다. 이것은 기업의 크기에 따른 아무런 제한이 없는 독일과 대비되며 업종 변경 금지 기한이나 고용유지 등 사후 조건도 독일보다 훨씬 엄격하다. 당연한 귀결로서 우리 기업들의 감면 제도 활용도는 독일에 비하여 훨씬 떨어진다. 2011년부터 2015년간 우리나라에서는 309개 기업이, 독일에서는 88,226개 기업이 이 제도를 활용하였다니, 우리가 상속세 감면 제도를 운용한다고 하기에는 낯간지러울 정도다. 내가 만난 헤르만 지몬 회장은 상속세를 반대하는 입장이다. 그는 히든챔피언의 개념을 만든 사람이다. 높은 상속세가 중소기업의 창달에 유해하며, 부의 분배를 위한 적절한 수단도 아니라는 주장이다. 높은 상속세를 물리는 프랑스에서는 히든챔피언이 클 수 없었다며 차라리 스위스, 오스트리아, 스웨덴처럼 아예 상속세를 없애는 것이 좋다고 하였다. 성균관대 법학전문대학원의 최준선 명예교수도 상속세를 폐지하거나 자본이득세로 대체하자는 입장이다. 자본이득세는 주식을 상속한 시점이 아니라 주식을 처분해 현금화한 시점에서 상속세를 내는 것이다.

태어나면서부터 금수저가 되는 부의 대물림에 대부분의 사람들이 별로 유쾌하지는 않겠지만, 인과응보 사상이나 불교철학에서의 카르마Karma라는 것을 생각해 보면 어떨까. 인류의 역사는 물론, 한 가문이나 개인의 역사도 결코 하루아침에 이루어지지 않는다. 금수저가 되는 사람들, 그들 나름대로 선대의 카르마가 있지 않았겠나. 최재형 대선 후보의 상속세 폐지 주장을 계기로 현행 상속세제에 대한 전면적인 검토가 이루어지기 바란다.

현찰을 선호하는 독일인

몇 년 전만 해도 독일 은행에서는 일반인들의 저축을 별로 반가워하지 않았다. 금융시장에서 저금리로 자금을 값싸게 조달할 수 있기 때문에 은행 입장에서는 일반 고객들의 저축이 업무만 늘린다는 생각이었다. 그래서 이자는커녕 계좌 유지료를 내야 했다. 마이너스금리 시대의 이야기다. 지금은 상황이 달라져 우리나라에서는 은행들이 경쟁적으로 높은 금리를 내세워 예금 유치 경쟁을 벌이고 있다. 예대 마진의 시간차를 최대한 늘려 가며 돈 잔치를 벌인다고 해서 도덕적 해이라는 비판도 나왔다. 과거 1960~1970년대부터 돼지저금통에 동전이 차면 은행에 달려가서 통장을 만들고 이후 또박또박 불어나는 저축액을 보면서 희열을 느

껬던 사람들에게는 저축이 미덕이었다. 그리고 그 당시 돈은 곧 현찰을 의미했다. 케인스가, 영국사람들이 5실링씩 저축할 때마다 일자리가 한 개씩 없어진다면서 소비를 권장했음에도 불구하고 말이다.

내가 만난 페터 그립Peter Griep 독일연방은행 북부지역 본부장에 따르면 지금도 마르크화를 현찰로 보관하고 있는 독일 사람들이 있고, 집안 어느 한구석이나 자동차 좌석 밑에 보관되었던 마르크화가 발견되는 일이 있다고 한다. 마르크화는 지금도 유로화로 태환이 보장된다. 양차 대전을 겪으면서 은행파산에 대한 기억이 남아 있는 독일 사람들의 현찰 선호를 보여 주는 사례일 것이다. 경제가 나빠지거나 안보 상황이 불안해지면 사람들이 집에다 현찰을 보관하는 경향이 커진다. 유사시에는 은행 예금이 동결될 수 있고, 내 손안의 현찰만큼 유용한 건 없기 때문이다. 독일인들은 평균 1,115유로 정도의 현찰을 집에 보관하는 것으로 나타났다. '든든한 느낌' 때문이라는 이유가 가장 많았는데, 나의 할머니께서도 늘 그런 말을 하셨던 기억이 난다. 재미있는 것은 가장 많은 사람이 냉장고에다 돈을 넣어 둔다는 것이다. 그다음으로 옷장, 침대 매트리스, 화장실 물받이 순으로 나타났다. 물론 많은 사람이 은행의 대여금고를 이용한다. 2016년 함부르크 슈파카세Sparkasse의 23만 개 대여금고 중 약 70%가, 쾰른-본 슈파카세의 20만 개 대여금고 중 약 80%가 사용 중에 있는 것으로 나타났다.

독일은 아직 신용카드 같은 플라스틱 화폐보다 현찰이 더 많이 통용되는 나라다. 이런 현상은 일본에서도 볼 수 있다. 내가 일본에서 장을 보고 계산대에서 돈을 낼 때 보니 열 명 중 두, 세 명 정도만 신용카드를 사용하였다. 아마도 개인 정보가 노출되는 것을 저어하기 때문일 것이다. 독일이나 일본에서 QR코드 사용이 현저하게 적은 것도 마찬가지 이유다. 우리가 IT 강국이라고 자랑하지만 실상은 IT 소비강국이라는 게 더 정확할 것이다. IT에 과도하게 의존한다는 의미이기도 하다. 2016년 5월 함부르크 상공회의소에서 개최된 금융 세미나에서 핀테크 강연 연사로 나온 라파엘 오테로Rafael Otero 씨는 현찰이 없는 자신의 지갑을 보여 주면서 이 지갑으로 영국 여행을 거뜬히 하고 왔는데 독일 같으면 굶어 죽을 것이라고 익살을 떨었다.

2016년 초 EU 집행위원회는 2015년 11월 발생한 파리테러사건을 계기로 선불카드나 가상화폐를 감시하고 고액권 현찰 사용을 제한키로 했다. 테러나 돈세탁 등 지하경제를 차단할 목적이라는데, 심지어 500유로 지폐는 사용치 않기로 했다. 북한의 해킹조직이 탈취한 가상화폐를 동결하는 조치도 마찬가지 취지다. "고액권은 거래 수단보다는 가치저장 수단의 용도가 더 커서 통화정책을 왜곡시킬 여지가 있다. 내가 만난 한스-베르너 진Hans-Werner Sinn 뮌헨경제연구소장은 이것이 마이너스금리의 하한선을 폐지하기 위한 것이라고 설명했다. 재미있는 일은 이 조치에 독일인들이 예상외로 강력하게 반발했다는 점이다. 《다스빌트》는 "우리 현금에 손대지 말라"는 캠페인을 시작했고 첫 주만에 만여 통의 지지 서한이 쇄도했다고 한다. 천 마르크 고액권에 대한 향수가 남아 있는 독일인들의 고액권 선호를 보여 주는 것이라 하겠다. 우리나라에서도 5만 원 권이 발행될 당시 뇌물 등 부정적인 용도로 쓰일 것이 우려되었는데, 추후 세간의 주목을 끌었던 사건들에서 그 우려가 현실로 나타났다. 5만 원 권의 환수율이 40%에 불과하다는 사실이 이를 말해 준다.

· 장시정 지음, 『한국 외교관이 만난 독일모델』

Part 12.

잿빛 공포에 갇혀 버린 한국

환경, 에너지

중국 도시의 대기오염 모습
사진 출처: Bloomberg

'주권적 의무sovereign obligation'란 각 국가가 다른 국가나 정부에 대한 권리뿐 아니라 의무도 가져야 한다는 것이다.(미국 외교협회장 리처드 하스Richard Haass) 중국은 한국 국민에게 극심한 고통을 주고 있는 미세먼지 해결에 전향적으로 나서야 한다. 중국도 그 '주권적 의무'를 다하라는 말이다.
_본문 중에서

폴크스바겐 사태 이후 사람들은 디젤차량이 생각보다 친환경적이지 않다는 사실을 깨닫게 되었으며 지난 수십 년간 디젤 기술을 기업 전략의 중추로 삼았던 폴크스바겐 같은 자동차 회사들이 탈디젤 움직임을 보이고 있다. 이제 곧 우리는 거리에서 디젤차를 볼 수 없게 될지도 모른다.
_본문 중에서

독일의 가장 큰 환경단체는 녹색당이다

그림형제_{Gebrüder Grimm}의 동화 중에는 숲을 배경으로 하는 것이 많다. 그만큼 숲은 독일 사람들의 생활의 일부다. 도이칠란트란 말도 게르만이 로마군을 물리친 토이토부르크_{Teutoburg} 숲으로부터 유래했다. 오늘날 어느 국가도 독일처럼 숲을 애호하는 감정이 생생하게 살아있는 나라는 없다. 독일 사람들은 이렇듯 태생적으로 자연과 엮여 있다. 독일말로 환경을 "움벨트_{Umwelt}"라 한다. 사람이 살고 있는 "세상_{Welt}"을 "둘러싸고 있는_{um}" 것이 자연이고 곧 환경이다. 아마도 독일인들의 남다른 환경보호 의식과 환경운동은 이런 전통과 생각으로부터 출발하는 것은 아닐까.

오늘날 유럽의 환경운동은 19세기 초까지 거슬러 올라가는 미국의 자연보호운동에서 그 원형을 찾아볼 수 있다. 미국에서는 19세기 초에 윌리엄 워즈워스_{William Wordsworth}가 자연을 보호할 가치가 있는 대상으로 생각했고 19세기 중엽에 요세미티 국립공원을 보호구역으로 지정했다. 독일에서는 1899년 슈투트가르트에서 조류보호연맹이 조직된 시점을 전후하여 환경운동이 시작되었다. 1978년 서독 연방정부 내에 환경부가 신설되고, '미래녹색운동'이 조직되면서 환경운동의 제도화가 이루어졌다. 1980년에는 녹색당이 창당되어 환경운동의 정치화로까지 진전하게 된다. 그리고 보면 독일 내에서 가장 큰 환경단체는 녹색당인 셈이다.

독일 녹색당은 여러 분야의 시민운동으로 출발했다. 반핵운동이나 환경운동, 양성평등과 여권신장, 동성애자 권리보호 같은 시민운동에 참여했지만, 처음에는 정당 형태가 아니었고 그럴 생각도 없었다고 한다. 그저 정부의 사회운동세력 정도였다. 그래서 당을 만들고 정부의 일원이 된다는 것에 대해서 논란이 있었지만, 슈미트 총리하에서 원자력과 평화정책을 둘러싸고 사민당 내에서 갈등을 빚었던 인사들이 사민당을 나와서 녹색당을 창당했다. 현재 녹색당의 주력 사업은 재생에너지를 포함한 에너지정책, 엘베 강 수질 개선과 같은 환경여건 개선, 그리고 지속가능한 경제다. 환경 그 자체보다는 환경과 어우러진 인간의 생존을 고려한다.

함부르크는 2015년 이후 사민당과 녹색당이 적녹연정을 해왔다. 2016년 11월 내가 환경부를 방문했을 때 옌스 케어스탄Jens Kerstan 환경장관은 오늘날 사람들의 환경의식 변화에 녹색당의 기여가 컸다며, 원자재 소비, 유해물질 배출, 폐기물 처리 같은 사안에서 우리 현세대가 장래 세대를 희생양으로 삼아서는 안 된다고 강조했다. 그는 환경에 관한 한 녹색당이 주도하고 있다는 자부심도 드러냈다. 독일 내 16개 연방주 중 10곳의 환경장관직을 녹색당이 맡고 있다. 그는 또 환경과 경제정책 간의 조화로운 시행에 대해 이야기했다.

좋은 환경정책은 경제촉진을 가져온다. 풍력 분야와 폐기물 처리 분야가 좋은 사례다. 그런 의미에서 환경관청은 경제관청으로서의 기능을 병행하고 있다. 환경부는 에너지 소비를 최적화하고 탄소 배출을 줄이려는 노력과 동시에 신재생에너지 산업의 서비스 제공자이기도 하다. 대기오염 방지와 같은 주제에서 갈등은 있기 마련이다. 환경부와 달리 경제부가 경유 차량 도심운행 제한을 위한 '환경 스티커제' 도입을 반대하는 것이 일례다. 어떤 환경문제에서 환경부가 양보하는 것처럼 보일 수 있지만, 그에 상응하는 보완조치를 동시에 강구하고 있다. 예를 들어 녹색당은 엘베 강치수사업에 동의해 주었지만, 보상 없이 해 준 것은 아니다. 오염된 엘베 강을 생활의 터전으로 다시 돌아오도록 통행 선박들의 비용 지불을 통한 재정조달 대안을 강구했다. 주택건설 같은 사업에서도 녹지가 줄어들게 되면 세금을 걷어 다른 녹색사업이 대체적으로 이루어지도록 하고 있다.

내가 만난 슐레스비히-홀슈타인 주의 교육장관인 카린 프린Karin Prien은 자신이 기민당 소속이지만 녹색당과 체질이 잘 맞는다고 했다. 나도 녹색당 정치인들로부터는 관료적인 느낌을 받는 경우가 없다. 그들은 대부분 시민들과 동고동락하면서 커 온 정치인들이다. 그래서인지 매우 서민적이다. 내가 만난 카타리나 페게방크Katharina Fegebank 함부르크 부총리나 옌스 케어스탄 환경장관도 그런 성향의 인사들이다. 최근 녹색당의 인기가 급상승하면서 2011년에는 바덴뷔르템베르크 주총리를 배출하였고, 2021년 연방총선 후 신호등 연정이 출범하면서는 연립정부의 파트너가 되었다. 나무들이 있는 한 녹색당은 존재할 것이라는데, 태양광 발전을 한다고 산의 나무들을 통째로 밀어 버리는 한국의 광경을 독일 녹색당이 본다면 과연 무슨 말을 할까? 그러고 보니 우리나라의 환경단체들은 무슨 일을 하고 있는지, 아니 있기나 한 것인지 문득 궁금해진다.

· 장시정 지음, 『한국 외교관이 만난 독일모델』

2019.3.22.

주범은 중국이다

창밖이 온통 잿빛이다. 핸드폰의 일기예보 앱에 떠 있는 구름 한 점 없는 태양이 무색하기만 하다. 회색의 잿빛 공포에 갇혀 버린 현실이 한없이 답답하고 우울하다. 은근히 치솟는 분노를 어찌할까?

환경운동연합 대표라는 사람은 '미세먼지=중국'이라는 공식이 틀렸다 한다. 전문가의 말이니 믿고 싶다. 그의 말대로라면 미세먼지 해결책은 좀 더 쉬워 보인다. 마이동풍 격인 중국을 상대하지 않아도 되기 때문이다. 그런데 과연 그럴까? 의구심이 드는 것은 나뿐일까. MBC에서 3월 16일 보도한 〈중국. 경유 탓만 하기엔… 먼지 '풀풀' 노후 보일러〉 기사와 같은 날 보도된 KBS의 〈미세먼지, 잠자는 질병 유전자를 깨운다〉의 기사에 달린 댓글들을 모두 읽어 보았다. 댓글을 다는 사람들이 전문가는 아니지만 충분히 참고할 만하다.

본 기사보다 댓글을 본다는 사람들도 있다. 댓글이 사건의 본질을 더 정확하게 지적해 주기 때문이라 한다.

첫째는, 미세먼지의 심각성을 일깨우는 의견들이다.
- 쓰나미와는 비교가 안 되는 재앙이다. 특히 국가의 장래를 걸머질 어린이들에게 치명적이다.
- 평생 비염 모르고 살았는데 부비동염에 걸려서 코가 막혀 수술했다.
- 핵보다 더 무서운 게 미세먼지다. 이렇게 살면 우리나라 인구 다 병신 된다.
- 미세먼지가 아니라 아주 작은 잿가루다. 지난주 서울에서 사람들 속 눈썹에 묻은 하얀 물질을 보았다. 이것은 태우고 난 재라고 생각한다.
- 미세먼지 자체가 1급 발암물질이다.

둘째는, 미세먼지가 '중국발'이라는 의견들이다.
- 소백산맥 이동지역, 영남지역이 상대적으로 좋다.
- 자동차 없는 북한이 남한보다 미세먼지가 더 심하다. 주범은 중국이다. 북풍 부는 겨울, 남풍 부는 여름, 동풍 부는 가을 모두 공기가 대체로 좋다. 그런데 서풍 부는 봄에만 공기가 나쁘다.
- 오늘은 꽃샘추위 때문에 미세먼지 없는 화창한 날씨다. 여기는 전남 순천. 중국의 영향이 80%라는 말이 근거가 없다고 하나? 여기선 99%라고 느끼고 있다. 우리나라도 미세먼지 저감대책이 당연히 필요하겠지만 핵심은 중국을 설득하고 근본 원인을 저감시키는 노력이 필요할 텐데… 답답하다.

- 근무처가 천안이다. 중국 웨이하이에도 공장이 있어 통화를 자주 한다. 한국 기상청에서 비 온다는 소리 하지 않았는데 웨이하이에 비 오고 있다 하면, 다음 날 한국에 비 온다. 이 경우 겨울에는 거의 90% 이상 맞다. 미세먼지도 똑같다. 웨이하이에 미세먼지 있다 하면 다음 날 한국도 미세먼지 오고, 웨이하이에 미세먼지 없고 날씨 좋다고 하면 한국도 다음 날 맑다.

- 중국발 맞다. 중국에서 얼마나 오염이 심각한지 고발성 다큐멘터리를 찍어서 해외에서 상 받았다. 근데 중국 정부는 그걸 중국 국민들이 못 보게 제재했다. 비구름이 몰려오는 일기예보를 봐도 항상 중국 쪽 방향에서 한국으로 온다. 중국서 날라온 황사가 바로 큰 증거다.

- '어스널스쿨'에 PM 2.5도 표시되고 바람도 곡선으로 표현되어 있는데 뭔 소린지? 미세먼지가 '중국산인지 한국산인지' 확인할 수 있는 기술과 능력이 없다면서 어떻게 그게 중국발이 아니라는 주장을 하지?

- 일기 변화에 있어 500km가 먼 거리일까? 하루아침에 전국의 미세먼지 농도가 높아지는 건 바람이 아니면 불가능하다. 그게 우리나라 자체의 문제일 가능성이 클까? 아님 외부 조건으로 한순간에 몰려오기 때문일까? 초등학생이라도 유추할 수 있는 결과치를 대단한 과학 풀이하듯 얘기하면서 정작 알맹이도 없이 근본 원인조차 추정하지 못하는 듯하다.

- 아직 재앙은 시작도 안 했다. 2020년 목표인 중국의 공장 이전이 완료 단계에 들어섰고, 113기의 쓰레기 소각시설이 한반도와 가까운 동남, 동북지역에 건설 중이다. 이것이 완성되면 허베이성, 산둥성에

서 보이는 초미세먼지 300 이상의 수치를 한국에서도 보게 된다.

- 쓰레기 소각 열병합 발전소 1,200기 집중 이전하더니 바람 타고 30분이면 한국에서 흡입한다. 베이징 시민만 살자는 거냐?

셋째, 기타 의견들이다.

- 정확한 통계와 분석을 국민들에게 알려라. 갈팡질팡, 일관성 없는 통계 발표가 혼돈을 부추긴다.
- 4대강 사업 때 죽일 듯 난리 치던 그 많은 환경 단체들은 어데 있나? 왜 꿀 먹은 벙어리가 됐나?

이상 댓글들에 나도 공감한다. 더 큰 문제는 중국발 미세먼지가 앞으로 더욱 극심해질 거라는 것이다. 중국이 오리발을 내미는데 우리는 왜 공신력 있는 데이터마저 제공하지 못하는가? 독일 환경부 홈페이지를 들어가 보았다. 미세먼지 부분만 보니 독일은 일찌감치 1990년대를 기점으로 상당한 미세먼지 저감을 실현하고 있다. 참고로 독일의 경유차는 작년 말 약 1,800만 대로 국토 면적을 감안할 때 1,000만 대를 보유한 우리와 면적당 거의 비슷한 수준이다. 독일의 화력발전소도 적지 않은 사정인 걸 보면 미세먼지 유발 국내 환경은 독일이나 우리나 크게 다르지 않다. 한가지 뚜렷이 다른 점은 외부적 요인이다. 바로 중국이다. 중국발 미세먼지는 전 국민의 생명권과 직결된 문제다.

현대 세계는 매우 긴밀히 연계되어 있기 때문에 한 나라에서 발생하는 부정적인 여파가 국경을 넘어서는 일이 다반사다. 그렇기에 단지 국경선이 그어져 있다는 이유만으로 국경선 바깥에 사는 사람들에게까지 부정적 영향을 미치는 활동을 용인할 수는 없다. 이것이 각 국가가 다른 국가나 정부에 대한 권리뿐 아니라 의무도 가져야 한다는 '주권적 의무sovereign obligation'다. 중국은 한국민에게 극심한 고통을 주고 있는 미세먼지 해결에 전향적으로 나서야 한다. 중국도 그 주권적 의무를 다하라는 말이다.

· 리처드 하스Richard Haass 지음, 김성훈 옮김, 『혼돈의 세계』

깨끗한 디젤은 허구였다

빈Wien에 있을 때 이야기다. 눈이 불편해진 것 같아 안과를 갔더니 의사의 말이 빈의 공기가 나빠서 그렇다고 하는 것이 아닌가. 너무 뜻밖의 이야기를 들은 것 같았다. 빈에는 숲도 많고 해서 공기가 깨끗한 걸로 생각했는데, 이건 무슨 소리일까? 알고 보니 디젤차에서 나오는 배기가스가 눈에는 보이지 않지만 매우 유독하다는 것이었다. 디젤자동차가 환경오염, 특히 공기오염의 주범이라는 것이 2015년 가을 시작된 폴크스바겐 사태를 계기로 공론화되었다. 결론은 디젤자동차의 배기가스 저감장치를 과학적으로나 공학적으로 개선할 수 없다는 것이다. 지금까지 우리가 믿어왔던 깨끗한 디젤 신화는 허구였다. 옌스 케어스탄 함부르크 환경장관의 이야기다.

과거 자동차업계는 디젤이 연료를 더 적게 소비한다는 장점에 착
안하여 디젤기술을 집중적으로 개발해 왔다. 그 결과 탄소 배출은
줄일 수 있었지만, 다른 유해물질의 배출은 막을 수 없었고, 특히
대도시에서 대기오염의 주범이 되어 왔다. 정치계와 산업계는 현
재 이 문제를 논의하고 있지만, 녹색당은 장기적으로 디젤 기술이
장래가 없으며 그렇기 때문에 전기자동차 같은 다른 대체동력으
로 옮겨 가아 힌디는 입장이다. 함부르크는 전기버스나 수소버스
의 개발에도 지속적으로 투자할 것이다. 현재로서는 전기차 또는
수소차 중 어느 쪽을 장기적으로 밀고 나갈지에 대해서도 아직은
미정이다.

독일연방과 각 주 환경장관들은 블루카드제를 도입키로 했다. 유
해 배기가스 배출 수치가 아주 낮은 디젤차량에만 블루카드를 교부
하여 이들 차량만 도심출입을 허용토록 했다. 이렇게 되면 질소산
화물$_{NOx}$ 배출량이 최대 80mg 이하인 유로$_{Euro}$ 6타입의 디젤차를 제
외한 나머지, 즉 유로 4와 유로 5타입의 약 1,340만 대 정도가 도심
진입이 허용되지 않는다. 디젤차의 중고차 값이 급격히 떨어지면서
거래 자체가 어려워졌다. 이른바 "디젤 카오스$_{Diesel\ Chaos}$"다.

폴크스바겐 사는 전 세계 1,100만 대의 차량에 배기가스치를 조작
하는 장치를 장착해 놓고 '깨끗한 디젤'로 속여 차량을 판매했으며

이 중 50만 대를 미국에서 판매했다. 실제 도로 주행 시 내뿜는 질소산화물이 테스트 시의 40배에 이르렀다. 이 스캔들로 2020년 6월까지 폴크스바겐사가 미국에 물어준 총 배상금이 333억 달러다. 이후 전 세계적으로 폴크스바겐 디젤차량의 판매가 줄고 있는 가운데 한국 시장에서는 가격할인 마케팅이 효과를 봤는지 2016년 이후 판매가 계속 늘어나는 예외적인 현상이 발생했다. 나는 2016년 4월 함부르크 상공회의소에서 열린 '한국 경제의 날' 행사 시 독일 기업들이 한국 소비자들의 신뢰를 존중해 줄 것과 한국 시장을 단순한 소비시장이 아닌 장기적 동반자로 대해 줄 것을 강조했다. 아울러 배상문제에서 폴크스바겐이 한국 소비자들을 미국의 소비자들과 동등하게 대해 줄 것을 요청했다.

디젤차의 배기가스 조작은 폴크스바겐에서만 일어난 게 아니었다. 슈투트가르트 검찰은 100만 대 이상의 벤츠 차에서도 배기가스 조작 의혹을 밝혀냈고, 피아트, 랜드로버, 볼보, 르노, 오펠, 현대 등 차량에서도 조작이 전방위적으로 이루어졌음이 드러나면서 독일 사회가 충격에 빠졌다. 폴크스바겐 사태는 환경, 기후보호 측면에서 오히려 잘된 일일 수 있다. 이 사태 이후 사람들은 디젤차량이 생각보다 친환경적이지 않다는 사실을 깨닫게 되었으며 지난 수십 년간 디젤 기술을 기업 전략의 중추로 삼았던 폴크스바겐 같은 자동차 회사들이 탈디젤 움직임을 보이고 있다. 프랑스, 네덜란드, 노르웨이 등 많은 나라들은 디젤차를 포함하여 이제는 휘발유차까지도 2030~2040년을 기점으로 전면적으로 판매를 금지하는 정책을 도

입하기 시작했다. 이제 곧 우리는 거리에서 디젤차를 볼 수 없게 될
지도 모른다.

· 장시정 지음, 『한국 외교관이 만난 독일모델』

2021.11.23.

화석연료 시대의 종언을 예고한
글래스고 기후회의

"글래스고 기후회의가 1.5도를 살리고, 석
탄 시대를 역사의 뒤안길로 보냈다." 지난 11월 13일 종료된 제26
차 유엔기후변화협약 당사국 총회의 성과를 단적으로 나타낸 말이
다. 유엔기후회의는 매년 열리지만 이번 글래스고 기후회의는 첫째,
2015년 파리협정 채택 당시 기온 상승 억제 목표를 금세기까지 2도
이하로만 규정하면서 선택지로 남겨졌던 '1.5도'라는 최대치 목표
를 채택하였고, 석탄발전과 석유, 가스에 대한 금융지원의 단계적
감축을 명문화함으로써 화석연료 시대의 종언을 예고하였다는 점
에서 주목할 만하다. 이 밖에도 탄소시장지침 타결로 투명하고 통
일된 국제탄소배출권 거래를 위한 돌파구를 마련했다.

인류의 기후 대응 노력은 1994년 유엔기후변화협약 체제 출범 이
래 교토의정서, 파리협정을 거치면서 진화해 왔다. 이번 글래스고

유엔기후회의는 화석연료인 석탄, 석유, 가스의 종말을 포함한 보다 빠른 속도의 커다란 변화를 예고하고 있다. 국가들 간의 약속이 충분치 않고 구체적이지도 않지만, 큰 이정표는 그려졌고 목표를 성취하기 위한 압력도 점증하고 있다.

"2도는 우리에게 사형선고다"라고 외치는 작은 섬나라들의 입장을 볼 때, 기온 상승을 1.5도 내로 제한한 것은 매우 중요한 거시적 결단이다. 하지만 이번 회의에서 인도가 이웃 몰디브를 사망시켰다는 말을 한다. 인도가 회의 막판에 중국과 함께 브레이크를 걸어 석탄발전의 '단계적 퇴출'이라고 되어 있던 최종 문안을 '단계적 감축'으로 수정하였기 때문이다. 술을 끊겠다는 것과 덜 마시겠다는 것은 천양지차다. 수몰되어 가고 있는 몰디브 같은 작은 섬나라에게는 사활이 걸린 문제다. 그들에게는 시간이 없다.

'기후 행동'은 국가나 정부 차원이 아닌 개인에게도 요망된다. 중요한 건 시민들이 그들의 생활 양식을 바꾸는 것이다. 환경보호론자들은 사람들이 연소기관 자동차 대신 비싸지만 전기차를 사야 한다고 주장한다. 그래서 연구개발 자금을 확보하여 나중에 더 저렴한 전기차를 만들 수 있다는 것이다. 평균 시속 40~50km 정도로밖에 달릴 수 없는 대도시에서 500마력의 SUV를 몰고 다니는 것이 과연 이성적인지도 생각해 볼 문제다.

저먼워치 등 세계 3대 환경 단체와 400명 이상의 기후, 환경 전문가들은 매년 국가별 기후변화 방지 노력과 그 성과를 평가하여 "기후변화성취지수CCPI"를 산출한다. 평가 대상 분야는 온실가스 배출, 신재생에너지, 에너지 소비, 기후 정책 등 4개 분야다. 2019년까지를 평가 대상으로 하는 2022년도 "기후변화성취지수"를 보면, 놀랍게도 우리나라는 총 64개 조사 대상국 중 59위로 "매우 낮음" 단계에 머물러 있다. 특히 개인별로 측정하는 온실가스 배출과 에너지 소비에 있어 60위와 61위로서 거의 꼴찌다. 우리가 그저 풍요로운 세상에서 살고 있는 건지, 아니면 분수에 맞지 않는 과잉 소비를 하는 건지 살펴볼 일이다.

탄소 배출과 기후 재앙과는 전혀 상관이 없다는 주장도 있다. 『지구를 위한다는 착각Apocalpyse Never』을 쓴 마이클 셸런버거Michael Shellenberger도 이런 입장에서 경청할 만한 주장을 펼치고 있다. 싸고 안전하고 효율적인 에너지원으로서 원자력이야말로 지구를 지킨다는 주장도 그 한 예일 것이다. 탄소 배출이 미세 먼지를 증가시켜 우리들의 건강과 생명을 위협한다는 사실은 누구도 부정하지 않는다. 깨끗한 공기가 생명을 구한다. 2019년 한 해 동안 유럽연합 내에서 적어도 30만 명 이상이 미세먼지로 조기에 목숨을 잃었다고 한다. 우리나라에서도 중국발 미세먼지가 극심하지만 이런 미세먼지로 인한 조기 사망 통계조차 없다. 이것은 기후 문제 이전에 인류 생존의 기초에 관한 문제이기도 하다.

· 마이클 셸런버거 지음, 노정태 옮김, 『지구를 위한다는 착각』

2022.2.21.

한국 원전, 어디로 가야 하나?

작년 11월 글래스고_{Glasgow} 유엔기후회의에서 화석연료를 단계적으로 퇴출시킨다고 한 결정에서 보듯이 에너지전환은 기후변화와 맞물려 세계적인 대세로 자리 잡았다. 앞으로 전력 생산이나 운송, 난방 등을 위한 에너지원을 과거 석탄이나 석유, 가스 같은 화석연료에서 태양, 물, 바람, 지열, 바이오매스 같은 지속 가능한 재생에너지로 옮겨 가는 큰 틀에서 에너지전환이 꾸준히 진행될 것이다. 다만, 화석연료를 감축, 퇴출하는 데 있어서 구체적인 실행계획은 아직 없다. 그래서 앞으로 10년이 걸릴지 100년이 걸릴지 모르는 화석연료의 완전 퇴출 시까지는, 화석연료와 그리고 이것을 대체할 재생에너지 또는 원전 간 다양한 형태의 에너지믹스가 나타날 전망이다.

지난 2월 초 유럽연합은 새로운 '택소노미_{taxonomy}' 선택으로 원자력과 천연가스를 지속가능한 녹색 에너지로 분류하면서 보조금 지급을 가능하게 하였다. 가장 큰 혜택을 보는 쪽은 프랑스다. 프랑스의 국영 원전기업인 EDF는 프랑스 국내 56기의 원전 외에 핀란드, 체코, 폴란드, 영국에서도 원전을 건설 중이다. 이들 국내 원전들은 대부분 40년 이상 되고 노후하여 개보수에만 1,000억 유로 정도가 소요된다 한다. 핀란드와 프랑스에서 건설 중인 원자로의 건설비용도 당초 30억 유로이던 것이 지금은 100~200억 유로로 늘었고, 공기도 각각 10년 이상씩 연장되어 EDF는 이미 파산 상태지만 이번 유럽연합의 결정으로 최대 수천억 유로의 유럽연합 녹색자금이 투입되는 근거가 마련되었다.

마크롱 대통령은 지난 2월 초 미국의 GE로부터 프랑스의 EDF가 재인수한 벨포르의 원전 터빈 공장 근로자들 앞에서 앞으로 최소 6기의 원전을 새로 짓겠다는 계획을 발표하였다. 상황에 따라서는 최대 14기까지도 지을 수 있다는 입장이다. 그는 2017년 취임 초 자신의 임기 중에 태양광과 풍력 설비를 두 배로 늘려 전력 생산의 32%까지 올리겠다고 약속했지만 이 약속은 실종되고 말았다. 대신 그는 40년 수명으로 설계된 원전을 50년 이상 가동하겠다면서 원자력과 함께 위대한 산업국가의 영광을 재현시키겠다고 공언했다. 이번 4월에 대선을 코앞에 둔 그에게는 이 선택지 말고는 다른 대안이 없었을 것이다. 프랑스는 전력 생산의 75%를 원전에 의존하고 있다. 프랑스 정부는 이미 2015년 사회당 정부 때부터 원전의 전력 생산 비중을 2025년까지 50% 수준으로 낮추겠다고 약속했지만 결국 공염불이 되고 말았다.

독일은 원자력을 녹색 에너지로 포함하는 이번 '택소노미' 개정 조치에 당초에는 반대하는 입장이었다. 30만 명이 반대 청원을 할 정도였다. 작년 12월 출범한 독일 신정부는 기존의 탈원전 방침을 재확인하면서 예정대로 올해까지 22기의 원전을 모두 폐기하고 재생에너지를 대거 확대하여 에너지전환을 흔들림 없이 추진하겠다는

입장이다. 신정부는 '사회적 시장경제'에서 한 걸음 더 나아가 이제
는 '사회적, 생태적 시장경제'를 표방하고 있다. 신정부의 경제장관
과 환경장관도 녹색당 인사가 맡고 있다. 녹색당은 1980년대 초 원
전을 반대하면서 사민당에서 독립해 나온 정당이다. 이들은 원자력
을 여전히 위험하고 비싼 에너지로 인식하고 있지만 천연가스를 녹
색에너지로 포함시키는 것을 대가로 프랑스의 손을 들어 주었다.
독일은 신속한 석탄 퇴출과 단기적인 탄소배출 저감을 위하여 천연
가스를 효율적인 과도기적 에너지원으로 보고 있다.

결국 원자력과 천연가스는 프랑스와 독일이라는 유럽연합의 쌍두
마차에 의하여 녹색에너지라는 새로운 상품 라벨을 붙이게 되었다.
이제 프랑스와 독일은 기후중립적인 산업체제로의 전환이라는 공
통 목표에도 불구하고 구체적인 에너지믹스에서는 상반되는 모습
을 보이고 있다. 단순하게 말하자면 한쪽은 '원전 르네상스'이고 다
른 한쪽은 '제로 원전'이다. 이런 상황에서 우리 원전은 어디로 가야
할까?

지난 2월 11일 원자력안전위원회가 국내에서 가동, 건설 중인 원전
28기에 대한 예비해체계획서를 최종 승인함으로써 그동안 말도 많
고 탈도 많은 탈원전 정책 논란에 일단 종지부를 찍었다. 2017년 신
정부가 들어서면서 한 달 만에 고리 1호기를 영구 정지하였고 신한
울 3, 4호기는 공사를 중단하였다. 원전의 반이 몰려 있는 경북 지방
에서만 지난 5년간 탈원전 정책으로 발생한 손실이 28조 원대라는

연구 용역 결과가 나왔다. 그럼에도 독일과 같은 '제로 원전'을 선택하는 것이 과연 타당한 것일까? 우리의 에너지 여건과 환경은 1980년대부터 재생에너지를 본격적으로 개발해 온 독일과는 비교할 수 없을 정도로 상이하다. 에너지전환을 외면할 수는 없겠지만, 그럼에도 우리의 탈원전은 기술적, 제도적, 환경적 여건에 대한 충분한 고려와 구체적인 대책은 결여한 채로 급조되다시피 무리하게 추진되고 있다는 인상을 지울 수 없다. 이성이라기보다는 이데올로기에 가깝다고 보인다.

나는 '세계 풍력 수도'라는 함부르크에서 4년 가까이 수많은 재생에너지 전문가들을 만났고, 이들로부터 재생에너지로의 에너지 전환에 대한 입장을 세뇌당하다시피 하였다. 2014년부터 함부르크에서 격년마다 개최되는 세계 최대라는 풍력박람회에는 수천 개의 기업이 참가한다. 올라프 숄츠 총리는 당시 함부르크 주총리로서 이 풍력박람회의 주최자이기도 했다. 함부르크에서 헬기로 1시간 내 거리에 위치한 북해 해상풍력단지에는 60층 빌딩 규모의 타워에 A-380의 양 날개 길이를 가진 풍력 터빈들이 들어서 있다. 독일은 이미 2011년에 화석연료와 재생에너지의 발전 단가가 같아지는 그리드 패리티를 달성했고, 2014년에는 화석연료 사용을 줄이면서 경제성장을 이루어 내는 에너지 역사상 신기원을 열었다. 그런 만큼 독일인들의 재생 에너지에 대한 확신은 돌이킬 수 없는 것이다. 1980년 녹색당의 창당으로 독일은 세계 환경운동의 최전선에 섰다. 최근 10여 년 동안 인기가 급상승한 녹색당의 위상을 보더라도 독일 사람들의 자연에 대한 애착과 사랑은 특별한 것임을 알 수 있다.

독일은 후쿠시마 원전 사태 다음 해인 2011년 탈원전을 선언하였다. 당시 전력 생산에서 원전이 차지하는 비중이 15% 정도였고, 재생에너지 비중이 이미 20%를 넘었기 때문에 12년이란 기간 내에 탈원전을 이루는 것이 큰 문제는 아니었다. 하지만 원전 비중이 30%에 육박하고 재생에너지 비중이 3% 남짓했던 우리나라로서는 탈원전이 독일에 비하면 훨씬 큰 도전이며 그 전환 기간이나 투자 비용이 엄청나리라는 예상은 쉽게 해 볼 수 있다. 그것도 이제는 탄소 저감 목표에 맞추어 화석 연료를 줄이면서 동시에 탈원전을 해야 하는데, 그렇다면 현재 전력 생산의 90% 이상을 차지하는 석탄, 가스, 원전을 모두 재생에너지 또는 수소 같은 신에너지로 대체해야 한다. 2020년 우리나라의 전력 생산 규모가 총 55만GWh이니 이 중 90% 이상인 50만GWh 정도를 바꾸어야 한다는 계산이 나온다. 이것은 한 나라의 전체 에너지 시스템을 통갈이 하는 것이다. 얼마나 타당성이 있을까? 더욱이 재생에너지는 청정성은 뛰어나지만, 안정성은 떨어진다. 간헐적 성격으로 전기저장장치$_{ESS}$의 확보나, 전력망의 신규 건설도 필수적이다. 이것은 소요 기간이나 비용을 떠나서 도무지 현실적이지 않다.

한 나라의 에너지믹스를 결정하는 데 있어서 최우선적인 고려는 무엇보다도 현실적인 접근이라 하겠다. 경제성, 기술력, 공급 안정성, 사회적 수용성 간에 최대한 균형을 맞춰야 한다. 그리고 그 나라의 국민경제가 에너지 목표들을 달성하기 위해 어느 정도까지 비용을 부담할 수 있는가도 문제다. 프랑스나 일본도 후쿠시마 사태 이후에는 재생에너지 쪽으로의 전환을 시도했지만 그 기존의 구조를 바꾸지 못했다. 우리도 결국은 우리의 실정에 맞는 에너지믹스를 찾아야 하고 그 가운데 원전에 관한 답이 있을 것이다. '원전은 나쁜 것이고, 재생에너지는 좋은 것이다'라는 교조적인 접근으로는 해결할 수 없다. 결론적으로, 감축되는 화석연료의 빈자리를 재생에너지만으로 메꿀 수는 없으며, 원전의 유지, 확충이 필요할 수밖에 없다. 여기에 몇 가지 고려 사항을 제시해 본다.

원전의 장점은 저탄소, 저비용, 안정성이다. 나라마다 원전의 비용 대비 효율성에 차이가 있고 또 폐기물 처리나 일몰 비용 등의 포함 여부에 따라서 비용 자체를 다르게 계산하기 때문에 저비용이란 측면에서는 국가마다 시각이 다를 수 있다. 하지만 탄소 배출이 적고, 안정적인 에너지원으로서 원전의 유용성은 광범위하게 인정되고 있다. 원전을 줄일 경우 화석 연료에의 의존이 늘어나는 딜레마에 빠진다. 바로 미국, 일본, 중국, 러시아 등이 재생에너지와 함께 원전을 유지, 확대해 나가면서 기후위기에 대응하겠다는 전략을 세운 이유다.

재생에너지는 토지 집약적이다. 바꿔서 말하자면 국토가 좁은 나라에서는 불리하다. 게다가 우리나라는 바람과 일조량이 많지도, 일정하지도 않다. 그렇기에 우리의 풍력, 태양광의 발전 단가는 유럽

보다 비쌀 수밖에 없다. 기본적인 자연조건부터 유럽에 비해 불리하기 때문이다. 일조량만을 볼 때는 카타르 같은 중동 국가가 태양광 발전에 유리해 보인다. 그러나 사막의 먼지바람이나 카타르 같은 작은 국토는 태양광의 걸림돌이다.

원전의 단점이라면 방사능 폐기물 처리가 쉽지 않고 체르노빌이나 후쿠시마에서 보듯이 치명적인 대형사고가 날 수 있다는 점이다. 그러나 지속적인 기술 발전으로 안전성 측면에서 꾸준한 개선이 이루어져 왔다. 또한 개연성이 매우 낮은 사고만을 우려해서 다른 많은 장점을 포기하는 것은 합리적이지 않다. 중요한 것은 원전 사고에 대한 위험을 감수할 것인지에 대한 사회적 합의점을 찾아야 한다는 것이다.

2011년 6월 메르켈의 탈원전 결정이 물리학자로서 그의 과학적 신념에 근거한 것이라고 하지만 실상 그 배경을 보면 매우 정치적인 결정이었음을 알 수 있다. 요하임 가우크Joachim Gauck 대통령은 이 결정이 과학에 기초한 결정의 차원을 넘어선다고 했다. 그는 "탈원전을 선택하지 않은 프랑스와 폴란드 같은 이웃 국가에도 과학자들이 있다. 이 결정은 다음 선거에서 이기려고 내린 전략적 결정이다"라고 언급했다. 메르켈은 뜻밖에 대중적 지지를 확보할 기회가 생겼다는 걸 간파하고 재빠르게 행동했다. 메르켈은 원전을 폐쇄하면서 녹색당의 가장 강력한 주장 하나를 빼앗아 왔고, 이것이 그의 롱런을 결정적으로 도왔다.

또 다른 고려사항은 우리의 원전과 재생에너지 분야에 있어서의 상대적인 기술 경쟁력 격차다. 원전 기술은 세계적이고 수출 경험도 풍부하다. 그러나 재생에너지 기술이나 경험은 독일이나 덴마크 같은 재생에너지 선진국은 말할 것도 없고, 중국과 비교해서도 엄청난 열세다. 그렇다면 어느 쪽이 우리의 산업 먹거리를 제공해 줄 수 있을지는 자명하다. 마이클 셸런버거는 종말론적 환경주의에 반대하며 원전이 지구를 지킨다고 주장했다. 여기서 그는 더 큰 원전을 짓는 것이 이익이라면서 한국이 아랍에미리트에 수출한 한국형 표준원자로인 APR-1400이 기존의 1,000MW 출력을 40% 키운 1,400MW 원자로로서 엄청난 효율 향상과 경제성을 확보하게 되었다고 했다. 그러면서 원전 건설에서 끔찍한 공기 지연을 겪고 있는 프랑스 기업 아레바Areva와 비교하였다. 우리가 원전 강국으로서의 기술 우위를 살려 나가지 않을 이유가 없다.

원전 산업은 새로운 분야로 지속적인 발전을 거듭하고 있다. 이제 대규모 원전의 시대는 끝났다고 한다. 발전소 간에 서로 유연하게 연계되고, 분산적 시장 접근이 가능하며, 소규모로 신축성 있게 운용하는 SMR 방식으로 안전성을 더욱 높일 수 있다. 이미 SMART 원전에 대한 많은 연구가 이루어지고 있다. 더 나아가 꿈의 에너지라는 핵융합 프로젝트도 ITER의 주도하에 참여하고 있다.

결론적으로 안전하고, 리스크가 적으며, 지속가능한 에너지 공급을 확보하기 위해서는 가급적 다양한 에너지원으로 구성된 에너지믹스가 필요하며, 기후 목표를 달성하기 위해서는 화석 연료와 원자력을 동시에 떠나는 것은 불가능하다. 프랑스만이 아니라 미국도, 일본도, 스페인도 기존의 원자로 수명을 경쟁적으로 연장하고 있는 데서 보듯이 전 세계적으로 원자력이 다시 인정받고 있는 이유다. 원자력은 인류가 탄소 중립을 달성하기 위한 선택이 아닌 필수 조건이다.

· 마이클 셸런버거 지음, 노정태 옮김, 『지구를 위한다는 착각』

2022.4.24.

환경보호, 나의 실천이 먼저다

아내가 아들과 손자를 보러 미국에 간 후로 가사를 전담해 보니 이게 보통 일이 아니다. 밥하고 설거지, 그리고 청소에다가 개 두 마리 견봉까지, 궁둥이를 붙이고 앉아 있을 시간이 없다. 돌아서면 설거짓감이니 손에 물이 마를 날도 없다. 집 안에서 움직이는 운동량이 결코 적지 않다. 평소 주부들의 노고를 새삼 실감하면서 머리 숙여 감사해 본다. 꾸벅.

지난 대선 이후 이래저래 핑곗김에 책을 놓은 지도 꽤 오래되었다. 내친김에 아내가 돌아오기 전에 집안 정리를 확실하게 하여 아내를 기쁘게 해 주려는 마음이 생겼다. 집안을 정리한다는 건, 많이 갖다 버리는 것이다. 잡동사니를 다시 한번 정리하고 아내가 싫어하는 책들도 많이 솎아내어 버리려 한다. 유럽 근무 시 틈틈이 고서점이나 중고 책방에 들러 모아 왔던 책벌레가 나올 듯한 중고 원서들도 이젠 필요하지도 않고, 무엇보다 내가 죽을 때까지 읽어 낼 수도 없을 것 같다. 미련 없이 버려야 한다. '책벌레'란 말은 서양에서 왔다. 아무튼 평소 생각해 왔던 미니멀리즘도 실천하고, 돌아온 아내를 놀라게 해 주고도 싶다.

나는 설거지를 할 때 세제를 사용하지 않는다. 정 필요하면 일주일에 한두 번 정도 세제를 써서 묵은 때를 씻어 내면 그만이다. 아내가 잔소리를 해도 마이동풍이다. 웬만한 설거지는 맹물로만 씻어도 아무 문제가 없다. 내가 먹은 그릇인데 완벽하게 기름기가 제거되지 않았다 한들 무슨 문제가 있겠나. 오히려 사용한 세제를 말끔히 씻어 내지 않으면 그게 더 문제다. 세제는 온통 수질을 오염시키는 주범이다. 그런데 우리는 아무 생각 없이 세제를 과다하게 사용한다.

음식물 쓰레기를 따로 모으면서도 많은 생각이 스친다. 이걸 가축이 먹고 또 그 가축을 우리가 먹는다고 생각하면, 이 음식물 쓰레기를 모아 버릴 때 신중해야 한다. 갈비나 생선 뼈 같은 건 골라낸다. 그리고 세제가 스며든 잔밥이나 음식물 쓰레기는 대충이나마 물로 씻어서 버린다. 쓰레기 분리수거도 엉터리가 많다. 그만큼 쓰레기 처리 공장의 부담도 커지고 재활용의 경제성도 떨어진다. 일본에서 생활하면서 그들의 쓰레기 분리수거가 매우 철저하다는 걸 느꼈다. 예를 들어 우유 팩은, 플라스틱 꼭지 부분을 잘라 내고 잘 펴서 씻은 뒤 물기를 말려 내놓는다. 특히 외국인들에 대하여도 분리수거에 관한 홍보, 계도 활동에 적극적이었다. 우리나라 지자체들도 이 문제에 더 신경 써야 한다.

나는 옷도 잘 갈아입지는 않는 편인데, 사실 환경을 생각해서다. 아내 왈, 빨래한다고 야단치는 사람은 나밖에 없을 거라고 한다. 내가 옷을 잘 내놓지를 않으니 몰래 가져가기까지 한다. 빨래가 늘면 세제를 많이 사용하게 된다. 호텔 투숙을 할 때도 며칠을 머물든, 체크인하면서부터 내 방을 청소할 필요가 없다는 걸 프런트에 알려 둔다. 내가 쓰는 방인데, 매일 침대보를 갈고 수건을 새 걸로 쓸 필요가 있겠나. 일주일 이상의 장기 투숙이라면 모르겠지만 말이다. 오해하지는 말자, 나도 최소한의 청결은 유지하는 사람이다.

아내가 없으니 요즘은 내가 장을 본다. 난 슈퍼에 갈 때 꼭 장보자기를 가지고 간다. 슈퍼에서 마주치는 우리 주부들을 보자면 대부분 그냥 와서 슈퍼에 비치된 비닐봉지에 물건을 담아 간다. 요즘은 종량제 봉투라도 사 가니 다행이지만, 독일 주부들과는 많이 다른 모습이다. 내가 늘 아쉽게 생각하는 건 우리가 일회용품을 지나치게 많이 사용한다는 것이다. 점심시간에 너도나도 일회용 컵에 커피를 담아 거리로 나서는 젊은이들에게 환경 의식이 얼마나 있을지, 게다가 웬 택배는 그렇게 많이 시키는지, 알맹이보다 포장이 훨씬 더 어마어마하다. 우리 집에서는 짜장면이나 치킨 배달시켜 먹는 건 일 년에 한두 번 정도 있을까 하다. 우리의 환경 정책은 '넘침'의 나라 미국을 따라가선 안 된다. 그들에게는 쓰레기를 얼마든지 처리할 수 있는 거대한 유휴 국토가 있지만 우리는 그렇지 않다. 이젠 쓰레기 수출 길도 막혔다. 우리가 '결핍'의 나라 독일의 환경정책을 따라가야 하는 이유다. 믿을 건 결국 시민들 각자의 진정한 환경의식과 실천일 것이다. 다시 한번 되새겨 본다. "환경보호, 나의 실천이 먼저다!"

2014년 9월 《디차이트》에서 헬무트 슈미트 총리와 함께

　　　　　2014년 4월 초 어느 날 아침, 마지막 해
외임지였던 함부르크의 알토나_{Altona} 역에 도착했다. 빈_{Wien}에서 밤새
야간열차를 타고 온 뒤였다. 외교관이 임지를 옮길 때 비행기가 아
닌 자동차나 열차로 부임하게 되는 경우는 흔치 않다. 나는 1990년
대 중반 본_{Bonn}에서 부다페스트로 전임할 때도 자동차로 갔었다. 외
교관은 직업상 비행기를 타야 하는데, 나는 비행기 타는 것을 그다
지 좋아하지 않는다. 그러니 성공적인 외교관이 되기에는 애당초
어려웠는지도 모른다.

함부르크 시내 외곽의 조용한 주택가 오트마르셴_{Othmarschen}에 위치
한 총영사 관저에 도착하니 때마침 정원 마당에 활짝 핀 하얀 체리

꽃이 나와 내 아내를 맞아 주었다. 왠지 모르게 그 체리꽃을 본 순간 잠시나마 생각에 잠겼고 눈물이 눈가를 적시고 있음을 느꼈다. 그래서 자연의 힘은 위대한 것일까? 그 활짝 핀 체리꽃은 갑작스럽게 이제 내가 그동안 몸담아 왔던 조직을 떠나야 할 시간이 되었음을 상기시켜 주었다.

세월이 많이 흘렀다. 그동안 외교관 생활을 하면서 전 세계를 다녔다. 내가 만난 슈미트Helmut Schmidt 총리의 말대로 호주만 근무했다면 오대양 육대주 세계 근무가 완성될 뻔했다. 그는 나에게 "페어뤽트verrueckt!"라고 했다. 직접적인 말뜻은 "미쳤군!"이다. 물론 미쳤다기보다는 "굉장하군!" 정도의 의미일 것이다. 후회 없는 삶이었다. 나는 무엇보다 학창 시절의 꿈을 이룬 행운아다. 그리고 실제가 된 그 꿈속에서 36년 이상의 세월을 보냈다.

중1 때의 꿈은 외항선원, 마도로스였다. 기적을 울리며 항구에 들어오는 기선, 선글라스를 끼고 파이프를 문 잘생긴 마도로스! 그때는 내가 외교관이 되리라고는 생각지 못했다. 피와 땀과 눈물, 정직한 독일모델을 생각한다. 이 세상 어디에도 왕도는 없다! 우리 젊은이들에게 말하고 싶다. 꿈은 이루어진다고….

우리나라를 돌아볼 때, 김영삼, 김대중, 노무현 정권을 거치면서 반동적인 퇴행이 두드러졌고, 지난 5년간 종북, 종중 주사파가 지배한 문재인 정권은 대한민국의 시계를 거꾸로 돌리다 못해 아예 고사

시켜 버렸다. 자유민주주의가 질식하고 국가안보는 한없이 취약해
졌다. 그들은 반일 민족주의를 조장하면서 한미동맹의 와해를 시도
했고, 법원과 언론을 장악하여 전체주의에 시동을 걸었다. 마침내
는 부정선거까지 자행하는 폭거를 저질러 민주주의에 조종을 울렸
다. 소득주도 성장과 포퓰리스트 경제로 나랏빚은 천정부지로 늘어
났지만, 소위 '민중민주'를 앞세운 '도둑정치_{kleptocracy}' 떼거리들의 분
탕질은 가히 전사회적이었다. 정상적인 나라라면 나라의 건국과 경
제발전을 이끈 지도자를 기억하고 기리는 것이 마땅하거늘, 이들은
그늘에 묻히고 오히려 나라에 해악을 끼친 지도자들을 대대적으로
추모하는 반동적 기운이 나라를 휩쓸고 있음은 실로 유감이다.

지난 문재인 정권 5년간 엄습해왔던 전체주의의 그림자가 나를 늘
깨어 있게 했다. 벤자민 버튼의 시간은 거꾸로 간다지만 역사는 결
코 거꾸로 가지 않는다. 이제 나에게 바람이 있다면 동료 시민들과
함께 동고동락하면서 정신머리가 꽉 찬 진정한 선진 한국의 모습을
보는 것이다.

참고 및 인용 문헌 목록

1. 조갑제 지음,『박정희의 결정적 순간들 : 62년 생애의 62개 장면』

2. 가와사키 이치로 지음, 정재호 옮김,『추악한 일본인Japan Unmasked』

3. 후쿠자와 유키치 지음, 임종원 옮김,『문명론의 개략』

4. 마담 드 스탈de Stael 지음, 권유현 옮김,『독일론De l'Allemagne』

5. 새뮤얼 스마일스Samuel Smiles 지음, 공병호 평역,『자조론Self-Help』

6. 마르쿠스 가브리엘Markus Gabriel 지음, 오노 가즈모토 편찬, 김윤경 옮김,『왜 세계사의 시간은 거꾸로 흐르는가』

7. 스티븐 레비츠키Steven Levitsky, 대니얼 지블랫Daniel Ziblatt 지음, 박세연 옮김,『어떻게 민주주의는 무너지는가How Democracies Die』

8. Karl Popper, interviewed by Giancarlo Bosetti,『The Lesson of This Century』

9. 카를 슈미트Carl Schmitt 지음, 김효전 옮김,『헌법과 정치Verfassung und Politik』

10. 시바 바이디야나단Siva Vadhyyanathan 지음, 홍권희 옮김,『페이스북은 어떻게 우리를 단절시키고 민주주의를 훼손하는가』

11. 에른스트 캇시러Ernst Cassirer 지음, 최명관 옮김,『국가의 신화The Myth of the State』

12. 칼 레너Karl Renner 연설집,『Fuer Recht und Frieden』

13. 그레고리 헨더슨Gregory Henderson 지음, 이종삼, 박행웅 옮김,『소용돌이의 한국정치Korea: The Politics of The Vortex』

14. 롤로 메이Rollo May 지음, 신장근 옮김,『신화를 찾는 인간The Cry for Myth』

15. 심천보 지음,『우리는 누구인가 우리는 어디로 가는가』

16. 우베 크뤼거Uwe Krueger 지음,『Mainstream: Warum wir den Medien nicht mehr trauen메인스트림 : 우리가 왜 미디어를 더 이상 신뢰할 수 없는가』

17. 찰스 디킨스Charles Dickens 지음, 민청기, 김희주 옮김,『찰스 디킨스의 영국사 산책A Child's History of England』

18. 시미즈 도시유키 지음, 백계문 옮김, 『한국정치와 시민사회: 김대중·노무현의 10년』

19. 한수웅 지음, 『헌법학』

20. 윤성근 지음, 강민구 편찬, 『법치주의를 향한 불꽃』

21. 에드먼드 버크Edmund Burke 지음, 정홍섭 옮김, 『에드먼드 버크 보수의 품격An Appeal from the New to the Old Whigs, Thoughts and Details on Scarcity』

22. 배리 골드워터Barry Goldwater 지음, 박종선 옮김, 『보수주의자의 양심The Conscience of a Conservative』

23. 매들린 올브라이트Madeleine Albright 지음, 타일러 라쉬, 김정호 옮김, 『파시즘 Fascism: A Warning』

24. 존 주디스John Judis 지음, 서병훈 해제, 오공훈 옮김, 『포퓰리즘의 세계화The Populist Explosion』

25. 프랜시스 후쿠야마Francis Fukuyama 지음, 구승회 옮김, 『트러스트Trust』

26. 프랜시스 후쿠야마 지음, 이수경 옮김, 『존중받지 못하는 자들을 위한 정치학 Identity』

27. 티머시 스나이더Timothy Snyder 지음, 유강은 옮김, 『가짜 민주주의가 온다The Road to Unfreedom』

28. 새뮤얼 헌팅턴Samuel Huntington 지음, 이희재 옮김, 『문명의 충돌The Clash of Civilization』

29. 존 J. 미어샤이머John Mearsheimer 지음, 이춘근 옮김, 『미국 외교의 거대한 환상 The Great Delusion』

30. 칼 포퍼Karl Popper 지음, 이한구 옮김, 『열린사회와 그 적들 1The Open Society and Its Enemies 1』,

31. 칼 포퍼 지음Karl Popper, 이명현 옮김, 『열린사회와 그 적들 2The Open Society and Its Enemies 2』

32. 칼 포퍼Karl Popper 지음, 이한구 옮김, 『추측과 논박 2Conjectures and Refutations 2』

33. 러셀 커크Russell Kirk 지음, 이재학 옮김, 『보수의 정신The Conservative Mind』

34. 이경재 지음,『417호 대법정 -국정 농단 의혹 사건 재판 현장』

35. 채명성 지음,『지나간 탄핵 다가올 탄핵』

36. 우종창 지음,『대통령을 묻어버린 거짓의 산』

37. 노재봉 외 공저,『한국 자유민주주의와 그 적들』

38. 한나 아렌트Hannah Arendt 지음, 홍원표 옮김,『혁명론On Revolution』

39. 최서원 지음,『나는 누구인가』

40. 한석훈 지음,『박근혜 대통령 탄핵과 재판 공정했는가』

41. 쿠르트 치젤Kurt Ziesel 지음,『Das verlorene Gewissen잃어버린 양심』

42. 우디 그린버그Udi Greenberg 지음, 이재욱 옮김,『바이마르의 세기The Weimar Century』

43. 박근 지음,『자유 민주 보수의 길』

44. 데이비드 런시먼David Runciman 지음, 최이현 옮김,『쿠데타, 대재앙, 정보권력』

45. 공병호 지음,『도둑놈들: 선거, 어떻게 훔쳤나?』

46. 김형철 지음,『4.15부정선거 비밀이 드러나다!』

47.『4.15부정선거의흑백서』(전자 파일)

48. 후지와라 마사히코 지음,『國家 と 敎養』

49. 청와대 지음,『문재인 대통령 헌법개정안』

50. 함재봉 지음,『한국 사람 만들기 3: 친미기독교파 1』

51. 틸로 자라친Thilo Sarrazin 지음,『Deutschland schafft sich ab독일이 없어진다』

52. 로버트 거워스Robert Gerwarth 지음, 최파일 옮김,『왜 제1차 세계대전은 끝나지 않았는가The Vanquished』

53. 토드 부크홀츠Todd Buchholz 지음, 박세연 옮김,『다시, 국가를 생각하다The Price of Prosperity』

54. 로버트 올리버Robert Oliver 지음, 서정락 옮김,『대한민국 건국대통령 이승만』

55. 우야마 다쿠에이 지음, 전경아 옮김,『혈통과 민족으로 보는 세계사』

56. 이영훈 외 공저,『반일 종족주의』

57. 파울 요제프 괴벨스Paul Joseph Goebbels 지음, 추영현 옮김, 『괴벨스 프로파간다!』

58. 마크 마조워Mark Mazower 지음, 김준형 옮김, 『암흑의 대륙Dark Continent』

59. Jan Klabbers 지음, 『International Law』

60. 노마 히데끼野間秀樹 지음, 김기연, 박수진, 김진아 옮김, 『한글의 탄생』

61. 사이토 타이켄 지음, 이송은 옮김, 『내 마음의 안중근』

62. 량치차오 지음, 최형욱 엮고 옮김, 『량치차오, 조선의 망국을 기록하다』

63. 1909년 10월 26일 자《노이에 프라이에 프레세Neue Freie Presse》

64. 윌 듀런트William Durant, 아리엘 듀런트Ariel Durant 지음, 안인희 옮김, 『윌 듀런트의 역사의 교훈The Lessons of History』

65. 가토 요시카즈加藤嘉 지음, 정승욱 옮김, 『붉은 황제의 민주주의』

66. 애덤 샌델Adam Sandel 지음, 이재석 옮김, 김선욱 감수, 『편견이란 무엇인가The Place of Prejudice』

67. 진명행 지음, 『조선 레지스탕스의 두 얼굴』

68. 박종인 지음, 『광화문 괴담』

69. 김철 지음, 『우리를 지키는 더러운 것들』

70. 이동춘 지음, 『나라는 자신이 해친 뒤에 남이 해친다』

71. 위르겐 오스터함멜Juergen Osterhammel 지음, 박은영, 이유재 옮김, 『식민주의 Kolonialismus : Geschichte, Formen, Folgen』

72. 이승만 지음, 박기봉 교정, 『독립정신』

73. 에릭 홉스봄Eric Hobsbawm 외 지음, 박지향, 장문석 옮김, 『만들어진 전통The Invention of Tradition』

74. 이순애 지음, 『프란체스카 리 스토리』

75. 노신영 지음, 『노신영 회고록』

76. Young-Iob Chung(정영엽) 지음, 『South Korea in the Fast Lane : Economic Development and Capital Formation』

77. Arnold Anderson, Mary Jean Bowman 지음, 『Education and Economic

Development』

78. 이영훈, 김광동, 남정욱, 김용삼, 전상인, 이승수, 황인희, 윤주진 지음,『박정희 새로 보기』

79. 송복, 김인영, 여명, 조우석, 유광호, 류석춘, 이지수, 최종부, 배진영, 왕혜숙 지음,『박정희 바로 보기』

80. Peter A. Hall, David Soskice 지음,『Varieties of Capitalism』

81. 김은희 지음,『신양반 사회』

82. Henry Kissinger 지음,『Leadership』

83. 오구라 기조 지음, 조성환 옮김,『한국은 하나의 철학이다』

84. 야마와키 나오시 지음, 성현창 옮김,『공공철학이란 무엇인가』

85. 엘리아스 카네티Elias Canetti 지음, 강두식, 박병덕 옮김,『군중과 권력Masse und Macht』

86. 헤르만 지몬Hermann Simon 지음, 이미옥 옮김, 유필화 감수,『히든 챔피언 글로벌원정대Hidden Champions』

87. 조순 지음,『한국경제 개조론』

88. 토마스 비초렉Thomas Wieczorek 지음,『Die Verbloedete Republik멍청한 공화국』

89. 권영성 지음,『헌법학원론(上)』

90. 알렉산더 머피Alexander Murphy 지음, 김이재 옮김,『지리학이 중요하다 Geography: why it matters』

91. 대런 애쓰모글루Daron Acemoglu, 제임스 A. 로빈슨James A. Robinson 지음, 최완규 옮김, 장경덕 감수,『국가는 왜 실패하는가Why Nations Fail』

92. 사이먼 윈체스터Simon Winchester 지음, 공경희 옮김,『완벽주의자들The Perfectionists』

93. 클레이튼 크리스텐슨Clayton Christenson, 에포사 오조모Efosa Ojomo, 캐런 딜론 Karen Dillon 지음, 이경식 옮김,『번영의 역설The Prosperity Paradox』

94. 로베르트 짐머Robert Zimmer 지음, 이동희 옮김,『한 권으로 읽는 철학의 고전 Das Philosophenportal』

95. **가이 스탠딩**Guy Standing **지음, 안효상 옮김,**『**기본소득**Basic Income』

96. **브리태니 카이저**Brittany Kaiser **지음, 고영태 옮김,**『**타겟티드**Targeted』

97. **리처드 하스**Richard Haass **지음, 김성훈 옮김,**『**혼돈의 세계**A world in Disarray』

98. **마이클 셸렌버거**Michael Shellenberger **지음, 노정태 옮김,**『**지구를 위한다는 착각** Apocalypse Never』

99. **장시정 지음,**『**한국 외교관이 만난 독일모델**』

왜 우리의 시간은 거꾸로 흐르는가

레트로 대한민국

초판 1쇄 발행 2023년 03월 22일

지은이 장시정
펴낸이 류태연

펴낸곳 렛츠북
주소 서울시 마포구 양화로11길 42, 3층(서교동)
등록 2015년 05월 15일 제2018-000065호
전화 070-4786-4823 | **팩스** 070-7610-2823
홈페이지 http://www.letsbook21.co.kr | **이메일** letsbook2@naver.com
블로그 https://blog.naver.com/letsbook2 | **인스타그램** @letsbook2

ISBN 979-11-6054-616-3 (13340)